Albert Urban / Marion Bexten

Kleines liturgisches Wörterbuch

Albert Urban / Marion Bexten

Kleines liturgisches Wörterbuch

Mit Zeichnungen von
Benedikt Schaufelberger

HERDER

FREIBURG · BASEL · WIEN

www.herder.de

Umschlaggestaltung: Finken & Bumiller
Titelbild: © KNA-Bild
Satz: SatzWeise, Föhren
Druck und Bindung: fgb · freiburger graphische betriebe
www.fgb.de

Gedruckt auf umweltfreundlichem,
chlorfrei gebleichtem Papier
ISBN 978-3-451-29179-1

Vorwort

Unser Stundengebet wird am frühen Morgen eröffnet mit den Worten: »Herr, öffne meine Lippen, damit mein Mund dein Lob verkünde!« Damit wollen wir uns täglich neu in den Lobpreis der Kirche und der ganzen Schöpfung einreihen, indem wir jeden Tag mit dem Gebet beginnen, ihn mehrmals in der Tradition des benediktinischen »Bete und arbeite!« (»Ora et labora«) zum Gebet unterbrechen und abends entsprechend beschließen. Einmal am Tag begehen wir als Höhepunkt unseres täglichen Gottesdienstes das Gedächtnis des Todes und der Auferstehung unseres Herrn Jesus Christus in der Feier der Eucharistie. So gehört die tägliche Liturgie, bestehend aus hl. Messe und Stundengebet, zum Ideal des monastischen Lebens – immer im ausgewogenen Wechsel mit der Arbeit. Viele der Besucher des Benediktinerklosters Weltenburg kommen deshalb nicht nur der reizvollen Landschaft, der herrlichen Klosterkirche und des guten Bieres wegen zu uns, sondern auch zur Teilnahme an der Liturgie, die sie in ihren eigenen Heimatgemeinden allzu oft nicht einmal mehr sonntags feiern können.

Unter den Gästen unseres Hauses finden sich auf der Suche nach Rat und Unterstützung viele Laien, die infolge des Priestermangels auch liturgische Verantwortung tragen. Sie entsprechen besonders der Maßgabe des Zweiten Vatikanischen Konzils, das die Laien durch die erneuerte tätige Teilnahme und die verschiedenen liturgischen Dienste fest in das Geschehen des Gottesdienstes eingebunden hat.

Genau ihrem Bedürfnis nach Information und Verständnis der Liturgie und ihrer Elemente kommt das vorliegende Nachschlagewerk »Kleines liturgisches Wörterbuch« entgegen. In einer auch für Nicht-Theologen verständlichen Sprache greift es in über 600 Artikeln von A wie »Abendmahl« bis Z wie »Zwischengesang« die einzelnen Begriffe auf, erläutert sie in knappen, präzisen Beschreibungen und stellt die heutige Gestalt und Ordnung der katholischen Liturgie in lexikalischer Form dar. So eignet es sich für den Lektor und die Kommunionhelferin genauso wie für den Leiter von Wort-Gottes-Feiern und Werktagsgottesdiensten (Andachten, Tagzeitengebet), für die Mitglieder von Liturgiekreisen und Mesner. Es freut mich besonders, dass das Wörterbuch nicht nur Fakten wiedergibt, sondern darüber hinaus durch zahlreiche Hinweise auf biblische Bezüge der liturgischen Elemente den Benutzer beim persönlichen Nachspüren der spirituellen Dimension der Liturgie unterstützt.

+ Thomas M. Freihart OSB

Abt des Benediktinerklosters Weltenburg an der Donau

Danksagung

Der ganz besondere Dank der Autoren gilt ihrem Kollegen am Deutschen Liturgischen Institut, Dr. Eduard Nagel, langjähriger Chefredakteur der Zeitschriften »Gottesdienst« und »praxis gottesdienst«, für die Durchsicht des Manuskripts und seine vielen wertvollen Hinweise und Anregungen.

A

Abendmahl

Bezeichnung für das letzte gemeinsame Mahl Jesu mit seinen Jüngern am Abend vor seiner Festnahme. Die vier Evangelisten berichten von dieser Zusammenkunft, wobei Johannes den Schwerpunkt jedoch auf die Fußwaschung und die Abschiedsreden Jesu legt, nicht auf das Mahl. 1 Kor 11,23–25 überliefert die Worte Jesu, mit denen er beim Letzten Abendmahl den neuen Bund eingesetzt hat: »Denn ich habe vom Herrn empfangen, was ich euch dann überliefert habe: Jesus, der Herr, nahm in der Nacht, in der er ausgeliefert wurde, Brot, sprach das Dankgebet, brach das Brot und sagte: Das ist mein Leib für euch. Tut dies zu meinem Gedächtnis! Ebenso nahm er nach dem Mahl den Kelch und sprach: Dieser Kelch ist der Neue Bund in meinem Blut. Tut dies, sooft ihr daraus trinkt, zu meinem Gedächtnis!« Dieses Gedächtnis begehen wir in jeder Eucharistiefeier. Dabei bildet das obige Zitat als so genannte Einsetzungsworte den Kernteil des Hochgebetes. Aus den Evangelien geht nicht deutlich hervor, ob es sich beim Letzten Abendmahl um das Paschamahl handelt. Während Matthäus, Markus und Lukas dies so darstellen (Mt 26,17–19; Mk 14,12–16; Lk 22,7–13) geht Johannes davon aus, dass Jesus am Tag vor dem Paschafest stirbt (Joh 19,31).
Die evangelischen Kirchen bezeichnen die Gedächtnisfeier, mit der Jesus die Kirche beauftragt hat, ebenfalls als Abendmahl, während die katholische Kirche hier von Eucharistie spricht.

Abendmahlsgemeinschaft ↗ Interkommunion

Abendmahlsvermahnung

Heute allgemein nur im reformatorischen Gottesdienst bekannt als Ermahnung, dass die Kommunion nur empfangen solle, wer sich dazu würdig fühle. Im katholischen Gottesdienst ist so etwas derzeit nicht vorgesehen, wird aber in irgendeiner Form wieder gewünscht, vor allem für Gottesdienste zu Anlässen wie Hochzeiten oder Begräbnissen, wo Leute an der Eucharistiefeier (und Kommunion) teilnehmen, die persönlich keinen Bezug zur Eucharistie (mehr) haben. Hier kann durch Handzettel oder kurze Ansprache vor dem Gottesdienst darauf hingewiesen werden, dass niemand sich zum Kommuniongang gedrängt fühlen sollte. Das Kirchenrecht sieht die Verantwortung der Prüfung über den *recht(mäßig)en* Empfang der Kommunion auch nicht beim Kommunionspender, sondern beim Empfänger selbst (c. 916).

Abendmesse

Was man inzwischen wieder als völlig selbstverständlich ansieht, war lange Zeit vom Kirchenrecht sogar untersagt: Die Eucharistie durfte nur in der Zeit von morgens bis mittags gefeiert werden.
Während die Abendmesse an kirchlichen Festtagen, die aber Arbeitstage sind, für die Werktätigen praktisch die einzige Möglichkeit zur Teilnahme darstellt und zuerst deshalb erlaubt worden war, wurde die sonntägliche Abendmesse, insbesondere die Vorabendmesse, noch lange als Zugeständnis an die Bequemlichkeit betrachtet, ist inzwischen aber infolge des Mangels an Priestern zu einer wichtigen Voraussetzung für die flächendeckende Versorgung der Gemeinden mit sonntäglichen Messfeiern geworden.
Die *Abend*messe aber mit der Tageszeit des letzten *Abend*mahls Jesu mit seinen Jüngern begründen oder gar favorisieren zu wollen, würde einem ebenso falschen Verständnis des Heilsgeschehens entspringen wie die umgekehrte Verknüpfung mit der Tageszeit des Morgens als Zeit der Auferstehung. Abendmahl und Auferstehung Christi sind nicht nur historische Ereignisse, sondern werden in der Eucharistie unmittelbar vergegenwärtigt – unabhängig von der Tageszeit der Feier (vgl. Anamnese).

Ablution

Spülen von Mund, Finger, Kelch und Hostienschale zur Bewahrung von Partikeln und Resten des konsekrierten Brotes und Weines vor Verunehrung nach lat. *abluere* (= spülen, waschen). Das dazu benutzte Wasser bzw. der Wein werden ebenfalls *Ablution* genannt.

Absolution

Meist wird darunter nur die Lossprechungsformel bei der Einzelbeichte »So spreche ich dich los von deinen Sünden im Namen … (Ego te absolvo …)« oder bei der Generalabsolution »So spreche ich euch los von euren Sünden …« verstanden. Aber jede Messfeier enthält am Schluss des so genannten Bußaktes eine solche Absolutionsformel, im Messbuch *Vergebungsbitte* genannt:
»Nachlass, Vergebung und Verzeihung unserer Sünden gewähre uns der allmächtige und barmherzige Herr.« Oder: »Der Herr erbarme sich unser. Er nehme von uns Sünde und Schuld, damit wir mit reinem Herzen diese Feier begehen.«
Ganz allgemein können mit *Absolutionen* aber auch kurze Segenssprüche und abschließende Formeln eines Ritus oder eines Abschnittes eines Ritus mit Vergebungsbitte bezeichnet werden, wenn dies auch heute nicht (mehr) allgemeiner Sprachgebrauch ist.

Äbtissinnenweihe

Ritus, der normalerweise vom Ortsbischof durchgeführt wird, selbst wenn das Kloster nicht ihm unterstellt ist. Die Äbtissinnenweihe findet sich deshalb auch im Pontifikale (II). Ähnlich der Abtsweihe erhält die Äbtissin neben der Ordensregel ebenfalls Ring und Hirtenstab (hier eigentlich Mönchsstab) überreicht.

Abtsweihe

Ritus, der normalerweise vom Ortsbischof durchgeführt wird, selbst wenn das Kloster nicht ihm unterstellt ist. Die Abtsweihe findet sich deshalb auch im Pontifikale (II). Entsprechend der bischofsähnlichen Stellung seines Amtes erhält der Abt neben der Ordensregel ebenfalls Ring, Mitra und Hirtenstab (hier eigentlich Mönchsstab) überreicht.

Adaptation

Lateinische Bezeichnung für »Anpassung«. Gemeint ist die Anpassung der Liturgie, wie überhaupt die ganze Verkündigung des Evangeliums, an die jeweiligen kulturellen und sprachlichen Gegebenheiten. Wird dies für die Missionsgebiete heute als Notwendigkeit angesehen, herrscht für die westlichen Länder in Europa und Amerika eher der römische Uniformismus vor, d.h. die komplette Vereinheitlichung der Liturgie nach dem römischen Ritus, obwohl das Zweite Vatikanische Konzil ausdrücklich sagt: »In den Dingen, die den Glauben oder das Allgemeinwohl nicht betreffen, wünscht die Kirche nicht eine starre Einheitlichkeit der Form zur Pflicht zu machen, nicht einmal in ihrem Gottesdienst« (SC 37). In dem Ausmaß, in dem allerdings die christlichen Kernländer Europas wieder als Missionsgebiet begriffen werden (müssen), könnte sich der Hang zur Vereinheitlichung ändern. Die Lebens- und Arbeitsweisen, die Kultur und die Sprache(n) haben sich in den vergangenen Jahrzehnten so tief greifend gewandelt, dass man sich in ähnlicher Weise um eine neue Adaptation der Riten und der liturgischen Sprache wird bemühen müssen wie in Missionsgebieten, mit dem Ziel, die »volle, bewusste und tätige Teilnahme aller Gläubigen an den liturgischen Feiern« (SC 14) zu ermöglichen und zu fördern.

Admissio *(Aufnahme; Zulassung)*
Lateinische Bezeichnung für »Zulassung«. Wer Diakon oder Priester werden möchte, muss zuerst unter die Kandidaten aufgenommen werden. Dies geschieht in Form einer liturgischen Feier, die »Aufnahme unter die Kandidaten für das Weihesakrament« genannt wird. Die Bewerber werden namentlich aufgerufen, antworten mit »Hier bin ich« (Adsum) und erklären auf die Frage des Bischofs nach ihrer Bereitschaft: »Ich bin bereit« (Volo).

Adsum
Bedeutet »Hier bin ich«. Wird von den Kandidaten zur Priester- oder Diakonenweihe gesprochen, wenn sie namentlich aufgerufen werden, zuerst bei der Aufnahme als Kandidaten, später bei der Weihe selbst.

Advent
Die Zeit ab dem 4. Sonntag vor Weihnachten ist als erster Teil des Weihnachtsfestkreises durch die Vorbereitung auf das Kommen des Herrn, lat. *adventus* (= Ankunft), geprägt. Dabei richtet sich die Kirche in der Zeit des Advents in besonderem Maße auf das noch ausstehende Kommen Jesu Christi in Herrlichkeit aus und erinnert gleichzeitig an die Erwartung des Volkes Israels auf die Geburt des Messias. Bis zum

16. Dezember stehen somit die Schriftlesungen im Mittelpunkt, die die Parusie (das Kommen Jesu) ankündigen, besonders aus dem Buch des Propheten Jesaja und aus den Schriften, die sich mit der Gestalt Johannes des Täufers befassen. Die Rorate-Messen in dieser Zeit verleihen der Erwartung des Herrn besonderen Ausdruck. Ab dem 17. Dezember, also in der Woche vor Weihnachten, wird die neutestamentliche Vorgeschichte der Geburt Jesu Christi betrachtet. Die so genannten O-Antiphonen bilden in dieser Zeit den Ruf zum Halleluja in der Messfeier. Im Mittelalter wurde ausgehend von der gallischen Kirche der Advent als Bußzeit verstanden. Überreste dieser Sichtweise sind bis heute mit der violetten Farbe der liturgischen Gewänder und dem Verzicht auf das Gloria in der Messfeier erhalten geblieben. Stark ausgeprägt ist das Brauchtum im Advent. Zu erwähnen sind unter anderem der Adventskranz und -kalender, die Barbarazweige, das sind Kirschbaumzweige, die, am Barbaratag in die Vase gesteckt, zu Weihnachten blühen, sowie die Bräuche am Nikolaustag. Anders als das bürgerliche Jahr beginnt das neue Kirchenjahr am ersten Adventssonntag.

Agape

Griechisches Wort für »Liebesmahl«. In der Apostelgeschichte findet man noch die ursprüngliche Verbindung von Mahl und Eucharistie (»Tag für Tag verharrten sie einmütig im Tempel, brachen in ihren Häusern das Brot und hielten miteinander Mahl in Freude und Einfalt des Herzens.« Apg 2,46), wobei aber beides schon in der Urkirche wegen der sozialen Unterschiede in der Gemeinde (vgl. 1 Kor 11,20ff.) getrennt wurde. Die Agape entwickelte sich dann zu einer eigenen Form religiösen Mahles mit caritativem Charakter zur Speisung Not leidender Mitgliedern der Gemeinde.

Heute wird meist nur das gesellige Zusammensein nach einer Eucharistiefeier damit bezeichnet.

Eine Erneuerung der direkten Verbindung eines Mahles mit der Eucharistiefeier ist nach den letzten römischen Instruktionen (RS) nicht erlaubt. Möglich wäre die Ausgestaltung einer geselligen Mahlzeit zu einem Mahl mit religiösem Charakter z. B. durch Gebete, Segen, Lichtritus, Singen von Liedern, Psalmen, Hallelujaversen und einer symbolischen Form des Teilens wie z. B. dem Brechen und Weiterreichen richtigen Brotes. Wenn jeder etwas an Speisen beiträgt, wird auch der Aspekt des Teilens in der Gemeinschaft besonders deutlich.

Agende

Ursprünglich Bezeichnung für liturgische Vorgänge, nach lat. *agendum* (= das, was zu tun ist), später auch für liturgische Bücher. In der evangelischen Kirche heute Bezeichnung für die grundlegende Regelung und Ordnung der Liturgie; in der katholischen Kirche nicht mehr gebräuchlich.

Agnus Dei

Akklamation zur Brotbrechung, benannt nach den ersten beiden Worten der lateinischen Fassung »Agnus Dei, qui tollis peccata mundi, miserere nobis (dona nobis pacem)«, gebildet nach Joh 1,29: »Am Tag darauf sah er (Johannes der Täufer) Jesus auf sich zukommen und sagte: Seht, das Lamm Gottes, das die Sünde der Welt hinwegnimmt.« Der Ruf wird so oft wiederholt, wie es während der Dauer der Brotbrechung erforderlich ist, in der Regel dreimal, wobei der letzte Ruf nach mittelalterlicher Tradition (wo man sich während des Agnus Dei den Friedensgruß gab) dann lautet: »Gib uns deinen Frieden!« (AEM 57e). Mit *Agnus Dei* hat schon die Urgemeinde Christus selbst bezeichnet und mit dem Lamm in Jes 53,7 identifiziert (vgl. Apg 8,32–35 und Offb 5,6ff.). Diese Akklamation ist auch Teil des Gloria.

Akklamation

Ursprünglich Bezeichnung für Zurufe der Volksmenge bei Versammlungen aller Art, in der Antike vor allem beim Kaiserkult, nach lat. *acclamare* (= zurufen, dazwischenrufen). In der Urkirche aber nach dem Beispiel des jüdischen Gottesdienstes der Synagoge als beipflichtende, Christus bekennende Zwischenrufe entstanden. Akklamationen haben daher den Charakter von prägnanten Glaubensbekenntnissen. Im heutigen Gottesdienst finden sich Amen, Kyrie, Hosanna, Halleluja, Gloria tibi Domine, Deo gratias, Agnus Dei. Die Hymnen Gloria und Sanctus sind durch Zusammenfügung von mehreren Akklamationen entstanden. Nachdem im Mittelalter das Sprechen oder Singen der Akklamationen im Gottesdienst immer mehr von Priester, Ministranten oder Chor übernommen worden war, hat die Liturgiereform nach dem Zweiten Vatikanischen Konzil die Akklamationen wieder zum unverzichtbaren Bestandteil der tätigen Teilnahme der Gläubigen gemacht.

Akolyth

Von griech. *akólouthos* (= Diener, Schüler; lat. *sequens* = [dem Priester oder Diakon] Folgender), früher Stufe der lateinischen »Niederen Weihen«, die 1972 durch eine Beauftragung zum »Dienst« (ministerium) des Akolythen ersetzt wurden. Der Akolyth soll Priester und Diakon unterstützen, notfalls in Vertretung die (Kranken-)Kommunion reichen oder das Allerheiligste zur Anbetung aussetzen. Die Beauftragung geschieht durch den Bischof oder Ordensoberen. Für angehende Priester und Diakone ist die Beauftragung verpflichtend, ansonsten wird diese Möglichkeit (in Deutschland) nicht genutzt, sondern meist auf die Möglichkeit der Bestellung von Männern **und** Frauen als Kommunionhelfer zurückgegriffen.

Alapa

↗ Backenstreich

Albe

Lat. *albus* (= weiß); für das bis zu den Füßen reichende weiße Untergewand, das von Priestern und Diakonen während des Dienstes am Altar immer getragen wird: »Das allen Diensten entsprechende liturgische Gewand ist die Albe, die mit einem Gürtel gehalten wird; es sei denn, sie ist so angefertigt, dass man sie auch ohne Gürtel tragen kann« (AEM 298). Den anderen Diensten ist die Albe nicht (mehr) vorgeschrieben: »Alle anderen, die einen Dienst am Altar versehen und nicht Priester oder Diakone sind, können eine Albe oder ein anderes in den einzelnen Gebieten rechtmäßig zugelassenes Gewand tragen.« Die Albe erinnert an das Taufkleid, das uns bei der Taufe überreicht wurde, und gilt wie dieses als Zeichen dafür, dass wir »Christus anziehen« sollen. Ursprünglich aus Leinen, kann die Albe heute auch aus anderen Stoffen gefertigt sein (vgl. AEM 305).

Allegorische Messerklärung *(Allegorese)*
Heute nur noch historisch interessante Art und Weise, die Handlungen und Symbole der Liturgie mit einer Deutung zu erklären, die weder von der geschichtlichen Entstehung der liturgischen Elemente noch von ihrer unmittelbaren Symbolik her ableitbar ist. Diese Deutungsweise hatte sich vor allem im Hochmittelalter durchgesetzt und war bis zur Liturgischen Erneuerung des 20. Jahrhunderts üblich. Sie stellt z. B. spirituelle und theologische Verbindungen her zwischen Vorgängen der Liturgie auf der einen Seite und Geschehnissen im Leben Jesu auf der anderen Seite – insbesondere aus seiner Passion. So wurde das Lavabo (Ritus der Handwaschung) als Erinnerung an die Händewaschung des Pilatus gedeutet, wohingegen der Ritus selbst damit direkt die Bitte um innere Reinheit verbindet. Die allegorische Messerklärung gehört eng mit der allegorischen Auslegung der Schrift zusammen, die ebenfalls hinter dem eigentlichen Wortlaut und dem direkt Gemeinten eine oder sogar mehrere verborgene Sinnebenen sucht.

Alleluja ↗ Halleluja

Allerheiligen
Das Hochfest wird am 1. November gefeiert. Seit dem 4. Jh. ist es im Orient nachgewiesen und wurde in Rom zunächst am 13. Mai, dem Weihetag des Pantheons, begangen. Am 1. November wurde es zunächst ab dem 8. Jh. in England und Irland gefeiert und ging von dort aus auf das Festland über. Als Schriftlesungen dieses Tages sind drei neutestamentliche Lesungen, Offb 7, 2–4.9–14; 1 Joh 3, 1–3 und Mt 5, 1–12a, also die Seligpreisungen, vorgesehen. Nicht zuletzt durch die Evangelienperikopen soll der Blick über die kanonisierten Heiligen hinaus auf die vielen Unbekannten und auf den Ruf Gottes, der an alle Menschen ergeht, geweitet werden. Eben dies betont auch die Präfation, in der es heißt: »… Denn heute schauen wir deine heilige Stadt, unsere Heimat, das himmlische Jerusalem. Dort loben dich auf ewig

die verherrlichten Glieder der Kirche, unsere Brüder und Schwestern, die schon zur Vollendung gelangt sind. Dorthin pilgern auch wir im Glauben, ermutigt durch ihre Fürsprache und ihr Beispiel und gehen freudig dem Ziel der Verheißung entgegen …«

Allerheiligenlitanei
Gotteslob 762. Auch Große Litanei genannt. Sie ist die älteste Litanei der römischen Kirche. Ihren frühesten Teil bilden die Anrufungen, die sich unmittelbar an Jesus Christus richten (»Jesus, sei uns gnädig – Herr, befreie uns« und folgende). Die Heiligenanrufungen wurden diesen Bitten ab dem 7. Jh. vorangestellt. Diese Namensliste versteht sich nicht als abgeschlossen, sondern kann durch weitere Heilige, beispielsweise die Patrone der Kirche, ergänzt werden. Im Messbuch ist die Allerheiligenlitanei in der Osternacht zur Segnung des Taufwassers vorgesehen.

Allerseelen
Nachdem schon früh der Brauch aufgekommen war, am Tag nach einem Fest der Toten zu gedenken, legte Abt Odilo von Cluny, Burgund, im Jahre 998 den 2. November, den Tag nach Allerheiligen, als Allerseelentag fest. Zunächst in Klöstern üblich, wurde der Gedenktag aller verstorben Gläubigen zu Beginn des 14. Jh. von der römischen Kirche übernommen. Im 15. Jh. bildete sich in spanischen Dominikanerklöstern der Brauch heraus, an diesem Tag drei Messen zu feiern. Dieses Privileg wurde im 18. Jh. den Priestern Spaniens, Portugals und Lateinamerikas gewährt und 1915 von Papst Benedikt XV. den Priestern der Gesamtkirche zugesprochen. Fällt Allerseelen auf einen Sonntag, verdrängt es als Gedenktag, der durch den »österlichen Sinn des christlichen Todes« geprägt ist (vgl. SC 81), das Messformular des Sonntags. Die liturgische Farbe von Allerseelen ist schwarz oder violett. Ein besonderer Ausdruck der Auferstehungshoffnung findet sich zu Allerseelen im Brauch der Gräbersegnung mit Weihwasser, einem Symbol des österlichen Lebens.

Allgemeine Kirchenjahrzeit ↗ Jahreskreis

Allgemeines Gebet *(AG; Oratio universalis)*
Weniger gebräuchliche Bezeichnung für die Fürbitten im Wortgottesdienst der Messe. Im engeren Sinne ist damit auch die feste Form von Fürbitten gemeint, die Petrus Canisius im 16. Jahrhundert einführte (vgl. GL 790, 2) und die auch heute noch verwendet werden kann.

Allgemeines Schuldbekenntnis ↗ Confiteor

Alma Redemptoris Mater ↗ Marianische Antiphonen

Altar
Von lat. *adolere* (= brennen) abgeleitet, bezeichnete der Altar in der Antike die Stätte, an der den Göttern bzw. im alttestamentlichen Judentum Jahwe, Tieropfer dargebracht wurden. Der Altar befand sich außerhalb des Tempels, da dieser als Haus Gottes der Gemeinde nicht zugänglich war. Seinem Zweck entsprechend, bestand der Altar oft aus einem Steinblock. Da Jesus Christus sich als einmaliges Opfer Gott dem Vater dargebracht hat, kennt das Christentum keine weiteren Opfer im o.g. Sinne. Der Altar in einer christlichen Kirche wird daher verstanden als Tisch (lat. *mensa*) der eucharistischen Mahlgemeinschaft und als Ort der Vergegenwärtigung des Todes Christi am Kreuz und seiner Auferstehung. Seit dem frühen Christentum wurden Altäre über den Gräbern von Märtyrern errichtet. Später wurde eine Heiligenreliquie in den Stein eingesetzt. Ab dem frühen Mittelalter rückte der Altar

an die Rückwand des Chorraums und der Altarraum wurde durch Schranken von der Gemeinde abgetrennt. Außerdem entstanden mit Aufkommen der Privatmessen zahlreiche Nebenaltäre in den Kirchen. Durch die Neuordnung nach dem Zweiten Vatikanischen Konzil wird der Altar heute wieder frei im Raum stehend gebaut, so dass er vom Priester umschritten werden kann. Auch darf in neuen Kirchen nur ein feststehender Altar errichtet werden, womit die Einheit der Gemeinde mit dem einen Erlöser Jesus Christus verdeutlicht wird (vgl. Pontifikale 4). Als Symbol für Jesus Christus, den Felsen (1 Kor 10,4), Schlussstein (Eph 2,20) und Eckstein (Apg 4,11), ist er oft aus Naturstein gefertigt; zugelassen sind jedoch auch andere passende, angemessene und haltbare Materialien.

Altarraum

Seit der Liturgiereform nach dem Zweiten Vatikanischen Konzil wird vor allem die Einheit der Gemeinde in der Messfeier betont, deren Mittelpunkt der Altar bildet (vgl. AEM 259). (Kommunion-)Schranken, die früher zur Abtrennung des Altarraums von der Gemeinde dienten, werden seither nur noch aus kunsthistorischen Gründen beibehalten, ansonsten genügt eine »leichte Erhöhung oder … eine besondere Gestaltung und Ausstattung« zur Abhebung vom übrigen Raum (vgl. AEM 258), die keine Trennung der feiernden Gemeinde in liturgische Dienste und Zuschauer mit sich bringen darf, sondern nur den Altarraum als Funktionsort für die Dienste am Altar definiert. Die Ausstattung besteht deshalb, abgesehen vom Altar als Mittelpunkt, in der Regel aus den Sitzen (Sedilen) für Vorsteher, Diakon, Konzelebranten und

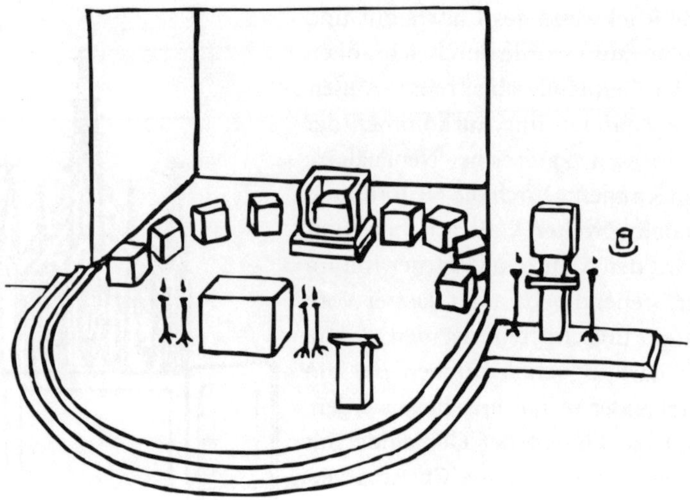

Ministranten, Ambo und Kredenz, aber nicht dem Tabernakel als Aufbewahrungsort für die Eucharistie (vgl. AEM 276).

Altartuch

Zur Eucharistie ist der Altar mit einem Tuch zu bedecken: »Zum Zeichen der Ehrfurcht vor der Feier des Herrengedächtnisses und des Mahles, bei dem Leib und Blut Christi gereicht werden, ist der Altar mit wenigstens einem Tuch zu bedecken, das in Bezug auf Form, Ausmaß und Schmuck zu ihm passt« (AEM 268). Zusätzlich zum Altartuch wird bei der Messfeier während der Gabenbereitung das Korporale aufgelegt und nach der Kommunion wieder weggenommen. Nach der Abendmahlsmesse am Gründonnerstag wird der Altar entblößt.

Altarweihe

Geschieht eigentlich durch die erste Eucharistie, die auf dem Altar gefeiert wird, sie wird jedoch in einem eigenen feierlichen Ritus entfaltet. Dieser ist dem Ortsbischof vorbehalten, der den Weiheritus nach dem Wortgottesdienst vornimmt. Die Auswahl der geeigneten Tage, in der Regel ein Sonntag, und weitere Angaben finden sich im Pontifikale IV.

Da der Altar vor allem durch die Feier der Eucharistie geheiligt wird, darf vor der Weihe-Eucharistie keine Messe auf ihm gefeiert werden. Stattdessen wird bis zum Weihetag ein anderer Tisch verwendet, wenn vorher in der betroffenen Kirche Eucharistie gefeiert werden soll, damit die Weihemesse die erste Eucharistiefeier auf dem neuen Altar sein kann. Handelt es sich um eine neue Kirche, wird der Altar innerhalb der Feier der Kirchweihe geweiht. Der Weiheritus umfasst Litanei, Beisetzung der Reliquien, Besprengung des Altars mit Weihwasser, Salbung des Altars mit Chrisam, Verbrennen von Weihrauch auf dem Altar, Weihegebet und das festliche Anzünden der Altarkerzen.
Bei einem tragbaren Altar, der nicht ständig als Altar im Gemeindegottesdienst Verwendung findet, kann anstelle der Altarweihe auch die einfachere Altarsegnung (ebenfalls im Pontifikale IV) vorgenommen werden.

Ambo *(Lesepult)*

Seit dem Zweiten Vatikanischen Konzil (wieder) vorgeschriebener Ort der Verkündigung des Wortes Gottes in Form eines feststehenden (nicht eines einfachen, tragbaren) Lesepultes (AEM 272): Die Lesungen, der Antwortpsalm, das Evangelium werden immer vom Ambo aus vorgetragen, Homilie (Predigt) und Fürbitten können auch vom Priestersitz aus erfolgen bzw. geleitet werden.
Die Bezeichnung *Ambo* kommt vom griechischen Wort für *Hinaufsteigen*, womit gemeint ist, dass sich das Lesepult (meist) an einem erhöhten, über Stufen erreichbaren Ort befindet.

Ambrosianischer Lobgesang ↗ Te Deum laudamus

Amen

Hebräisches Wort, das unübersetzt Eingang in die Liturgie aller christlichen Kirchen gefunden hat und die häufigste Akklamation darstellt. Es hat vor allem beipflichtenden Charakter: Man stimmt dem, was ein anderer sagt, mit dem Ziel der Selbstverpflichtung zu und macht sich damit den Inhalt zu eigen. Daher stammt die häufigste Übersetzung der Bedeutung als »es steht fest«, »es gilt«, »es ist sicher«. Man denke an die deutsche Redewendung: Zu etwas Ja und Amen sagen.

Wir finden die Formel *Amen* bereits im Alten Testament mit insgesamt drei einander ähnlichen Verwendungsweisen: als Zustimmung zu einer Rede (vgl. [in der Einheitsübersetzung leider nicht mit »Amen« wiedergegeben oder unterschiedlich übersetzt] 1 Kön 1, 36: »So sei es«; Jer 11, 5: »Ja, Herr.«; Jer 28, 6: »Ganz recht!«), als Bekräftigung eines zuvor ausgesprochenen Fluches (vgl. Num 5, 22; Deut 27, 15–26; Neh 5, 13) und am Schluss einer Doxologie oder eines Gebetes (vgl. 1 Chr 16, 36; Neh 8, 6; Ps 41, 14; Ps 72, 19 u. a.). Diese letztere Verwendung wurde in den jüdischen und christlichen Gottesdienst übernommen. So finden wir *Amen* als Bestätigung des Dankgebetes schon im Neuen Testament in 1 Kor 14, 16 und nach Doxologien im Römerbrief (Röm 1, 25; Röm 9, 5; Röm 11, 36; Röm 16, 27).

Ob die Formel *Amen* etymologisch als semitisches Wort mit dem ägyptischen Wort *mn* (bleiben, fortbestehen, fortdauern) verwandt ist und dadurch auch religionsgeschichtlich Verbindungen mit der Verehrung des Gottes Amun, dem »verborgenen« Gott (Deus absconditus), bestehen, ist derzeit nur Vermutung.

Für den heutigen Gottesdienstbesucher und Beter ist das *Amen* meist eine Formel ohne Sinn, könnte aber katechetisch als auf den Punkt gebrachte Kurzfassung und Bestätigung des Glaubensbekenntnisses erläutert und eingeübt wieder seine ursprüngliche Bedeutung erlangen. Eingängigstes Beispiel aus der Heiligen Schrift ist die Preisung Gottes als Schöpfer durch Tobit und das anschließende gemeinsame Amen mit Sara (Tob, 8, 5 ff.).

Nach Offb 3, 14 sprechen wir mit *Amen* sogar Christus selbst als wahrhaftigen Zeugen für die Verheißungen Gottes an.

Ampel

In der westlichen Kirche vor allem noch gebräuchlich als Gefäß für das so genannte *Ewige Licht* vor dem Tabernakel als dem Ort der Aufbewahrung der Eucharistie zum Hinweis auf die leibliche Gegenwart Christi. Jedes Jahr in der Osternacht neu entzündet, ist das Licht der Ampel das ganze Jahr über auch symbolisches »lumen Christi« (= Licht

Christi) zum Gedenken an das österliche Erlösungsgeschehen der Auferstehung. Die Bezeichnung *Ampel* kommt vom lat. *ampulla*.

Anamnese

Liturgie ist nach der Lehre der Kirche nicht einfach nur Feier eines Gedächtnisses im Sinne eines Erinnerns und Gedenkens vergangener Geschehnisse, sondern lässt die Heilstaten Gottes für die Gläubigen real gegenwärtig werden. Tod und Auferstehung Christi sind so nicht nur historische Ereignisse, sondern in der Eucharistie unmittelbares Heilsgeschehen. Dieses Verständnis der Erinnerung wird *Anamnese* genannt.
Im engeren Sinne wird mit *Anamnese* bzw. *anamnetischer Akklamation* der von Priester und Volk gemeinsam gebetete Kernsatz des eucharistischen Hochgebetes »Deinen Tod, o Herr, verkünden wir, und deine Auferstehung preisen wir, bis du kommst in Herrlichkeit« bezeichnet, gefolgt vom anamnetischen Gebet des Priesters »Darum gütiger Vater, feiern wir das Gedächtnis des Todes und der Auferstehung deines Sohnes …«

Anaphora

In der alten Kirche und bis heute in den Ostkirchen griechische Bezeichnung für das Hochgebet in der Eucharistiefeier mit der wörtlichen Bedeutung *das Hinauftragen*, sinngemäß als Darbringung (eines Opfers) verstanden. Wenn Priester und Gemeinde in der katholischen Liturgie zu Beginn des Hochgebetes sprechen: »Erhebet die Herzen. – Wir haben sie beim Herrn«, so wird damit Bezug genommen auf die Ermahnungen der Apostel: »Durch ihn also lasst uns Gott allezeit das Opfer des Lobes darbringen, nämlich die Frucht der Lippen, die seinen Namen preisen« (Hebr 13,15) und »Lasst euch als lebendige Steine zu einem geistigen Haus aufbauen, zu einer heiligen Priesterschaft, um durch Jesus Christus geistige Opfer darzubringen, die Gott gefallen« (1 Petr 2,5).

Anbetung
Ein Ausdruck der Ehrfurcht und Demut angesichts der Größe und Überlegenheit Gottes, der sich nicht zuletzt in bestimmten Körperhaltungen, dem sich Niederknien und Niederwerfen, äußert. Im Alten Testament gegenüber Jahwe mehrfach bezeugt (z.B. Ex 12,27), wird sie im Neuen Testament auch Jesus Christus entgegengebracht (Offb 5,8–14). Eine besondere Form bildet die Eucharistische Anbetung, die im Mittelalter aufkam und heute besonders in Klöstern und durch das Ewige Gebet praktiziert wird.

Anblasen ↗ Anhauchung

Andacht
oder *Volksandacht*. Gottesdienstform, die nicht zur Liturgie im engeren Sinne von Eucharistie und Stundengebet zählt und auf diözesaner Ebene geordnet und gepflegt wird: Herz-Jesu-, Kreuzweg-, Sakraments-, Ewiges-Gebet-, Rosenkranz-, Mai-, Ernte-, Jahresschluss-Andachten usw.
In Andachten können die lokalen Frömmigkeitsformen besser und leichter integriert werden als in der Liturgie der Messfeier und des Stundengebetes.

Angelus ↗ Engel des Herrn

Anhauchung *(Anblasen)*
Lat. *halare; sufflare*. Einerseits Ritus der Zuhauchung (insufflare) des Geistes (Joh 20,22) bei der Weihe des Taufwassers oder des Chrisams und andererseits Unheil abwehrendes Wegblasen (exsufflare) in exorzistischer Absicht, heute noch möglich bei der Eröffnung des Erwachsenenkatechumenats, sofern der Exorzismus und die Abschwörung von heidnischen Kulten bei dieser Feier durchgeführt werden sollen.

anniversarium ↗ Jahrgedächtnis

Antependium

Bezeichnung aus dem Lateinischen (= Vorhang) für die Verkleidung der Stirnseite des Altarunterbaus, ursprünglich aus kostbarem Stoff, reich bestickt, später auch eine gearbeitete Tafel aus Edelmetall oder Holz.

Antimensium

In der westlichen Liturgie früher Bezeichnung für kleine, tragbare Altärchen oder Steinplatten mit eingefügter Reliquie, die auf Reisen Verwendung fanden. Die Bezeichnung kommt aus dem Griechischen und bedeutet *statt des Tisches*, d.h. anstelle eines eigentlichen Altares. Seit der Liturgiereform ist ein Antimensium nicht mehr nötig, sondern jeder geeignete Tisch kann verwendet werden durch Auflegen von Altartuch und Korporale: »In einem Gottesdienstraum feiert man die Eucharistie an einem feststehenden oder tragbaren Altar. Außerhalb eines Gottesdienstraumes kann die Messe an einem passenden Tisch gefeiert werden, besonders wenn es sich um Einzelfälle handelt; Altartuch und Korporale sind auch hier zu verwenden« (AEM 260).

Antiphon

Heute meist als der den Psalm begleitende Kehrvers verstanden, der vor und nach dem Psalm, gelegentlich auch nach jeder Strophe von allen gemeinsam angestimmt wird. Die historische Entwicklung ist nicht ganz nachvollziehbar, aber vermutlich ist die Antiphon im heutigen Gebrauch aus dem solistischen Vortrag des Psalms entstanden, der von Antwortrufen des Volkes gerahmt und unterbrochen wurde (vgl. auch Antwortpsalm). Ursprünglich war *Antiphon* aber die Bezeichnung für den gegenchörig gesungenen Psalm, d.h. zwei Chöre oder Teile eines Chors singen seine Vers(gruppen) abwechselnd (Gesang im Wechselvortrag). Im Stundengebet spielen die Antiphonen zu den Psalmen und Cantica eine sehr wichtige Rolle als einführende Hilfen zum Verständnis und zur messianischen und christologischen Einordnung der Psalmen oder der Cantica (vgl. AES 109: »Meist sind es Antiphonen, die, dem jeweiligen Psalm entnommen, diesen Aspekt hervorheben«). Hinter der musikalischen Ausgestaltung der Antiphonen im gregorianischen Choral zu Einzug (Introitus), Gabenbereitung (Offertorium) und Kommunion (Communio) wurde aber der damit eigentlich gerahmten Psalm stark verkürzt (Introitus) oder konnte sogar ganz verschwinden (Offertorium und Communio), was zum Gebrauch der Bezeichnung *Antiphon* auch für Chorstücke ohne Psalm wie z.B. die Marianischen Antiphonen (Salve Regina, Alma Redemptoris Mater, Ave Regina caelorum, Regina caeli u.a.) führte. Ihre deutende Funktion im Stundengebet (AES 110: »Die Tradition der lateinischen Kirche kennt drei Hilfsmittel, um die Psalmen zu verstehen und sie zu christlichen Gebeten zu machen: die Überschriften, die Psalmorationen und vor allem die Antiphonen«) macht die Antiphonen auch zu einem wesentlichen Bestandteil des persönlichen Gebetes außerhalb des gemeinsamen Vollzugs der Liturgie (AES 113).

Antiphonale *(Antiphonar)*

Enthält als offizielles liturgisches Buch alle für das gesungene Stundengebet nötigen Teile ausnotiert (nicht nur die Antiphonen), während das Graduale die Gesänge des gregorianischen Chorals für die Messliturgie beinhaltet. Es ist eine wichtige Ergänzung zum Stundenbuch und ermöglicht erst den gesungenen Vollzug, der je nach zeitlichen und persönlichen Möglichkeiten und Fähigkeiten in abgestufter Weise durchgeführt werden kann (vgl. AES 267–284).

Antiphonie

Griechische Bezeichnung für »Wechselgesang«, d.h. abwechselndem Gesang zwischen zwei Chören (oder Teilen eines Chors) oder Vorsänger und Chor/Gemeinde. Vor allem das Stundengebet kennt den Gesang der Psalmen im Wechselvortrag. Dort wird sogar das gesprochene Rezitieren der Psalmen *wechselchörig* (auch *gegenchörig* genannt) durchgeführt.

Antwortpsalm *(Psalmus responsorius)*

Als wesentlicher Teil der Verkündigung (AEM 36) vorgesehen nach der ersten Lesung im Wortgottesdienst der Messfeier, vom Ambo (AEM 272 und AEM 67) aus vorgetragen. Die *Antwort* (lat. *responsum*) ist der Kehrvers (AEM 90), den die Gemeinde nach jeder Versgruppe wiederholt. Dieser Kehrvers kann auch weggelassen werden, d.h. der Psalm wird dann entweder nur vorgetragen oder von der ganzen Gemeinde gesungen, notfalls kann der Psalm auch gesprochen rezitiert werden. Der Psalm ist einerseits durch seine auf die Schriftlesung bezogene Auswahl Aneignung des Gehörten (AEM 33: »... Dieses Wort Gottes macht sich die Gemeinde in den Gesängen zu eigen ...«) und andererseits Fortsetzung der Schriftlesung, wenn man den (fünfteiligen) Psalter als kleine »Tora« gegenüber der großen »Tora« der 5 Bücher Mose (Pentateuch) verstehen will.

Apologie

Griechische Bezeichnung allgemein für eine Verteidigungsrede bzw. -schrift vor Gericht oder Verteidigung einer Lehrmeinung, im religiösen Kontext Selbstanklage eines Sünders, der in oft langen Aufzählungen seine Sünden bekennt und Gott um Vergebung bittet. In der heutigen Liturgie finden wir (kurze) Apologien noch im gemeinsamen Confiteor der Messe, in kurzen, leisen Gebeten des Priesters vor dem Evangelium (»Heiliger Gott, reinige mein Herz und meine Lippen ...«), zur Gabenbereitung (»Herr, wir kommen zu dir mit reumütigem Herzen und mit demütigem Sinn ...«), beim Lavabo (Ritus der Handwaschung) und vor der Kommunion (»... Erlöse mich ... von allen Sünden und allem Bösen ...«). Das Stundengebet kennt zu Beginn der Komplet ebenfalls ein gemeinsames Sündenbekenntnis.

Apostelfeste

Nach dem allgemeinen Römischen Kalender von 1969 gibt es weltweit folgende Apostelfeste:
Fest der Bekehrung des Apostels Paulus (25. Januar)
Fest Kathedra Petri (22. Februar)
Fest des Apostels Matthias (Deutschland: 24. Februar [sonst: 14. Mai])
Fest der Apostel Philippus und Jakobus des Jüngeren (3. Mai)
Hochfest der Apostel Petrus und Paulus (29. Juni)
Fest des Apostels Thomas (3. Juli)
Fest des Apostels Jakobus des Älteren (25. Juli)
Fest des Apostels Bartholomäus (24. August)
Fest des Apostels und Evangelisten Matthäus (21. September)
Fest der Apostel Simon und Judas (28. Oktober)

Fest des Apostels Andreas (30. November)
Fest des Apostels und Evangelisten Johannes (27. Dezember)

Apostelkreuze *(Apostelleuchter)*

Bei der Weihe einer Kirche werden nach dem Altar auch die »Wände der Kirche an zwölf dafür vorgesehenen Stellen in Kreuzesform« mit Chrisam gesalbt (Pontifikale IV, 55). Dies geschieht zur Verehrung der 12 Apostel als Fundament, auf dem die Kirche aufbaut gemäß Offb 21,14: »Die Mauer der Stadt [des himmlischen Jerusalems] hat zwölf Grundsteine; auf ihnen stehen die zwölf Namen der zwölf Apostel des Lammes.« Die gesalbten Stellen werden in der Regel mit Kreuzen markiert, über denen oft auch noch die so genannten Apostelleuchter angebracht sind.

Applikation

Von lat. *applicatio* (= Zuwendung), womit die Zuwendung der gefeierten Messe einer bestimmten lebenden oder verstorbenen Person gemeint ist, entweder infolge eines angenommenen Messstipendiums oder einer Stiftung. An Sonn- und Feiertagen gilt die *applicatio pro populo,* d.h. die Messe ist für die Pfarrgemeinde und nicht für eine bestimmte Person zu applizieren.

Apsis

An den Hauptraum (Hauptschiff) basilikaler Kirchenbauten oft im Osten angefügter und von diesem mit einem Bogen abgetrennter Raum mit einem halbkreisförmigen oder mehreckigen Grundriss und meist einer Halbkuppel als Gewölbe. Ursprünglich Ort für Cathedra und Priestersitze, rückten diese im Laufe der Jahrhunderte an die Seiten und ließen so dem Altar Raum.

Asche

Ist einerseits wie Staub und Spreu Symbol für die Vergänglichkeit des Menschen (Gen 18,27) und gleichzeitig äußeres Zeichen für Trauer

und Buße (Jona 3,6; Jes 58,5; Dan 9,3; Mt 11,21), andererseits wird Asche auch mit Reinigung und Sühne verbunden (Num 19,9.17f.; Hebr 9,13). Bei der Aschenauflegung am Aschermittwoch, dem ersten Tag der Fastenzeit, spricht der Priester zu jedem Einzelnen: »Bedenke Mensch, dass du Staub bist und wieder zum Staub zurückkehren wirst« (vgl. Gen 3,19) und ruft damit mahnend zu Buße und Umkehr auf den rechten Weg auf, wie schon Ps 1 die Frevler, die den falschen Weg gehen, treffend beschreibt: »Sie sind wie Spreu, die der Wind verweht« (Ps 1,4).

Aschermittwoch

Ursprünglich begann die Fastenzeit mit dem 1. Fastensonntag (Invocabit) bzw. am folgenden Montag. Um auf die traditionelle Zahl von 40 tatsächlichen Fastentagen zu kommen – Sonntage sind in ihrer Freude über die Auferstehung des Herrn nie Fastentage –, wurde ab dem 6. Jahrhundert der Beginn der Fastenzeit auf den Mittwoch vor Invocabit vorverlegt. Der Name *Aschermittwoch* kommt vom Ritus des Aufstreuens *(Auflegens)* von Asche als Zeichen der Buße und des Aufrufs zur Umkehr, begleitet von den Worten »Bekehrt euch und glaubt an das Evangelium« (Mk 1,15) oder »Bedenke Mensch, dass du Staub bist und wieder zum Staub zurückkehren wirst« (vgl. Gen 3,19).

Asketen ↗ Mönche

Asperges me *(Vidi aquam)*
Anfang der lateinischen Antiphon »Asperges me, Domine, hysopo, et mundabor. Lavabis me, et super nivem dealbabor« (Ps 51,9: »Entsündige mich mit Ysop, dann werde ich rein; / wasche mich, dann werde ich weißer als Schnee«), die zur Besprengung (Aspersion) der Gemeinde vor der Sonntagsmesse (außerhalb der Osterzeit) zu Ps 51 gesungen werden kann. In der Osterzeit wird »Vidi aquam egredientem de templo, a latere dextro, alleluia. Et omnes, ad quos pervenit aqua ista, salvi facti sunt, et dicent, alleluia, alleluia.« (Ez 47,1.2.9: Ich sah ein Wasser ausgehen vom Tempel, von dessen rechter Seite. Halleluja. Und alle, zu denen das Wasser kam, wurden gerettet, und sie werden rufen: Halleluja, Halleluja) zu Ps 118 angestimmt.

Aspergill *(Sprengel; Sprengwedel; Weihwasserwedel)*
Ursprünglich Zweig (vgl. Hysopzweig in Ps 51,9), heute entweder Borstenwedel oder (häufiger) Metallkugel mit Löchern, in der sich ein Schwamm für das Weihwasser befindet, benutzt zur Besprengung (Aspersion) von Personen und Gegenständen.

Aspersion *(Besprengung)*
Besprengung mit Wasser, vor allem als Erinnerung an die Taufe verstanden, kann als reinigender Ritus am Sonntag an die Stelle des Allgemeinen Schuldbekenntnisses treten. Dabei kann eine Antiphon angestimmt werden, traditionellerweise außerhalb der Osterzeit »Asperges me« (Ps 51,9) zu Ps 51, während der Osterzeit »Vidi aquam« (Ez 47,1.2.9) zu Ps 118 oder ein anderer Gesang.

Assistenz *(Assistenten)*
Heute wenig gebräuchliche Bezeichnung für alle liturgischen Dienste mit Ausnahme des Leiters, welche dem Leiter der Liturgie als dem nach

mittelalterlichem Verständnis allein Zelebrierenden sozusagen »assistierten«. Demgegenüber hat das Zweite Vatikanische Konzil die eigenständige liturgische Funktion eines jeden Dienstes innerhalb der Liturgie ausdrücklich wiederhergestellt und betont: »Auch die Ministranten, Lektoren, Kommentatoren und die Mitglieder der Kirchenchöre vollziehen einen wahrhaft liturgischen Dienst« (SC 29).

Asteriskus
Wörtlich »Sternchen« (*) von griech. *astér* (= Stern), dient in den liturgischen Büchern des Stundengebetes – relativ zur Grundlinie des Textes hochgestellt – zur Kennzeichnung der Sprech- oder Singpause zwischen den beiden Hälften des Verses eines Psalms oder eines Canticums.

Aufbewahrung der Eucharistie
Aufbewahrung des eucharistischen Brotes an einem dafür vorgesehenen würdigen Ort, dem Tabernakel, und in einem entsprechendem Gefäß, dem Ziborium. Die Liturgiekonstitution des Zweiten Vatikanums empfiehlt »mit Nachdruck jene vollkommenere Teilnahme an der Messe, bei der die Gläubigen nach der Kommunion des Priesters aus derselben Opferfeier den Herrenleib entgegennehmen« (SC 55). Die Aufbewahrung ist notwendig für die Krankenkommunion und gegebenenfalls für die Austeilung der Kommunion in Wort-Gottes-Feiern; sie dient auch der Anbetung.
In den reformierten Kirchen ist die Aufbewahrung aufgrund des unterschiedlichen Abendmahlsverständnisses weitgehend unbekannt.

Aufforderung *(Monition)*
Die Gemeinde wird an bestimmten Stellen im Gottesdienst vom Priester oder vom Diakon zum gemeinsamen Handeln aufgefordert. Die Aufforderungen des Diakons ziehen ein bestimmtes Handeln: »Gebet euch ein Zeichen des Friedens!«, »Gehet hin in Frieden!« (»Ite, missa est!«), oder eine bestimmte Akklamation »Geheimnis des Glaubens!« (»Mysterium fidei!«) nach sich, während der Priester eher zu bestimmten geistlichen Haltungen aufruft: »Lasset uns beten!« (»Oremus!«), »Erhebet die Herzen!« (»Sursum corda!«). Auch kurze, frei formulierte

geistliche Erschließungen und Hinweise (Monitionen) zum Beginn der Eucharistiefeier, vor den Lesungen oder zum Schluss des Gottesdienstes verstehen sich als Aufforderungen, um tiefer und bewusster an der Feier Anteil nehmen zu können.

Aufgebot

Wer sich auf die Diakonen- oder Priesterweihe vorbereitet, dessen Name wird einmal bei einem gut besuchten Gottesdienst in seiner Heimatpfarrei verkündet. Dieser Brauch ist der Überrest der ursprünglichen Zustimmung der Gemeinde zur Wahl eines neuen Vorstehers. Auf diese Verkündigung nimmt während des Weiheritus die »Auskunft« Bezug: »Das **Volk** und die Verantwortlichen wurden befragt; ich bezeuge, dass sie für würdig gehalten werden« (Pontifikale I).
Ebenso ist ein Aufgebot nötig vor einer Trauung, um etwaige Ehehindernisse auszuschließen. Anstelle der Verkündigung einer beabsichtigten Ehe in einem Gottesdienst kann auch ein Aushang im Eingangsbereich der Kirche erfolgen.
Die Verkündigung während des Gottesdienstes erfolgt am sinnvollsten mit den sonstigen Vermeldungen vor dem Schlusssegen.

Aufnahme ↗ Admissio

Aussetzung des Allerheiligsten

Aufstellung der eucharistischen Brotsgestalt, d.h. der konsekrierten Hostie, in einer Monstranz oder im Ziborium zum Zweck der Anbetung wie z.B. am jährlichen Tag des Ewigen Gebetes oder bei eucharistischen Andachten. Die Aussetzung kann auch von Akolythen und Kommunionhelfern vorgenommen werden. Die Aussetzung während einer Eucharistiefeier ist nach dem neueren Kirchenrecht ausdrücklich verboten (c. 941 § 2).

Auszug ↗ Einzug

Ave Maria *(Englischer Gruß)*

Anfangsworte der lateinischen Fassung des bekanntesten Mariengebetes (»Gegrüßet seist du, Maria, voll der Gnade …«), das heute vor allem noch beim Rosenkranz und Angelus gesprochen wird, auch *englischer Gruß* (= Gruß des Engels) genannt. Das Gebet besteht aus zwei Teilen, deren erster aus Lk 1, 28 und Lk 1, 41 f. genommen ist und deren zweiter eine spätmittelalterliche Hinzufügung darstellt. Das *Ave Maria* wurde auch in vielen berühmten Kompositionen vertont.

Gegrüßest seist du, Maria,
voll der Gnade, der Herr ist mit dir.
Du bist gebenedeit unter den Frauen,
und gebenedeit ist die Frucht deines Leibes Jesus.

Heilige Maria, Mutter Gottes, bitte für uns Sünder
jetzt und in der Stunde unseres Todes.

Ave Maria, gratia plena;
Dominus tecum;
benedicta tu in mulieribus,
et benedictus fructus ventris tui, Jesus.

Sancta Maria, Mater Dei,
ora pro nobis peccatoribus
nunc et in hora mortis nostrae.

Ave Regina caelorum ↗ Marianische Antiphonen

B

Backenstreich *(Alapa)*
Andeutung einer Ohrfeige (lat. *Alapa*) während der Firmung, wenn der Firmende jedem Firmling den Friedensgruß entbietet. Die Bedeutung dieser im Hochmittelalter entstandenen Geste ist nicht eindeutig geklärt. In der jetzigen Ordnung der Feier der Firmung ist der Backenstreich nicht mehr vorgesehen.

Bahnlesung *(lectio continua)*
Das ursprüngliche Prinzip der fortlaufenden Lesung der Heiligen Schrift im Gottesdienst (lectio continua) wird derzeit (z. T. mit Auslassungen) nur in der allgemeinen Kirchenjahrzeit bei den zweiten, neutestamentlichen Lesungen und den Evangelien der Sonntage, bei den Lesungen und Evangelien für die Messfeiern an Wochentagen und in den ersten Lesungen der Lesehoren des Stundengebetes (AES 248) angewandt.
Damit folgt die Leseordnung dem Wunsch des Zweiten Vatikanischen Konzils: »Auf dass den Gläubigen der Tisch des Gotteswortes reicher bereitet werde, soll die Schatzkammer der Bibel weiter aufgetan werden, so dass innerhalb einer bestimmten Anzahl von Jahren die wichtigsten Teile der Heiligen Schrift dem Volk vorgetragen werden« (SC 51).
Die ersten, alttestamentlichen Lesungen der Messfeier an Sonntagen und Hochfesten folgen diesem Prinzip nicht, sondern werden dem jeweiligen Evangelium entsprechend ausgewählt.

Baldachin
Heute vor allem als tragbarer »Himmel« über dem Allerheiligsten bei Prozessionen bekannt, findet sich aber auch in vielen Kirchen über dem Altar und in Bischofskirchen über dem Sitz des Bischofs. Ist er fest gebaut, z. B. aus Stein, dann spricht man meist vom *Kiborium* (nicht Ziborium). Die Bezeichnung stammt vom mittelalterlichen Namen *Baldac* für Bagdad, das – für Baldachine vorzugsweise verwendete –

wertvolle Seidenstoffe exportierte. Aus dem Orient stammt auch die damit verbundene hoheitliche Symbolik der Herrscher, die für Papst, Bischöfe und Kardinäle übernommen wurde.

Baptisterium

Von griech. *baptisterion* (*baptizein* = taufen), Bezeichnung für den Raum zur Spendung der Taufe, bis ins Mittelalter von der (Bischofs)Kirche abgetrennt, weil die (erwachsenen) Täuflinge erst nach der Taufe die Kirche betreten durften. Mit der Tendenz hin zur Aufgabe des Eintauchens und zur Kindertaufe wurden die heute üblichen Taufsteine (Taufbrunnen) innerhalb der Kirche in Seitenkapellen oder Nischen eingeführt.

Basilika

1. Aus dem Griechischen (*stoà basílike* = Königshalle) stammende Bezeichnung für einen seit der Antike üblichen Kirchenbautyp, der sich aus der römischen Markt- und Gerichtshalle entwickelte. Bei einer Basilika handelt es sich um einen Langbau, bestehend aus einem Haupt- und zwei Seitenschiffen, wobei das Hauptschiff höher und breiter ist und eine Fensterzone (= Obergaden) aufweist. Durch Säulen- oder Pfeilerreihen sind die Seitenschiffe zum Hauptschiff hin geöffnet.

2. Eine Kirche, die nach dem Kirchenrecht mit besonderen Privilegien und entsprechend den Stadtkirchen des römischen Bischofs, den Patriarchalbasiliken, mit Papstthron und Papstaltar ausgestattet ist. Der Titel »basilica minor« wird einer Kirche zuteil, die sich durch besondere

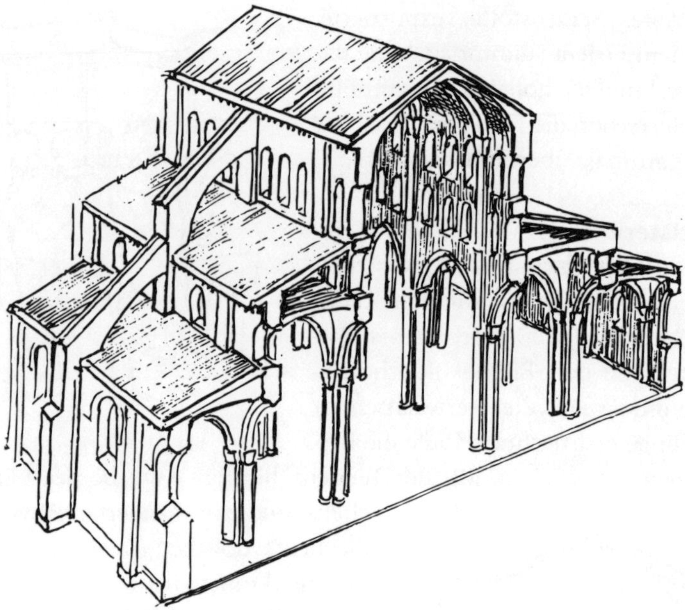

bauliche, pastorale und liturgische Bedeutung auszeichnet und eng mit Rom verbunden ein Zentrum des kirchlichen Lebens bilden soll.

Basilius-Liturgie
Ältere Form der byzantinischen Liturgie, heute nur noch an zehn Tagen im Jahr an Stelle der Chrysostomus-Liturgie gefeiert, wobei sich beide nur noch in der Anaphora unterscheiden.

Beauftragung
Zum »Dienst« (ministerium) des Lektoren oder Akolythen, hat 1972 die »Niederen Weihen« (mit Handauflegung) ersetzt. Die Beauftragung geschieht durch den Bischof oder Ordensoberen, normalerweise im Rahmen einer Messfeier (Pontifikale III). Für angehende Priester und Diakone ist die Beauftragung verpflichtend; im deutschen Sprachgebiet ist sie auf diesen Personenkreis beschränkt.

Begräbnis
Im Gegensatz zu anderen Ländern war es bei uns bis in die jüngere Vergangenheit üblich, den Leichnam eines Verstorbenen in einem Sarg in die Erde einzusenken. In dieser Tradition ist das Symbol des in die Erde gesenkten, scheinbar toten Weizenkorns enthalten und damit der Ausdruck der Auferstehungshoffnung verbunden. Die 1969 veröffentlichte neue Begräbnisliturgie (1973 für das deutsche Sprachgebiet) kennt drei Grundformen, die sich nach Anzahl der Stationen, also der Versammlungsorte voneinander unterscheiden: 1. (bei räumlicher Nähe zwischen Kirche und Friedhof) Eröffnung an der Friedhofshalle, am Sterbehaus oder Kirchenportal, Eucharistiefeier in der Kirche, Beisetzung am Grab; 2. (bei räumlicher Entfernung zwischen Kirche und Friedhof) Eucharistiefeier in der Kirche, Beisetzung am Grab mit Aussegnung in der Friedhofshalle; 3. Eröffnung, Wortgottesdienst und Verabschiedung in der Friedhofshalle und am Grab. Dem Begräbnis steht meistens entweder ein Priester oder ein Diakon vor, jedoch kann dieser Dienst auch von einem damit beauftragten Laien wahrgenommen werden. Dabei ist aber zu beachten, dass ein wesentliches Element der Begräbnisliturgie die Eucharistiefeier ist. Man feiert sie nicht nur als Opfer für den Verstorbenen, sondern darf auch glauben, dass der Verstorbene durch das Leben bei Gott an dieser Feier teilhat. Nachdem der Sarg in die Erde eingelassen wurde, wird er von den Mitgliedern der Trauergemeinde mit Weihwasser gesegnet und mit Erde bedeckt. Es ist ein wichtiger Schritt für Trauernde, den Leichnam tatsächlich der Erde zu übergeben und dies in entsprechenden Handlungen auszuführen. Der Begräbnisritus unterscheidet grundsätzlich nicht mehr zwischen der Beerdigung eines Erwachsenen und eines unmündigen Kindes, sieht jedoch für die Eltern eines verstorbenen Kindes besondere Gebete vor. Seit 1964 sind auch Urnenbestattungen kirchlich erlaubt; ihre Zahl nimmt heute aus praktischen Gründen rapide zu. Die kirchliche Feier findet entweder während der Einäscherung im Krematorium oder bei der Urnenbeisetzung statt. In den letzten Jahren ist der Wunsch nach einer anonymen Bestattung populärer geworden, häufig, um den Angehörigen die Grabpflege zu ersparen. Vor Gott ist jedoch kein Mensch anonym. Die Namen der Verstorbenen sind entsprechend der christlichen Hoffnung in das »Buch des Lebens« eingetragen (Phil 4,3 u.a.).

In der Trauerliturgie sowie an Gedenktagen wird jeder Tote immer wieder namentlich erwähnt. Eine Alternative zur anonymen Bestattung bietet ein schmuckloses Rasenreihengrab, auf dem nur ein Stein mit dem Namen des Verstorbenen und evtl. ein christliches Symbol (Kreuz) stehen. Eine weitere Entwicklung, die Asche des Verstorbenen im Wasser, auf einem Berggipfel oder an einem anderen symbolträchtigen Ort zu verstreuen oder sie in einem Friedwald unter einem Baum zu vergraben, geht mit der Vorstellung einher, die Materie des Toten werde der allgemeinen Natur übergeben oder in neue organische Substanz – in Form eines Baumes – verwandelt. Diese Vorstellung geht von einer Göttlichkeit der Natur (Pantheismus) aus, die zwar in einigen Kulturkreisen (z. B. im Hinduismus), nicht jedoch im Christentum verwurzelt ist. Außerdem widerspricht sie der Hoffnung auf die leibliche Auferstehung der Toten.

Begrüßung ↗ Gruß

Beichte

Landläufiger Ausdruck für das Bußsakrament, genauer des Bekenntnisses der Schuld gegenüber einem Priester im Rahmen des Bußsakramentes. Nach einer so genannten Gewissenserforschung bekennt der Schuldige seine Verfehlung gegen Gott und die Mitmenschen im Beichtgespräch einem Priester, der aufgrund seines Amtes mit der Vollmacht ausgestattet ist, ihn im Namen des Vaters, des Sohnes und des Heiligen Geistes von der Schuld loszusprechen (vgl. Joh 20, 22–23). Der Priester ist strengstens zur Geheimhaltung des Gehörten verpflichtet. Wesentlich für die Versöhnung mit Gott ist die Bereitschaft zur inneren Umkehr, also zum Überdenken und zur Änderung der Gesinnung. Ggf. kann der Priester dem Beichtenden Bußhandlungen auferlegen, die der Einübung in die neue Haltung dienen und begangenes Unrecht wieder bereinigen können. Der Katechismus sieht eine Beichte schwerer Sünden mindestens einmal jährlich und vor dem Empfang der hl. Kommunion vor. Kleinere Vergehen, so genannte lässliche Sünden, sollten jedoch auch in überschaubaren Zeitabständen, z. B. vor Hochfesten, gebeichtet werden, um tatsächlich mit Gott im Reinen zu sein, das heißt, sich ihm anvertrauen zu können, und auch um das eigene Gewissen zu schulen. Seit dem Tridentinischen Konzil in der Mitte des 16. Jh. sind so genannte Beichtstühle üblich geworden, die dreiteilig und überdacht und mit einem Gitter versehen sind. In neuerer Zeit geht man aber zu Beichtzimmern über, die bessere Gesprächsmöglichkeiten bieten. Auch in diesen kann durch entsprechende Maßnahmen, z. B. einen Vorhang, Anonymität gewahrt werden.

Beichtstuhl *(Beichtzimmer)*

Ursprünglich Sitz des Priesters bei der Beichte, neben dem der Beichtende niederkniete. Seit der Barockzeit hat er die allgemein bekannte, überdachte Form. Zum Zweck der größtmöglichen Diskretion ist er seit dem 19. Jahrhundert ganz geschlossen. Als Alternative gilt heute das so genannte Beichtzimmer, ein Raum, in dem die »Feier der Versöhnung für Einzelne« weiterhin nach außen diskret, aber zwischen Priester und Beichtenden weniger anonym vollzogen werden kann.

Bekenner ↗ Märtyrer

Benedictus (1)

So genannter Lobgesang des Priesters Zacharias aus Anlass der Beschneidung seines Sohnes Johannes (des Täufers, Lk 1,68–79). Bildet als Canticum den Höhepunkt der Laudes (AES 50).

Die Bezeichnung *Benedictus* stammt vom ersten Wort der lateinischen Übersetzung: Benedictus Dominus, Deus Israel …
Nach AES 138 wird dem *Benedictus* dieselbe Feierlichkeit und Ehre erwiesen wie dem Evangelium, zumindest indem sich jeder zu Beginn des Canticums mit dem »großen« Kreuzzeichen bezeichnet (AES 266).

Gepriesen sei der Herr, der Gott Israels! *
Denn er hat sein Volk besucht
und ihm Erlösung geschaffen;
er hat uns einen starken Retter erweckt *
im Hause seines Knechtes David.
So hat er verheißen von alters her *
durch den Mund seiner heiligen Propheten.
Er hat uns errettet vor unsern Feinden *
und aus der Hand aller, die uns hassen;
er hat das Erbarmen mit den Vätern an uns vollendet /
und an seinen heiligen Bund gedacht, *
an den Eid, den er unserm Vater Abraham geschworen hat;
er hat uns geschenkt, dass wir, aus Feindeshand befreit, /
ihm furchtlos dienen in Heiligkeit und Gerechtigkeit *
vor seinem Angesicht all unsre Tage.
Und du, Kind, wirst Prophet des Höchsten heißen; /
denn du wirst dem Herrn vorangehen *
und ihm den Weg bereiten.
Du wirst sein Volk mit der Erfahrung des Heils beschenken *
in der Vergebung der Sünden.
Durch die barmherzige Liebe unseres Gottes *
wird uns besuchen das aufstrahlende Licht aus der Höhe,
um allen zu leuchten, die in Finsternis sitzen
und im Schatten des Todes, *
und unsre Schritte zu lenken auf den Weg des Friedens.
Ehre sei dem Vater und dem Sohn *
und dem Heiligen Geist.
Wie im Anfang so auch jetzt und alle Zeit *
und in Ewigkeit. Amen.

Benedictus (2)
Hinzufügung zum Sanctus, genommen aus Ps 118, 26 und vom Jubelruf Hosanna (Mk 11, 9–10; Ps 118, 25) begleitet. Die Bezeichnung *Benedictus* stammt vom ersten Wort der lateinischen Übersetzung: Benedictus qui venit in nomine Domine. (Hochgelobt sei, der da kommt im Namen des Herrn.)

Benediktionale
Liturgisches Buch mit »Segnungen im Leben der Pfarrgemeinde, der Familie und der Öffentlichkeit« wie z. B. Blasiussegen, Krankensegnung, Reisesegen, Orgelweihe, Segnung des Weihwassers, Segnung eines Heiligenbildes, Segnung einer Christophorusplakette, Segnung eines Rosenkranzes, Segnung von Kerzen, Tischsegen, Segnung eines Hauses oder einer Wohnung, Segnung von Fahrzeugen u. v. m.

Beschneidung des Herrn, Fest der
Früher Fest am 1. Januar gemäß Lk 2, 21: »Als acht Tage vorüber waren und das Kind beschnitten werden sollte, gab man ihm den Namen Jesus, den der Engel genannt hatte, noch ehe das Kind im Schoß seiner Mutter empfangen wurde.«
In der jetzigen Ordnung des Kirchenjahres wird an diesem Tag, der auch Oktavtag der Geburt des Herrn (Weihnachten) ist, das Hochfest der Gottesmutter Maria gefeiert, wobei an diesem Tag aber auch der *Namensgebung des Herrn* gedacht werden soll (im neuen Missale Romanum jetzt am 3. Januar).

Besprengung ↗ Aspersion

Bination *(Trination)*
Zweimalige (bzw. dreimalige) Feier der Messe am selben Tag durch denselben Priester, laut Kirchenrecht (CIC can. 905) nur gestattet bei fest definierten Ausnahmen wie z. B. für Gründonnerstag, Ostern, Weihnachten (vgl. AEM 158) und Allerseelen. Bischöfe können in Notsituationen (Priestermangel) Bination gestatten, Trination aber nur an Sonn- und Feiertagen oder bei dringender seelsorgerlicher Notwendigkeit.

Birett

Von lat. *birrus* (= Umhang), bezeichnet die heute nicht mehr gebräuchliche viereckige Kopfbedeckung katholischer Geistlicher. Entwickelte sich aus der Kopfbedeckung, die unter dem antiken Umhang (birrus) getragen wurde. Hatte – regional verschieden – drei bzw. vier bogenförmige Aufsätze, die »Hörner« (lat. cornua) genannt werden. Das Birett wurde auch beim Chorgebet getragen.

Bischofsweihe

Ist das höchste Weihesakrament und wird innerhalb einer feierlichen Bischofsmesse erteilt. Der Kern der Weihe ist die Handauflegung durch mindestens drei anwesende Bischöfe (vgl. »Sie ließen sie vor die Apostel hintreten, und diese beteten und legten ihnen die Hände auf«, Apg 6,6; 1 Tim 4,14; 2 Tim 1,6) und das anschließende Weihegebet. Dem gehen die Befragung und das Versprechen des Erwählten sowie das Gebet der ganzen Gemeinde (Litanei) voraus. Während des Weihegebetes wird dem Erwählten das Evangeliar aufgelegt. Den Abschluss des Weiheritus bilden die Salbung des Hauptes und die Überreichung von Evangeliar, (Pallium), Ring, Mitra und Hirtenstab. Durch die Handauflegung und das Weihegebet wird dem Erwählten die Gabe des Heiligen Geistes übertragen. Die Überreichung des Evangeliars symbolisiert sein künftiges Lehramt, das vor allem in der Verkündigung des Evangeliums besteht, während der Hirtenstab als Zeichen des Leitungsdienstes bzw. Hirtenamtes in der Nachfolge des Apostelkollegiums dient. Der Ring weist auf die Treue des Bischofs zur Kirche, der Braut Christi hin, die Mitra auf die Verpflichtung, sich um persönliche Heiligkeit zu bemühen.
Diakonen- und Priesterweihe geben für bestimmte Aufgaben Anteil an der bischöflichen Weihegewalt.

Aus dem Weihegebet:
Gieße jetzt aus über deinen Diener, den du erwählt hast,
die Kraft, die von dir ausgeht,
den Geist der Leitung.

Ihn hast du deinem geliebten Sohn Jesus Christus gegeben,
und er hat ihn den Aposteln verliehen.
Sie haben die Kirche
an den einzelnen Orten gegründet als dein Heiligtum,
zur Ehre und zum unaufhörlichen Lob deines Namens.

Du Vater, kennst die Herzen
und hast deinen Diener zum Bischofsamt berufen.
Gib ihm die Gnade, dein heiliges Volk zu leiten
und dir als Hoherpriester
bei Tag und Nacht ohne Tadel zu dienen.
Unermüdlich erflehe er dein Erbarmen
und bringe dir die Gaben deiner Kirche dar.
Verleihe ihm durch die Kraft des Heiligen Geistes
die hohepriesterliche Vollmacht,
in deinem Namen Sünden zu vergeben.
Er verteile die Ämter nach deinem Willen
und löse, was gebunden ist,
in der Vollmacht, die du den Aposteln gegeben hast.
Schenke ihm ein lauteres und gütiges Herz,
damit sein Leben ein Opfer sei,
das dir wohlgefällt
durch unsern Herrn Jesus Christus.
Durch ihn ist dir mit dem Heiligen Geist
in der heiligen Kirche
alle Herrlichkeit und Macht und Ehre
jetzt und in Ewigkeit. Amen

Bittgebet *(Bitte)*
Gemäß den Worten Jesu dürfen und sollen die Gläubigen vertrauensvoll ihre Bitten vortragen, auch stellvertretend für Personen, die selbst dazu nicht (mehr) imstande sind wie z. B. für die Verstorbenen:
»Bittet, dann wird euch gegeben; sucht, dann werdet ihr finden; klopft an, dann wird euch geöffnet. Denn wer bittet, der empfängt; wer sucht, der findet; und wer anklopft, dem wird geöffnet. Oder ist einer unter euch, der seinem Sohn einen Stein gibt, wenn er um Brot bittet, oder

eine Schlange, wenn er um einen Fisch bittet? Wenn nun schon ihr, die ihr böse seid, euren Kindern gebt, was gut ist, wie viel mehr wird euer Vater im Himmel denen Gutes geben, die ihn bitten« (Mt 7,7–11). Am deutlichsten und sinnfälligsten äußerst sich das Bittgebet in den Fürbitten am Ende des Wortgottesdienst der Messfeier oder im Schlussteil der großen Horen Laudes und Vesper des Stundengebets sowie in den besonderen Bittprozessionen bzw. Bitttagen. Bitten ist ein wesentliches Element jeder Liturgie. So sind die Riten der Taufe und der Weihesakramente, der Segnungen usw. an vielen Stellen mit direkten und indirekten Bittgebeten ausgestattet. Auch sehr viele Psalmen enthalten neben der Klage und dem Lob die Bitte als wesentliches Element. Das *Vaterunser* besteht zum größten Teil aus Bitten mit dem Ziel und dem Kern allen Bittens, nämlich der Bitte um das Kommen des Reiches Gottes.

Bitttage *(Bittprozession)*

Die heute noch in Regionen des deutschsprachigen Raumes praktizierten Bitttage, z.T. mit Bittprozessionen (Flurumgängen), finden an einem oder mehreren Tagen vor Christi Himmelfahrt statt. Ursprünglich ging es dabei vor allem um die Abwendung von Naturkatastrophen wie Missernten, Gewitter- und Hagelschäden, Erdbeben, Seuchen, aber auch Krieg. Die Deutsche Bischofskonferenz hat dies zusammenfassend so ausgedrückt, dass alle »wesentlichen Bereiche und Gefährdungen des gegenwärtigen Lebens« berücksichtigt werden sollen. Neben dem Charakter des Bittens haben diese Bitttage bzw. Prozessionen auch Bußcharakter. Auch wenn man heute z.B. Naturkatastrophen nicht mehr als Folgen menschlicher Schuld und Verwirkung des göttlichen Segens ansieht, gibt es für wesentliche Bereiche und Gefährdungen des menschlichen Lebens einen Zusammenhang zwischen einem Leben ohne Umkehr, Buße und Verzicht und dem Unheil bis hin zu den globalen Auswirkungen eines verschwenderischen und selbstsüchtigen Lebensstiles.

Blasiussegen

Bekannter Segen mit zwei zum Andreaskreuz verbundenen Kerzen am Gedenktag des heiligen Märtyrers Blasius, Bischof von Sebaste in Armenien († ca. 316): »Auf die Fürsprache des heiligen Blasius bewahre dich der Herr vor Halskrankheiten und allem Bösen. Es segne dich Gott ...« Der Legende nach hat der heilige Blasius durch sein Gebet einen Knaben vor dem Ersticken an einer Fischgräte gerettet.

Blut

Im alttestamentlichen Sinn ist das Blut der Sitz des Lebens. Der Mensch ist durch die Sünde von Gott und somit von der Quelle des Lebens getrennt. Durch das Besprengen von Opferblut konnte nach alttestamentlicher Vorstellung das Leben des Menschen gereinigt und geschützt werden. Zu diesem Zweck wurden auch die Pfosten und Stürze der Haustüren der Israeliten vor dem Auszug aus Ägypten mit dem Blut des Opferlammes bestrichen (Ex 12,7). »Blut vergießen« ist gleichzeitig Bild für »einen gewaltsamen Tod erleiden«. Blut ist auch ein Bundeszeichen. Der Bund, den Gott mit Israel am Berg Sinai schließt, wird dadurch besiegelt, dass das Volk von Mose mit Blut besprengt wird (Ex 24,8). Da das Blut eines Lebewesens Gott gehört, darf es im Judentum wie auch im Islam nicht genossen werden.
Im Neuen Testament ist es Jesus, der durch sein Blut die Menschen mit Gott versöhnt und jedes weitere Opfer überflüssig macht. In den Einsetzungsworten des Hochgebetes heißt es: »Das ist der Kelch des neuen und ewigen Bundes, mein Blut, das für euch und für alle vergossen wird zur Vergebung der Sünden« (vgl. 1 Kor 11,25).

Brauchtum

In der Kirche leben viele Traditionen, die sich weniger durch die offizielle Liturgie als vielmehr aus Bedürfnissen und dem Glauben des Volkes heraus gebildet haben. Einige dieser Bräuche gehen schon auf vorchristliche Zeiten zurück und sind später im christlichen Sinn gedeutet worden. So gilt beispielsweise der Tannenbaum über seine Bedeutung als Zeichen des Lebens hinaus als Darstellung des Paradiesbaumes (daher auch die roten Kugeln als »Äpfel«) und als Verweis auf das Kreuz. Besonders im Mittelalter, als die kirchliche Liturgie vielen Menschen schwer zugänglich geworden war, haben sich Formen religiösen Brauchtums, wie das Rosenkranzgebet, Prozessionen und Segnungen entwickelt. Auch in unserer säkularisierten Gesellschaft werden bestimmte Bräuche lebendig gehalten. So werden beispielsweise in manchen Regionen die Glocken an Karfreitag und Karsamstag durch so genannte Kleppern bzw. Ratschen ersetzt, mit denen Kinder und Jugendliche durch die Straßen ziehen.

Brevier *(Stundenbuch)*

Nach lat. *breviarium* (= Auszug, kurzes Verzeichnis), Übersicht in Form einer Aufzählung, zunächst für verschiedene Inhalte, ab dem späten Mittelalter praktisch nur noch für das Stundengebet gebraucht. War das Brevier zunächst tatsächlich nur eine Auflistung von Texten und Melodien als Hilfe zum auswendigen Memorieren nach der festgelegten Ordnung, wurde im Laufe der Zeit immer mehr der volle Wortlaut aufgenommen. Der ursprüngliche Zweck war, das eigentlich gemeinsam (gemeindlich) zu verrichtende Stundengebet auf Reisen oder bei sonstiger Abwesenheit in privater, z. T. verkürzter Form nach derselben Ordnung zu ermöglichen. Diese Entwicklung kam der ständig wachsenden Entpflichtung des Klerus von der gemeinsamen Stundenliturgie mit bleibender Verpflichtung zur privaten Rezitation anhand des Breviers entgegen.
Mit dem Brevier wurde auch die Einheitlichkeit des Stundengebetes in der Katholischen Kirche stark gefördert. So setzte sich das Römische Brevier nach dem Trienter Konzil weitgehend durch. Daneben konnten bzw. durften nur noch einige Ordensbreviere mit bereits längerer Tradition, insbesondere das monastische Brevier der Benediktiner, beibehalten werden.
Nach dem Zweiten Vatikanischen Konzil wurde der Titel »Breviarium« zugunsten der Bezeichnung »Liturgia horarum iuxta ritum Romanum. Officium divinium« (Titel der deutschen Ausgabe: »Stundenbuch. Die Feier des Stundengebetes«) abgeschafft.

Brot

Brot ist ein Grundnahrungsmittel und steht als solches beispielhaft für die menschlichen Grundbedürfnisse, wie die Vaterunser-Bitte »Unser tägliches Brot gib uns heute« zum Ausdruck bringt. Diese Bitte macht weiterhin deutlich, dass die Sättigung der Menschen durch Brot als Gabe Gottes gesehen wird. Dies drücken auch die Wundergeschichten von der Vermehrung des Brotes (Mt 15,29–36 u.a.) oder die Gabe des Manna beim Durchzug Israels durch die Wüste aus. Darüber hinaus ist das Brot ein Symbol der Gemeinschaft, da es aus vielen Weizenkörnern entstanden ist und zum Verzehr wieder gebrochen und verteilt werden kann.

Das Eucharistische Brot wurde in der frühen Kirche von den Gläubigen mitgebracht und war in der Regel gesäuert. Erst seit dem 9.–11. Jh. wird ungesäuertes Brot verwendet, das eigens hergestellt wird. Es hat einerseits den praktischen Zweck der leichteren, krümelfreien Brechbarkeit und der längeren Haltbarkeit. Andererseits erinnert es an den Auszug Israels aus Ägypten und an das auf dieses Ereignis zurückgehende Paschafest, bei dem nur ungesäuertes Brot gegessen wird. In der Allgemeinen Einführung in das Messbuch (AEM) ist vorgeschrieben, dass das für die Eucharistiefeier verwendete Brot tatsächlich als Speise erkennbar ist und in mehrere Teile gebrochen werden kann, von denen der Priester an die Gemeinde austeilt.

Brotbrechen

Im Orient wird das dünne Fladenbrot auch heute noch nicht geschnitten, sondern in Stücke gerissen.

In der jüdischen Tradition ist dies Aufgabe des Hausherrn, der dazu ein Dankgebet spricht. Er verteilt das Brot an die Familie, wodurch es zum Zeichen der Gemeinschaft und der Zusammengehörigkeit wird. Auch von Jesus heißt es, er habe das Brot gebrochen und sei sogar an dieser Handlung von den Jüngern in Emmaus erkannt worden. Dadurch erweist sich Jesus als der Herr, dem das Recht des Brotbrechens zukommt, und er zeigt denen, denen er das gebrochene Brot reicht, ihre Zugehörigkeit zu ihm und untereinander. In der Eucharistiefeier war das Brechen des Brotes zunächst eine praktische Notwendigkeit. Der symbolische Gehalt dieses Ritus bedeutete aber den Christen so viel, dass sie ihre Versammlung »Brotbrechen« nannten. Dieser je nach Größe der Gemeinde recht zeitaufwendige Vorgang wurde schon früh mit dem Begleitgesang des Agnus Dei unterlegt. Mit dem Aufkommen kleiner Hostien für die einzelnen Gläubigen im 11./12. Jh. blieb das

Brechen der Priesterhostie als Zeichenhandlung erhalten, die als Ausdruck des Opfers Christi, als Darstellung des zerbrochenen Leibes, gedeutet wird. Heute fordert die Allgemeine Einführung in das Messbuch das Brechen des Eucharistischen Brotes, um zu verdeutlichen, dass »alle in der Kommunion von dem einen Brot des Lebens essen, das Christus ist«. Zusätzliche kleine Hostien sind daher nur bei einer großen Anzahl von Kommunikanten einzusetzen.

Bücher, liturgische

Bücher, die alle Texte und Anweisungen beinhalten, die in einem Gottesdienst benötigt werden. Vor der Liturgiereform des Zweiten Vatikanischen Konzils war im Messbuch (lat. *Missale*) der Ablauf der gesamten Eucharistiefeier mit allen Lesungen, Priestergebeten und Chorgesängen in der vorgesehenen Reihenfolge abgedruckt. Bei der Reform hat man an die frühe kirchliche Tradition angeknüpft, für verschiedene Rollen eigene Bücher zu entwickeln. So wird es bis heute in der orthodoxen Kirche gehalten.

Die liturgischen Bücher erscheinen zunächst in einer lateinischen Ausgabe des Römischen Ritus, herausgegeben von der Kongregation für die Gottesdienste und die Sakramentenordnung. Diese wird von den Bischofskonferenzen in die jeweilige Landessprache übersetzt und approbiert, also für den liturgischen Gebrauch erlaubt. Anschließend rekognosziert die oben genannte Kongregation die Übersetzung und bestätigt die Erlaubnis. Liturgische Bücher für die Eucharistiefeier sind das Missale Romanum, das Lectionarium Missae und Bücher für den Gesang das Graduale Romanum und das Kyriale simplex.

Für das deutsche Sprachgebiet:

Messbuch für die Bistümer des deutschen Sprachgebietes, Fünf Hochgebete, Hochgebet für Messen für besondere Anliegen, Sammlung von Marienmessen;

Mess-Lektionar, Lektionar für Gottesdienste mit Kindern, Messlektionar zur Sammlung von Marienmessen;

Gotteslob (mit dem zugehörigen Kantorenbuch und dem Chorbuch). Ein neues Gesangbuch befindet sich zur Zeit in Vorbereitung.

Für das **Stundengebet**: Stundenbuch (Auszug daraus: Kleines Stundenbuch), Antiphonale zum Stundengebet.

Für die **Sakramente:** Die Feier der Kindertaufe, Die Feier der Eingliederung Erwachsener in die Kirche, Die Feier der Trauung, Gemeinsame Feier der kirchlichen Trauung (bei Konfessionsverschiedenheit), Die kirchliche Begräbnisfeier u. a.
Auch gibt es ein Buch mit **Segnungen und Weihen**, das Benediktionale.
Der Ablauf der **Weihen und Sakramente**, die der **Bischof** spendet (z. B. Priesterweihe, Kirch- und Altarweihe sowie die Feier der Firmung) ist im Pontifikale verzeichnet.

Bursa

Von lat. *bursa* (= Tasche), Bezeichnung für eine quadratische, versteifte Stofftasche in der jeweiligen liturgischen Farbe, in der das Korporale aufbewahrt wird. Bursa heißt auch die innen mit Seide gefütterte Umhängetasche zur Aufnahme des Allerheiligsten auf dem Weg zur Krankenkommunion bzw. zum Versehgang.
Siehe auch Pyxis

Bußakt

Teil der Eröffnung der Eucharistiefeier, bestehend aus Einladung des Priesters, gemeinsamem Schuldbekenntnis (Confiteor) und Bitte um Vergebung. Am Sonntag kann anstelle dieser Form auch ein Taufgedächtnis (Besprengung mit Weihwasser = Aspersion) als Zeichen der Reinigung durchgeführt werden. Ziel ist die öffentlich bekannte Bereitschaft zur Umkehr und die Bitte um innere Reinheit zur rechten Feier der Eucharistie.

Ich bekenne Gott, dem Allmächtigen,
und allen Brüdern und Schwestern,
dass ich Gutes unterlassen
und Böses getan habe
– ich habe gesündigt
in Gedanken, Worten und Werken –
durch meine Schuld, durch meine Schuld,

durch meine große Schuld.
Darum bitte ich die selige Jungfrau Maria,
alle Engel und Heiligen
und euch, Brüder und Schwestern,
für mich zu beten bei Gott, unserem Herrn.

Der allmächtige Gott erbarme sich unser.
Er lasse uns die Sünden nach
und führe uns zum ewigen Leben.
Amen.

Buße

Zunächst ist die Erkenntnis der eigenen Vergehen Voraussetzung für Umkehr im Sinne von erneutem Bemühen um die Nachfolge Christi in Glauben, Hoffnung und Liebe. Die Umkehr findet in besonderen Zeichen Ausdruck. Klassische »Bußwerke« sind Gebet, Fasten und Almosen. Unabhängig davon kann der Betroffene beispielsweise im Beichtgespräch eigene Zeichen der Liebe zu Gott und zu den Menschen finden. Die Kirche kennt Zeiten, in denen der Blick besonders auf die Buße gerichtet ist. Dies sind die Fastenzeit und ursprünglich die Adventszeit. Auch der Freitag als Tag des Todes Christi ist ein Bußtag. Neben der Beichte kann auch in Bußgottesdiensten sowie in einer abendlichen Rückbesinnung auf den Tag die innere Bereitschaft zur Umkehr und zur Versöhnung eingeübt werden. Das Messbuch sieht ein Schuldbekenntnis zu Beginn der Messe als Zeichen der Buße vor.
Siehe Bußakt

Bußgottesdienst

Wortgottesdienst mit besonderem Augenmerk auf Umkehr und Versöhnung. Durch die Lesungen und die Predigt wird die versammelte Gemeinde auf Aspekte der Schuld – und damit verbunden der Buße – aufmerksam gemacht. Es folgt eine Besinnung in Stille. An diese schließt das Schuldbekenntnis und eine Vergebungsbitte an. Weitere Elemente sind Gesänge, Fürbitten und ein Segensgebet. Der Bußgottesdienst, der in vielen Gemeinden besonders in der Fastenzeit zu einem festen Bestandteil geworden ist, ersetzt nicht die Einzelbeichte. Er dient der Gewissensbildung und zeigt dem einzelnen Mitfeiernden, dass niemand mit seiner Schuld alleine dasteht und erleichtert so die Akzeptanz der eigenen Bedürftigkeit.

Bußsakrament

Jesus spricht während der Zeit seines öffentlichen Wirkens immer wieder Menschen die Vergebung ihrer Sünden zu (Lk 15,20; Lk 19,1–10). Damit bricht er mit der jüdischen Vorstellung, dass nur Gott Sünden vergeben könne (Lk 15,21 f.). Nach seiner Auferstehung bevollmächtigt er die Jünger damit, ebenfalls Schuld zu vergeben: »Wem ihr die Sünden vergebt, dem sind sie vergeben; wem ihr die Vergebung verweigert, dem ist sie verweigert« (Joh 20,23). Auch im Vaterunser klingt die Notwendigkeit menschlicher Vergebung an. In der Frühzeit der Kirche wurden Gemeindemitglieder, die sich eines größeren Vergehens schuldig gemacht hatten, aus der Gemeinschaft ausgeschlossen. Wenn sie Umkehrbereitschaft zeigten, konnten sie wieder aufgenommen werden. Einen solch öffentlichen Umgang mit Schuld und Buße behielt die Kirche in den ersten Jahrhunderten bei. Umkehrwillige wurden nach entsprechender Buße in der Osternacht wieder zur Kommunion zugelassen. Vom 6. Jahrhundert an setzte sich durch den Einfluss iroschottischer Mönche in der Westkirche ein anderes Bußverfahren durch, das schließlich zur Praxis der Privatbeichte führt. Auf dem IV. Laterankonzil (1215) wird sie einmal jährlich zur Pflicht gemacht. Der heutige Katechismus verlangt, dass »schwere Sünden« einmal im Jahr und vor dem Empfang der hl. Kommunion gebeichtet werden. So genannte »lässliche Sünden«, also kleinere Verstöße gegen die Gottes- und Nächstenliebe, denen jeder Mensch sich täglich schuldig macht, sollen jedoch auch in überschaubaren Zeitabständen in die Beichte gebracht werden. Das Sakrament der Buße darf nur ein geweihter Priester spenden. Neben der Beichte kann in einer gemeinsamen Bußfeier der Einzelne seine Schuld bekennen und von ihr losgesprochen werden. In dieser Form wird der Zusammenhang mit der kirchlichen Gemeinschaft sichtbar. Das geltende liturgische Buch für das Bußsakrament heißt »Die Feier der Buße« (1974).

C

Caeremoniale ↗ Zeremoniale

Canticum *(Cantica; Ode)*
Psalmähnliches Lied (lat. *canticum*, Mehrzahl *cantica*, griechisch »Ode«), für den liturgischen Gebrauch der Heiligen Schrift entnommen, aber nicht der Sammlung der 150 Psalmen. Der Inhalt der neutestamentlichen Cantica ist der Dank für die Errettung vom Tode durch das österliche Ereignis der Auferstehung. Daher wird ihr Ursprung in der Liturgie der Osternacht vermutet. Die ältesten Cantica sind: Ex 15,1–18 (vgl. Offb 15,3) und Dan 3,52–88 (Gesang der drei Jünglinge im Feuerofen). Die bedeutendsten neutestamentlichen Cantica: Benedictus, Magnificat, Nunc dimittis. Weitere traditionelle Cantica: Jes 12,1–6; Jes 38,10–20; 1 Sam 2,1–10; Hab 3,2–19; Dtn 32,1–43.
Cantica haben vor allem auch in der Liturgie des Stundengebetes ihren festen Platz.

Canticum trium puerorum ↗ Lobgesang der drei Jünglinge im Feuerofen

Cáthedra ↗ Kathedra

Cathedra Petri ↗ Kathedra Petri

Chor
1. Bezeichnung für eine Sängergruppe, die den Gottesdienst gesanglich mitgestaltet. Der heutige Kirchenchor geht einerseits auf die Choralschola zurück, die ursprünglich aus Klerikern bestand und die lateinischen Messgesänge vortrug, und andererseits auf die bürgerlichen Chöre des 19. Jh. Neben ihm gibt es in vielen Gemeinden heute außerdem Kinder- und Jugendchöre.
2. Bereich des Kirchenraumes, in dem im Mittelalter der Klerus, also die Geistlichen oder Ordensleute, das so genannte Chorgebet verrichteten.

In Mönchsklöstern und Kathedralen war dies in der Regel der Raum vor dem Hochaltar, dieser wurde entsprechend der Anzahl der Geistlichen bzw. Mönchen verlängert und oft durch eine Erhöhung und einen Lettner vom Hauptschiff der Kirche, in dem sich die Laien aufhielten, getrennt. In Nonnenklöstern befand sich der Chor oft auf einer rückseitigen Empore.

3. Heute wird der Chor oft mit dem Altarraum gleichgesetzt. Doch auch die rückseitige Empore, auf der neben der Orgel der Kirchenchor Platz finden kann, wird weiterhin als Chor bezeichnet.

Choral

Sammelbegriff für die Gesangformen der lateinischen Liturgien, dazu gehören das Ordinarium und Proprium der Messfeier, die Priestergesänge sowie das gesungene Stundengebet. Die in der Regel sehr schlichte Melodieunterlegung von Gebeten wird auch als Cantillation (lat. *cantus* = Gesang) bezeichnet. Der Choral ist unbegleitet und einstimmig. Es gibt verschiedene Typen von Choral, die nach ihrer Herkunft benannt werden. Am bekanntesten sind die nach Papst Gregor dem Großen (590–604) benannten. Es gibt acht Kirchentonarten. Die wichtigsten Choralbücher sind das Graduale für den Messgesang, das Kyriale für das Ordinarium der Messfeier sowie das Antiphonale für das Stundengebet. Diese Bücher liegen für die deutschsprachigen Ausgaben vor. In der evangelischen Kirche werden gelegentlich auch Kirchenlieder allgemein als Choräle bezeichnet.

Chorgebet

Bezeichnung für die (verpflichtende) Praxis klösterlicher Gemeinschaften und Domkapitel, das tägliche Stundengebet gemeinsam (»in choro«) zu verrichten.

Chorgestühl

Bezeichnung für die längs angeordneten Reihen von Sitzen zu beiden Seiten des Altarraums, einander gegenüber stehend entsprechend dem wechselseitigen Beten bzw. Singen der Psalmen des Stundengebets. Da im Westen die ursprüngliche Tagzeitenliturgie der ganzen Gemeinde im besonderen Dienst des Stundengebets der klösterlichen Gemein-

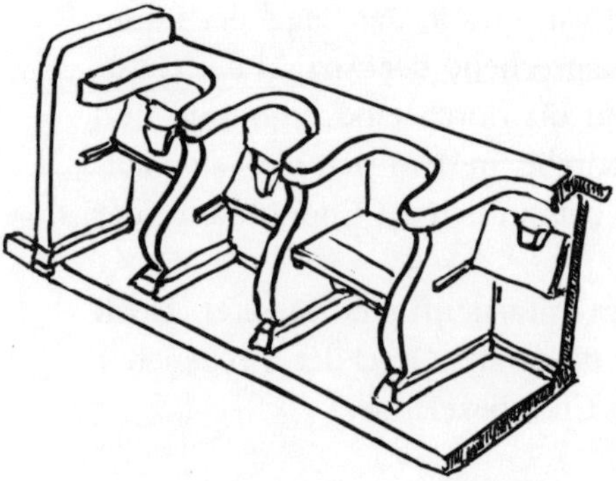

schaften und der Kleriker am Sitz des Bischofs aufgegangen ist, finden wir Chorgestühle hauptsächlich in Kloster- und Domkirchen.

Chormantel ↗ Pluviale

Chorpflicht

Verpflichtung von klösterlichen Gemeinschaften und Domkapiteln zur gemeinsamen Verrichtung des Stundengebets (»in choro«). Die ursprüngliche Tagzeitenliturgie der ganzen Gemeinde war im Westen völlig verschwunden. An ihre Stelle trat die Verpflichtung zum Chorgebet der Domkapitel, die aber ebenfalls immer mehr zugunsten der privaten Brevierpflicht aufgegeben wurde. Seit dem Zweiten Vatikanischen Konzil wird das öffentliche Gebet der Domkapitel als ein wichtiger Impuls zur Erneuerung der Tagzeitenliturgie der Gemeinde angesehen:
»Wie die übrigen liturgischen Handlungen ist auch das Stundengebet nicht privater Natur; es geht den ganzen Leib der Kirche an, macht ihn sichtbar und wirkt auf ihn ein. Als kirchliche Feier tritt es am klarsten zutage und empfiehlt sich darum besonders, wenn es die Ortskirche mit ihrem Bischof, umgeben von seinen Priestern und den Altardienern, verrichtet. ›In ihm ist wahrhaft die eine, heilige, katholische und apostolische Kirche gegenwärtig und am Werke.‹ Diese Feier soll, auch wenn sie vom Domkapitel oder anderen Priestern in Abwesenheit des Bischofs gehalten wird, immer zu der für die jeweilige Tagzeit passenden Stunde und wenn möglich unter Teilnahme des Volkes stattfinden. Dasselbe gilt von den Kollegiatkapiteln.« (AES 20)

Chorrock

Weißes liturgisches Gewand, das sich aus der bis zu den Füßen reichenden Albe entwickelt hat. Findet Verwendung bei liturgischen Laiendiensten (Lektoren, Ministranten, Kantoren) und bei den Klerikern als Ersatz für die Albe bei nicht-eucharistischen Gottesdiensten (Stundengebet, Andachten), Prozessionen, Sakramentenspendung, Segnungen, Beerdigungen u. a.

Chrisam *(Chrisammesse)*
Eines der geweihten Öle für konsekratorische Salbungen, bezeichnet nach dem griechischen Wort *chrisma* (= Salböl), lateinisch/griechisch S.C. = *sanctum Chrisma*. Traditionellerweise wird reines Olivenöl verwendet und der Saft der Balsamstaude als Duftstoff beigemischt, andere Pflanzenöle und natürliche aromatische Stoffe sind auch möglich. Das Chrisam wird bei der Taufe, der Firmung, der Bischofs- und Priesterweihe, Altar-, Kirchen- und Glockenweihe verwendet. Geweiht wird es vom Bischof üblicherweise in der Chrisammesse (Missa chrismatis) in der Karwoche, meist am Gründonnerstag, wobei u. a. der seltene Ritus der Zuhauchung (insuflatio) des Geistes (vgl. Joh 20, 22) angewandt wird.
Der alte Ritus der Salbung mit Chrisam soll die Verbundenheit mit Gott sichtbar machen und bewusst an die Salbung des damit berufenen Königs erinnern (vgl. 1 Sam 9, 16 u. a. und 1 Sam 16, 3 u. a.), den *Gesalbten* des jüdischen Volkes zur Zeit seiner Könige. Diese Vorstellung wurde auf den kommenden *Messias* (= Gesalbter schlechthin) übertragen, ein Titel, mit dem die frühe Gemeinde den auferstandenen Jesus ehrte und in der griechischen Übersetzung *Christus, Christ(en)* geradezu zu einer verpflichtenden Bezeichnung für jeden Getauften (und Gefirmten) wurde.

Allmächtiger, ewiger Gott,
du hast deinen eingeborenen Sohn
mit dem Heiligen Geist gesalbt
und ihn zum Herrn und Christus gemacht.
Uns aber hast du Anteil an seiner Würde geschenkt.
Hilf uns, in der Welt Zeugen der Erlösung zu sein.
(Tagesgebet der Chrisammesse)

Christkönigsfest *(Christkönigssonntag)*
Wird am letzten Sonntag im Jahreskreis vor Beginn des Advents begangen, womit gewissermaßen das Ziel des Kirchenjahres vorgegeben

wird, nämlich die Erwartung Christi als König und Herrscher der ganzen Schöpfung. »Würdig ist das Lamm, das geschlachtet ist, Macht zu empfangen, Reichtum und Weisheit, Kraft und Ehre. Ihm sei die Herrlichkeit und die Herrschermacht in Ewigkeit« (Offb 5,12; 1,6).

Allmächtiger, ewiger Gott, du hast deinem geliebten Sohn alle Gewalt gegeben im Himmel und auf Erden und ihn zum Haupt der neuen Schöpfung gemacht. Befreie alle Geschöpfe von der Macht des Bösen, damit sie allein dir dienen und dich in Ewigkeit rühmen (Tagesgebet).

Christuslob
Stundenbuch, welches 1971 in deutscher Sprache besonders für aktiv tätige Ordensgemeinschaften herausgegeben wurde. Durch das Christuslob wurde die Möglichkeit geboten, vor dem Erscheinen des Neuen Stundenbuches 1982 die Tagzeitenliturgie auf Deutsch zu feiern.

Chrysostomusliturgie
Die heutige bis auf wenige Tage im Jahr (siehe Basilius-Liturgie) gefeierte Form der byzantinischen Liturgie. Sie zählt zu den orientalischen Liturgien und ist unter diesen am weitesten verbreitet im slawischen und griechischen Raum. Sie wird in verschiedenen »alten« Kirchensprachen wie Altgriechisch, Altslawisch, Altgeorgisch, Arabisch und Rumänisch gefeiert, aber inzwischen auch übersetzt in modernen Sprachen.

Cingulum ↗ Zingulum

Collecta ↗ Tagesgebet

Commune-Texte *(Commune sanctorum)*
Damit wird der Teil im Mess- bzw. Stundenbuch bezeichnet, der Texte für solche Feste enthält, für die keine eigenen Texte existieren. Im Messbuch finden sich so Texte (Formulare) für folgende Gruppen: Kirchweihfeste, Marienmessen, heilige Märtyrer, heilige Hirten der Kirche, heilige Jungfrauen, heilige Männer und heilige Frauen.

Communicantes *(Gedächtnis der Heiligen)*
Teil des Ersten Hochgebetes vor dem Einsetzungsbericht. Die Bezeichnung stammt vom ersten Wort der lateinischen Fassung; im Messbuch beginnt es mit »In Gemeinschaft mit (der ganzen Kirche) …«. Im Communicantes wird an die Gemeinschaft der irdischen Kirche mit den Heiligen im Himmel gedacht.

Confiteor
(Allgemeines Schuldbekenntnis; Schuldbekenntnis; Sündenbekenntnis)
Lat. für »ich bekenne«, Formel, mit der das Allgemeine Sündenbekenntnis einsetzt: »Ich bekenne Gott, dem Allmächtigen, und allen Brüdern und Schwestern, dass ich Gutes unterlassen und Böses getan habe – …« Es wird im Bußakt der Messe und zum Beginn der Komplet gesprochen. Das Confiteor ist eine so genannte Apologie, bestehend aus Selbstanklage und Bitte um Fürbitte. Es bildet einen wesentlichen Teil des Bußsakramentes.
Siehe auch Bußakt

Credo ↗ Glaubensbekenntnis

Cursus
Lat. (= Verlauf), womit man entweder die Verteilung und Reihenfolge der Psalmen im Stundengebet auf einen bestimmten Zeitraum (Woche, vierzehntäglich, vierwöchig) oder die Auswahl und Verteilung der Lesungen auf das Kirchenjahr (Leseordnung) bezeichnet.
Meint auch den Sprachrhythmus in den zur Kantillation eingerichteten Priestergebeten (Orationen, Präfationen).

D

Dalmatik

Liturgisches Gewand, dessen ursprüngliche Form als Tunika von den Römern aus Dalmatien übernommen wurde. Die Dalmatik ist das Obergewand des Diakons, zumindest bei feierlichen Gottesdiensten: »Das Gewand des Diakons ist die Dalmatik, die über Albe und Stola getragen wird« (AEM 300). Vgl. auch »für den Diakon: Albe, Stola, Dalmatik; von der Dalmatik kann man, falls notwendig oder falls der Gottesdienst nicht so feierlich gehalten wird, absehen« (AEM 81b).

Für den Bischof ist die Dalmatik Untergewand unter der Kasel und sollte von diesem zumindest bei Weihegottesdiensten getragen werden zum Zeichen, dass in seinem Amt alle Grundfunktionen der Kirche – Verkündigung, Diakonie und Liturgie – vereinigt sind.

Danksagung *(Dank; Dankgebet)*

Dank bzw. das Dankgebet ist eine der Grundformen des christlichen Betens neben Bitte und Klage in Verbindung mit dem Lob Gottes. Die Eucharistiefeier ist als Ganzes Danksagung für die Erlösung, die durch Tod und Auferstehung Christi uns geschenkt wurde und in der Gedächtnisfeier der Liturgie gegenwärtig wird. Im engeren Sinne findet sich innerhalb der Eucharistiefeier die Danksagung in der Präfation und im Hochgebet. Das persönliche Dankgebet hat in der Feier im Anschluss an die Kommunion Platz: »Wo es angebracht erscheint, beten Priester und Gläubige nach Beendigung der Kommunionspendung einige Zeit in Stille. Es kann auch ein Hymnus oder Psalm oder ein anderes Loblied gesungen werden« (AEM 56j).

Darstellung des Herrn

(Lichtmess; Mariä Lichtmess; In praesentatione Domini)

Weihnachtliches Fest, das aber außerhalb des Weihnachtsfestkreises am 2. Februar, also 40 Tage nach dem Hochfest Geburt des Herrn

(25. Dezember) gefeiert wird. Der zeitliche Abstand kommt von dem jüdischen Gesetz, das das Reinigungsopfer der Mutter 40 Tage nach der Geburt eines Jungen vorsah. Hinzu kam die Pflicht der Auslösung des Erstgeborenen durch ein Geldopfer: »Dann kam für sie der Tag der vom Gesetz des Mose vorgeschriebenen Reinigung. Sie brachten das Kind nach Jerusalem hinauf, um es dem Herrn zu weihen, gemäß dem Gesetz des Herrn, in dem es heißt: Jede männliche Erstgeburt soll dem Herrn geweiht sein. Auch wollten sie ihr Opfer darbringen, wie es das Gesetz des Herrn vorschreibt: ein Paar Turteltauben oder zwei junge Tauben« (Lk 2,22–24). Nur die römische Form dieses alten Festes kennt die Weihe (Segnung) von Kerzen, wovon die volkstümliche Bezeichnung »(Mariä) Lichtmess« herrührt.

Allmächtiger, ewiger Gott,
dein eingeborener Sohn hat unsere menschliche Natur angenommen
und wurde am heutigen Tag im Tempel dargestellt.
Läutere unser Leben und Denken,
damit wir mit reinem Herzen vor dein Antlitz treten.
(Tagesgebet)

Deutsches Amt

Als die Messe noch komplett in Latein gefeiert wurde, entwickelte sich in Deutschland eine eigene Form, die es durch deutsche Messlieder allen Gemeindemitgliedern ermöglichte, die Feier des Priesters mit entsprechenden Gesängen zu begleiten. Die lateinischen Gesänge wurden in den deutschen Liedern übersetzt oder durch sie ergänzt. Durch die Einführung der Muttersprache infolge der Liturgiereform nach dem Zweiten Vatikanischen Konzil hat sich diese Sonderform erübrigt, aber man verdankt ihr den reichen Schatz des traditionellen Kirchenliedes in Deutschland, der mit Recht ebenso liturgischen Rang besitzt wie der lateinische Choral.

Devotionalie

Bezeichnung für Andachtsgegenstände, von lat. *devotio* (= Andacht), die in der persönlichen Frömmigkeit und religiösen Praxis eine Rolle spielen, wie z.B. Kreuze, Bilder oder Statuen, die Christus, Maria oder sonstige Heilige darstellen, Medaillen, Plaketten (Benedikt, Christophorus), Rosenkränze usw.

Trotz der Bezeichnung »religiöse Kleinkunst« ist die Grenze zwischen künstlerisch Anspruchsvollem und religiösem Kitsch fließend. Obwohl die Theologie die Devotionalien rein als religiöse Zeichen definiert, als verweisende Symbole, führt die gebräuchliche Segnung (»Weihe«) oft zu einem Verständnis z.B. der Plaketten als einer Art Schutzamulette. Wenn es im Benediktionale (Seite 200) heißt: »Das Kreuz ist für die Christen ein Gegenstand besonderer Verehrung. Es erinnert an die Erlösungstat Christi und an die Kirche, die vom Kreuze gekommen ist, und verheißt ewiges Heil«, so wird deutlicher, dass die Verehrung nicht dem Gegenstand gilt, sondern Christus, der am Kreuz gestorben ist. Dasselbe gilt für alle bildlichen Darstellungen: »Die Bilder Christi und der Heiligen erinnern an die Nähe Christi und seines Heilswerkes und an die Fürsprache, welche die Heiligen vor Gott einlegen« (Benediktionale, S. 203). Grundsätzlich kann jede Sache zur Devotionalie werden, weil alles zur Schöpfung Gottes gehört, tatsächlich gesegnet werden in der Regel Gegenstände, die in besonderer Weise Zeichen für das Heilsgeschehen sein können.

Gegenstände des liturgischen Gebrauchs und Ausstattungen der Kirchen (Kreuze, Statuen und Bilder in den Kirchen) werden nicht zu den Devotionalien gezählt.

Diakon

Inhaber eines kirchlichen Dienstamtes, unterster Weihegrad vor der Priester- und Bischofsweihe. Das Amt des Diakons ist schon in der Apg 6,1–7 bezeugt und versteht sich als Auftrag zum Dienst an den Bedürftigen der Gemeinde. »Da riefen die Zwölf die ganze Schar der Jünger zusammen und erklärten: Es ist nicht recht, dass wir das Wort Gottes vernachlässigen und uns dem Dienst an den Tischen widmen. Brüder, wählt aus eurer Mitte sieben Männer von gutem Ruf und voll Geist und Weisheit; ihnen werden wir diese Aufgabe übertragen« (Apg 6,2–3). Unter ihnen war der hl. Stephanus. Seit dem 9. Jh. ist der Diakonat in der römischen Kirche nur noch eine Durchgangsstufe zum Priesteramt. Erst auf dem Zweiten Vatikanischen Konzil wurde er in seiner Bedeutung neu erkannt und – entsprechend der Caritas als

Grundfunktion in der Kirche – zusätzlich zur Vorstufe zum Priesteramt in der Form des Ständigen Diakons wieder eingeführt (Lumen gentium 29). Dieser Dienst steht haupt- oder nebenberuflich tätigen, verheirateten Männern ab einem Alter von 35 Jahren offen sowie jüngeren Männern, die sich jedoch damit zum Zölibat verpflichten. Der Diakon ist ebenso wie der Priester dem Bischof unterstellt und gelobt ihm in der Weihe Gehorsam. Sein Dienst ist in erster Linie die Caritas; zu seinen liturgischen Funktionen gehört die Leitung von Sakramentenfeiern wie Taufe und Eheschließung sowie von Beerdigungen. Der Diakon verfügt über Segnungsvollmacht. In der Messfeier kommen ihm die Aufgaben zu, das Evangelium zu verkünden, am Altar zu assistieren, die Kommunionspendung sowie die Hinwendung zur Gemeinde in der Einladung »Geheimnis des Glaubens«, zum Friedensgruß »Gebt euch ein Zeichen des Friedens« und in der Aussendung »Gehet hin in Frieden«. Außerdem darf der Diakon mit entsprechender Erlaubnis in der Messfeier predigen.

Dies irae

Anfang der lateinischen Sequenz (»Tag des Zorns«), die früher bei jedem Requiem gebetet oder gesungen wurde. Heute fast nur noch Liebhabern klassischer Musik (z. B. aus dem Requiem von Wolfgang Amadeus Mozart) ein Begriff, weil aus Sorge, dass der Text durch seine Betonung des schrecklichen Zorns und des Gerichtes die Hoffnung auf die Gnade Gottes nicht deutlich genug herausstellt, die Sequenz aus der Messliturgie herausgenommen wurde. Nur noch die Lesehore des Stundengebetes zu Allerseelen kennt sie als mögliche zweite Lesung.

Diözesankalender

In den Allgemeinen Römischen Kalender, der das Kirchenjahr für die ganze Weltkirche regelt, auch Generalkalender genannt, kann jede Diözese in Abstimmung mit Rom eigene Feiern und Gedenktage einfügen, wiederum unter Berücksichtigung der jeweiligen Regionalkalender gemäß SC 111: »Eine beträchtliche Anzahl von ihnen (den Festen der Heiligen) möge der Feier in den einzelnen Teilkirchen, Nationen oder Ordensgemeinschaften überlassen bleiben …«

Siehe auch Regionalkalender

Diptychen

Plur. von Griech. díptychon = zweimal gefaltet). In der Antike wurden zwei Schreibtäfelchen, die durch zwei Scharniere miteinander verbunden waren, und innenseitig beschrieben wurden, als Diptychen bezeichnet. Auf solchen Diptychen wurden Namen verzeichnet, die im Gottesdienst während der Fürbitten oder im Hochgebet verlesen wurden. Davon abgeleitet werden die Gebete mit Namensnennungen im Hochgebet selber als Diptychengebete bezeichnet. War damit zunächst die Nennung der Namen jener gemeint, die für den Gottesdienst Oblationen – also Gaben – dargebracht haben oder für die solche dargebracht worden waren, werden heute außerdem Papst und Bischof als Vertreter der Gesamtkirche, Priester und andere Menschen, die in der Kirche dienen, sowie Verstorbene genannt. Das vierte Hochgebet stellt den Bezug zur ursprünglichen Bedeutung der Diptychen deutlich her: »... für alle, die ihre Gaben spenden ...«

Direktorium

Kirchliche Regelwerke für liturgische und andere Bereiche der Pastoral. Im engeren Sinne alljährlich erscheinendes Regelwerk für Messfeier und Stundengebet, notwendig aufgrund der Verschiebung von Ostertermin und Wochentagen. Musste früher der einzelne Priester z.B. beim Zusammenfallen von verschiedenen liturgischen Tagen (Okkurenz) selber die Rangfolge bestimmen, so geschieht dies nun im Direktorium für die ganze Diözese.

Dom

Heutige Bezeichnung für die Hauptkirche eines Bistums, eigentlich die Kathedrale, also die Kirche, wo der Sitz (Kathedra) des Bischofs steht; im 16. Jahrhundert über das französische Wort *dôme* (Kirche, Kuppel) in die deutsche Sprache übernommen und auch auf nicht-kathedrale bedeutende Kirchen, vor allem Kuppelbauten, angewandt. Ursprünglich kommt das Wort vom lateinischen *domus* (ecclesiae/episcopalis) (= Haus).

Dominus vobiscum

Lat. (= »Der Herr sei mit euch«), von den im deutschen Messbuch enthaltenen Grußformeln die am häufigsten benutzte. Sie kann verwendet werden zu Beginn der Messe und ist immer vorgesehen als Einleitung zum Evangelium, zum Hochgebet und zum Schlusssegen. Die Antwort der Gemeinde lautet: Und mit deinem Geiste (Et cum spiritu tuo). Mit diesem Gruß ruft der Vorsteher des Gottesdienstes »der versammelten Gemeinde die Gegenwart des Herrn ins Bewusstsein« (AEM 28), ganz in biblischer Tradition, wo diese Grußformel sich bereits im Alten Testament findet wie z.B. Ri 6,12 und Ruth 2,4, aber besonders im Neuen Testament wie z.B. im Gruß des Engels Gabriels an Maria (Ave Maria, Lk 1,28). Dem Bischof ist die Formel »Der Friede sei mit euch« (Pax vobis) vorbehalten.

Doxologie *(Große Doxologie; Kleine Doxologie)*

Von griech. *Doxa* (= Ruhm, Ehre, Glanz, Herrlichkeit), Bezeichnung für den als Ausruf geformten Lobpreis Gottes und seiner Herrlichkeit, meist in trinitarischer Form, d.h. unter Nennung der drei göttlichen Personen. Es wird unterschieden zwischen der so genannten »Großen Doxologie« (Gloria in excelsis Deo = Ehre sei Gott in der Höhe) und der »Kleinen Doxologie« (Gloria Patri et Filio et Spiritui Sancto = Ehre sei dem Vater und dem Sohn und dem Heiligen Geist). Daneben gibt es andere Formen wie am Ende des Hochgebets (»Durch ihn und mit ihm und in ihm ist dir, Gott, allmächtiger Vater, in der Einheit des Heiligen Geistes alle Herrlichkeit und Ehre jetzt und in Ewigkeit. Amen«), am Ende des Herrengebetes (»Denn dein ist das Reich und die Kraft und die Herrlichkeit in Ewigkeit. Amen«) und im Lobgesang der drei Jünglinge im Feuerofen. Doxologien werden am Ende nochmals mit einem Amen bekräftigt.
Sie drücken in Worten und Zeichenhandlungen die Anerkennung des großartigen Wirkens Gottes in Geschichte und Gegenwart, besonders aber durch den Tod und die Auferstehung Jesu Christi aus.

Dreifaltigkeitsfest

Hochfest am Sonntag nach Pfingsten, wird – wie der Name besagt – zu Ehren der Heiligen Dreifaltigkeit gefeiert. Das Bekenntnis und die Lobpreisung der Heiligen Dreifaltigkeit ist in jeder Liturgie ständig eingewoben, und jedes Beten geschieht direkt oder indirekt »Im Namen des Vaters und des Sohnes und des Heiligen Geistes«.

Herr, himmlischer Vater,
du hast dein Wort und deinen Geist in die Welt gesandt,
um das Geheimnis des göttlichen Lebens zu offenbaren.
Gib, dass wir im wahren Glauben die Größe der göttlichen Dreifaltigkeit bekennen
und die Einheit der drei Personen in ihrem machtvollen Wirken verehren.
(Tagesgebet)

Dreikönigsfest ↗ Epiphanie

Duft

Der *Duft der Erkenntnis* (2 Kor 2,14–16), eine den Orientalen wohlvertraute Metapher, ist dem westlichen Hörer völlig fremd. Mit Duft und Wohlgeruch verbindet man Wellness und Entspannung, heimeliges Zuhause, vielleicht gerade noch Weihnachten wegen der duftenden Kerzen, aber keine seriöse Religiosität. In der katholischen Liturgie werden deshalb vorrangig die Hauptsinne Augen und Ohren angesprochen und eingesetzt, selten der Geruchssinn durch Verwendung von Weihrauch.

Dank sei Gott, der uns stets im Siegeszug Christi mitführt und durch uns den Duft der Erkenntnis Christi an allen Orten verbreitet. Denn wir sind Christi Wohlgeruch für Gott unter denen, die gerettet werden, wie unter denen, die verloren gehen. Den einen sind wir Todesgeruch, der Tod bringt; den anderen Lebensduft, der Leben verheißt. Wer aber ist dazu fähig? Wir sind jedenfalls nicht wie die vielen anderen, die mit dem Wort Gottes ein Geschäft machen. Wir verkünden es aufrichtig und in Christus, von Gott her und vor Gott (2 Kor 2,14–17).

E

Effata-Ritus

Benannt nach dem aramäischen Wort *Effata* (= Öffne dich!) aus der Perikope Mk 7,31–37, wo Jesus einen Taubstummen heilt, indem er dessen Ohren und Zunge berührt. Der Ritus findet sich heute in der *unmittelbaren Vorbereitung* erwachsener Katechumenen am Karsamstag zu ihrer Taufe (»Effata, öffne dich, damit du den Glauben, den du gehört hast, zu Gottes Lob und Ehre bekennst.«) und nach dem Ermessen des Priesters bei der Kindertaufe.

Ehe

Eines der sieben Sakramente. Durch die Ehe werden nach biblischem Verständnis Mann und Frau zu einer neuen Einheit, die Sinnbild für die Beziehung zwischen Jesus und der Kirche ist (Eph 5,22–32). Die Ehe soll von Respekt und Liebe sowie damit einhergehend von Gehorsam (d.h. aufeinander hören) getragen sein. Da das Ehepaar als von Gott gewollte Einheit betrachtet wird (Mt 19,4–6), die Basis einer Familie ist, ist die Ehe nach katholischem Verständnis nicht auflösbar. Vielmehr soll das Band der Ehe so fest sein, dass die Partner in »guten und in schlechten Tagen« bis zum Tode zueinanderhalten. Dieses Eheverständnis der Kirche bildet einen harten Kontrast zur Realität einer hohen Ziffer an Ehescheidungen. Die Kirche bietet den von der Ehescheidung betroffenen Menschen in ihrer pastoralen Praxis mit Respekt und ohne verletzende Vorwurfshaltung konkrete Hilfestellungen in Gesprächen etc. Wiederverheiratete Geschiedene sind aufgrund der Bedeutung der Ehe als Sakrament zwar von dem Empfang der Kommunion ausgeschlossen; sie sollen trotzdem spüren können, dass sie als Mitglieder der Gemeinde nach wie vor willkommen sind.
Zum Ritual der Eheschließung siehe Trauung

Ehrfurcht

Anerkennung der Größe Gottes, die sich in äußerlich sichtbaren Gesten und Zeichen ausdrückt (vgl. Anbetung). Die Messfeier kennt ver-

schiedene Gesten, die die Ehrfurcht angesichts des Wortes Gottes und der Gegenwart des Herrn in der Eucharistie zum Ausdruck bringen. Dazu gehören unter anderem das Stehen bei der Verkündigung des Evangeliums, das Knien oder Stehen während der Wandlung, der Kuss des Evangeliars und des Altars durch den Priester. Auch schon der Aufenthalt in einer Kirche oder Kapelle als Raum erfordert Ehrfurcht, die sich in der Wahrung der Stille, in einer Kniebeuge vor dem Allerheiligsten usw. äußern kann. Ehrfurcht ist ein sehr persönliches Empfinden und kann sich daher nicht in erster Linie durch mechanisches Mitmachen äußern, sondern durch motivierte Teilnahme, die seitens der Liturgie heute durch die Verständlichkeit der Gesten und der Sprache erleichtert wird.
Zeichen der Ehrfurcht gegenüber Gott sind das Zusammenkommen der Gemeinde zum Gottesdienst als solches, die wertvollen Materialien und deren Verarbeitung zu den verschiedenen liturgischen Geräten, Bücher, Messgewänder und besonders der Altar, das Kreuz und das Evangeliar sowie der Tabernakel und der würdige Umgang (z. B. Inzensierung mit Weihrauch) mit ihnen sowie ihre künstlerische Gestaltung. Auch der architektonisch wertvolle Kirchenbau ist Zeichen der Ehre Gottes. Hinzu kommt der Schmuck der Kirche zum Gottesdienst, das Entzünden von Kerzen, Blumendekoration und Fahnen vor der Kirche zu besonders feierlichen Anlässen.

Einkleidung

Bezeichnet im engeren Sinne die Überreichung der ordenseigenen Tracht zu Beginn des Noviziats, teilweise sogar schon zur Kandidatur, d. h. der ersten Erprobungszeit vor dem Noviziat, spätestens aber zur Profess.
Im weiteren Sinne wird damit aber auch die Überreichung der liturgischen Gewänder bei der Weihe eines Priesters oder Diakons benannt (Pontifikale I). Der Diakon erhält die Stola eines Diakons und die Dalmatik, der Neupriester die priesterliche Stola und die Kasel. Beide legen die liturgischen Gewänder während der Weihe auch an und nehmen entsprechend ihrem neuen Stand an der folgenden Eucharistiefeier teil.

Einsetzungsbericht
Bezeichnung für die Worte im Eucharistischen Hochgebet, die anamnetisch die Stiftung der Eucharistie vergegenwärtigen:

Denn am Abend,
an dem er ausgeliefert wurde
und sich aus freiem Willen
dem Leiden unterwarf,
nahm er das Brot und sagte Dank,
brach es,
reichte es seinen Jüngern und sprach:
NEHMET UND ESSET ALLE DAVON:
DAS IST MEIN LEIB,
DER FÜR EUCH HINGEGEBEN WIRD.
Ebenso nahm er nach dem Mahl den Kelch,
dankte wiederum,
reichte ihn seinen Jüngern und sprach:
NEHMET UND TRINKET ALLE DARAUS:
DAS IST DER KELCH
DES NEUEN UND EWIGEN BUNDES,
MEIN BLUT,
DAS FÜR EUCH
UND FÜR ALLE VERGOSSEN WIRD
ZUR VERGEBUNG DER SÜNDEN.
TUT DIES ZU MEINEM GEDÄCHTNIS.

Das jeweilige einzelne Hochheben (Elevation) von Hostie und Kelch, meist noch begleitet von Klingel oder Gong durch die Ministranten, ist eine historisch gewachsene Hervorhebung der Einsetzungsworte gegenüber den anderen Teilen des Hochgebetes, das als Ganzes Konsekrationsgebet ist und die Wandlung von Brot und Wein in Leib und Blut Christi bewirkt.

Einzug *(Auszug)*
Der Einzug des Zelebranten (Priester) und der anderen Altardienste zu Beginn der Messe erfolgt in einer Art Prozession (AEM 25): »Ist die

Gemeinde versammelt, beginnt man beim Einzug des Priesters und jener, die einen besonderen Dienst versehen, mit dem Gesang zur Eröffnung (Introitus). Er hat die Aufgabe, die Feier zu eröffnen, die Verbundenheit aller Teilnehmer zu vertiefen, sie in das Mysterium der liturgischen Zeit oder des Festes einzuführen sowie den Einzug des Priesters und jener, die einen besonderen Dienst versehen, zu begleiten.« Einzug oder Einzugprozession bilden somit zusammen mit dem begleitenden Gesang den ersten Teil der Eröffnung einer jeden Messfeier, werden aber auch bei feierlichen Laudes und Vespern durchgeführt.

Von einem *Auszug* ist in der AEM nirgends die Rede. Dennoch wird er in vielen Gemeinden ebenfalls von einem Gesang begleitet, womit man verhindert, dass die Gemeindemitglieder die Kirche vor dem Priester und den anderen Altardiensten verlassen.

Wo das Evangelium beim Einzug feierlich mit in die Kirche gebracht wird, bleibt dieses nach Beendigung der Messe liegen und wird beim Auszug nicht mitgenommen. Dadurch und durch den Verzicht auf sonstige feierliche Symbolik wie Inzens vor oder beim Auszug soll der Eindruck vermieden werden, dass der Herr wieder aus der Kirche ausziehe. Übersehen wird dabei, dass das auch dahingehend positiv gedeutet und verstanden werden könnte, dass der Herr seine Gemeinde in das weltliche Leben begleitet.

Elevation

das Hochheben des konsekrierten Brotes und Weines nach dem Einsetzungsbericht und zu der das Hochgebet abschließenden Doxologie »Durch ihn und mit ihm und in ihm ist dir …«. Auch das Hochheben von Hostienschale und Kelch bei der Gabenbereitung durch den Priester, während er leise die Begleitgebete spricht, wird meist als Elevation bezeichnet. Die Elevation des konsekrierten Brotes und Weines nach dem Einsetzungsbericht, begleitet von Läuten und bei feierlichen Gottesdiensten auch von Inzens, diente ursprünglich der so genannten »Augenkommunion« in Zeiten, in denen die eigentliche Kommunion selten empfangen wurde. Sie kann die Tatsache verdunkeln, dass das Hochgebet als ganzes Konsekrationsgebet ist.

Embolismus

Allgemeine griechische Bezeichnung für *Einschaltung/Einschub*, in der Liturgie speziell das zusätzliche Gebet des Priesters zum Herrengebet (Vaterunser): »Erlöse uns, Herr, allmächtiger Vater, von allem Bösen und gib Frieden in unseren Tagen. Komm uns zu Hilfe mit deinem Erbarmen und bewahre uns vor Verwirrung und Sünde, damit wir voll Zuversicht das Kommen unseres Erlösers Jesus Christus erwarten.« Erst nach diesem Einschub beschließt die Gemeinde das Herrengebet mit der Doxologie: »Denn dein ist das Reich und die Kraft und die Herrlichkeit in Ewigkeit. Amen.« Außerhalb der Eucharistiefeier wird heute auch in der katholischen Kirche so, wie es in der evangelischen Tradition ist, das Vaterunser direkt mit der Doxologie abgeschlossen.

Empfang des Bischofs *(Visitation)*

Besucht der Bischof eine Gemeinde seiner Diözese im Rahmen einer Visitation (lat. = Besuch), wird er von der Gemeinde in festlicher Form empfangen. Am Kirchenportal wird er vom Gemeindepfarrer begrüßt. Dabei wird ihm das Kreuz zum Kuss gereicht. Außerdem erhält er Weihwasser und Aspergill zur Besprengung der Gemeinde. Der Bischof besucht, falls keine Messfeier vorgesehen ist, das Allerheiligste und hält vor dem Altar eine Gebetsstille. Auf diese folgt das Gebet des Pfarrers für den Bischof (Oratio pro Episcopo, Messbuch). Danach wendet sich der Bischof an die Gemeinde, um ihr den Grund der Visitation zu erläutern. Die Feier wird mit dem Gebet des Kirchenpatrons und dem bischöflichen Segen beschlossen.

Empore

Erhöhter Kirchenraum, dessen Bezeichnung auf das Althochdeutsche *in bor* (= in die Höhe, *bor* = oberer Raum, Höhe) zurückgeht. Ursprünglich wurden Emporen in die Kirchen zur Abtrennung von Frauen, Herrschern u. a. besonderen Personengruppen eingebaut, die bei nach Osten ausgerichteten Kirchen im Westen liegende Empore als Chorraum für die Nonnen. Heute wird die Empore vor allem für die musikalische Gestaltung genutzt (Orgel, Chor, Orchester u. a.).

Engel des Herrn *(Angelus)*

Bezeichnung für das dreimalige Gebet am Tag, zu dem jeweils durch Läuten eingeladen wird. Zur Morgenstunde soll besonders der Auferstehung Jesu gedacht werden, mittags seines Leidens am Kreuz und abends der Menschwerdung Christi. Auf Letzteres geht die Tradition des Engel des Herrn zurück, weil man ursprünglich drei Ave Maria zur überlieferten Stunde der Verkündigung an Maria betete. In der Osterzeit wird anstelle des *Angelus* (lat. = Engel) die Marianische Antiphon *Regina coeli* gebetet.

(V.) Der Engel des Herrn brachte Maria die Botschaft,
(A.) und sie empfing vom Heiligen Geist.

Gegrüßest seist du, Maria,
voll der Gnade, der Herr ist mit dir.
Du bist gebenedeit unter den Frauen,
und gebenedeit ist die Frucht deines Leibes, Jesus.
Heilige Maria, Mutter Gottes, bitte für uns Sünder
jetzt und in der Stunde unseres Todes.

(V.) Maria sprach: Siehe ich bin eine Magd des Herrn,
(A.) mir geschehe nach deinem Wort.

Gegrüßest seist du, Maria …

(V.) Und das Wort ist Fleisch geworden
(A.) und hat unter uns gewohnt.

Gegrüßest seist du, Maria …

(V.) Bitte für uns, heilige Gottesmutter,
(A.) dass wir würdig werden der Verheißung Christi.

(V.) Lasset uns beten. Allmächtiger Gott, gieße deine Gnade in unsere Herzen ein.
Durch die Botschaft des Engels haben wir die Menschwerdung Christi, deines Sohnes, erkannt.
Lass uns durch sein Leiden und Kreuz zur Herrlichkeit der Auferstehung gelangen.
Darum bitten wir durch Christus, unsern Herrn. Amen.

Engelamt
Im Volksmund übliche Bezeichnung für
– Roratemesse im Advent wegen der im Evangelium verlesenen Botschaft des Engels Gabriel an Maria: »Im sechsten Monat wurde der Engel Gabriel …« (Lk 1,26–38).
– Messe bei der Beerdigung eines unmündigen Kindes wegen der volkstümlichen Ansicht, dass diese Kinder zu Engeln werden.
– Mitternachtsmesse an Weihnachten wegen des Jubelgesanges der Engel (Gloria, hymnus angelicus; Lk, 2,13 f.), mit dem das Evangelium schließt.

Englischer Gruß ↗ Ave Maria

Entlassung *(Entlassungsriten)*
Beschließt die Eucharistiefeier mit Segen und den Worten »Gehet hin in Frieden. – Dank sei Gott, dem Herrn.« Von der lateinischen Form *»Ite, missa est«* (= Geht, es ist Entlassung) kommt auch die Bezeichnung *Mes-*

se für die Eucharistiefeier. Vor dem Schlusssegen können noch Mitteilungen an die versammelte Gemeinde eingefügt werden.
Auch die Gebetszeiten des Stundengebets und Andachten kennen feste Formen der Entlassung.

Epiklese
Aus dem Griechischen, Gebet zur Herabrufung der Kraft des Heiligen Geistes und des Segens Gottes auf eine Sache oder Person. Neben der Anrufung Gottes über dem Taufwasser und dem Chrisam hat vor allem das Eucharistische Hochgebet als Ganzes den Charakter einer Epiklese: »In besonderen Gebeten erbittet die Kirche Gottes Kraft, damit die von den Menschen bereiteten Gaben geheiligt, das heißt zum Leib und Blut Christi werden, und damit das makellose Opfer denen, die es in der Kommunion empfangen, zum Heile gereiche« (AEM 55). Seit dem Mittelalter gilt die Herabrufung des Heiligen Geistes unmittelbar vor dem Einsetzungsbericht als eucharistische Epiklese im engeren Sinne: »Sende deinen Geist auf diese Gaben herab und heilige sie, damit sie uns werden Leib und Blut deines Sohnes, unseres Herrn Jesus Christus« (Zweites Hochgebet).
Historisch gesehen die ältere Epiklese im engeren Sinne ist die so genannte Kommunionepiklese, d.h. die Bitte um die Gemeinschaft mit Christus in der Kommunion, z.B. im Ersten Hochgebet: »... und wenn wir durch unsere Teilnahme am Altar den heiligen Leib und das Blut deines Sohnes empfangen, erfülle uns mit aller Gnade und allem Segen des Himmels.«

Epiphanie *(Dreikönigsfest; Heilige Drei Könige; Erscheinung des Herrn)*
Bezeichnung aus dem Griechischen für das Hochfest *Erscheinung des Herrn* am 6. Januar, das den Weihnachtsfestkreis abschließt, im Volksmund besser bekannt als Hochfest der »Heiligen Drei Könige« oder »Dreikönigsfest«, das die Anbetung der menschgewordenen Herrlichkeit Gottes im Kinde widerspiegelt nach dem im Evangelium berichteten Beispiel der drei Weisen: »Wo ist der neugeborene König der Juden? Wir haben seinen Stern aufgehen sehen und sind gekommen, um ihm zu huldigen« (vgl. Mt 2,1–12).

Allherrschender Gott,
durch den Stern, dem die Weisen gefolgt sind,
hast du am heutigen Tag den Heidenvölkern deinen Sohn geoffenbart.
Auch wir haben dich schon im Glauben erkannt.
Führe uns vom Glauben zur unverhüllten Anschauung deiner Herrlichkeit.
(Tagesgebet)

Epistel
Nach griechisch-lateinisch *epistola* (= Brief), früher Bezeichnung für die den Apostelbriefen entnommene Lesung vor dem Evangelium, im heutigen Messlektionar am Sonn- und Feiertag als 2. Lesung und am Werktag als 1. Lesung bezeichnet.

Erntedankfest
Wie der Name schon besagt, geht es zunächst um Dank für die Früchte der Erde, die uns aber auf die ewigen Früchte der Gnade hinweisen, um die während des Gottesdienste zum Erntedank in besonderer Weise gebeten wird. »Herr, in dieser heiligen Feier haben wir dir für die Ernte des Jahres gedankt. Schenke uns als Frucht dieses Opfers die ewigen Güter, welche die Erde nicht geben kann. Darum bitten wir durch Christus, unsern Herrn« (Schlussgebet). Mit dem Dank und der Bitte wird z. B. im Tagesgebet aber auch die Verpflichtung verbunden, allen Notleidenden zu helfen. Das Kirchenjahr als solches kennt eigentlich kein Erntedankfest, in Deutschland wird es normalerweise am ersten Sonntag im Oktober begangen.

Eröffnung *(Eröffnungsriten)*
Der Beginn der Messe vor dem Wortgottesdienst, bestehend aus
- Einzug von Vorsteher (Priester) und den übrigen Altardiensten
- Altar-Kuss durch den Priester
- Kreuzzeichen
- Begrüßung und Einführungswort des Vorstehers
- Bußakt (oder an Sonntagen Taufgedächtnis)
- Kyrie

- Gloria (an Sonntagen außerhalb der Advents- und Fastenzeit, an Hochfesten, Festen und bei anderen festlichen Gottesdiensten)
- Tagesgebet.

»Ziel und Aufgabe der Eröffnung ist es, dass die versammelten Gläubigen eine Gemeinschaft bilden und befähigt werden, in rechter Weise das Wort Gottes zu hören und würdig die Eucharistie zu feiern« (AEM 24).

Auch die Gebetszeiten des Stundengebets und Andachten weisen feste Formen der Eröffnung auf, wenn auch in einfacherer Form.

Erscheinung des Herrn ↗ Epiphanie

Erstkommunion

Die ursprüngliche Einheit von Taufe, Firmung und Erstkommunion – auch bei Säuglingen – als Eingliederung in die Kirche wurde im Hochmittelalter aufgetrennt und die Erstkommunion in ein Alter verschoben, in dem ein gewisses Verständnis für den Unterschied von normaler und eucharistischer Speise erwartet werden kann. Die gemeinsame feierliche Erstkommunion am so genannten Weißen Sonntag mit dem vorausgehenden Unterricht gibt es allerdings erst seit dem 19. Jahrhundert. Heute werden die Kinder meist (wieder) unter Mithilfe der Eltern auf die Erstkommunion vorbereitet, die als Feier der ganzen Gemeinde begangen wird. Der Termin in der Osterzeit, das – vielerorts auch für Jungen übliche – weiße Kleid, das Mitführen einer Kerze (z. T. sogar der Taufkerze) und die Erneuerung des Taufversprechens erinnern an den altkirchlichen Zusammenhang der Erstkommunion mit der Taufe.

Eucharistie

Griech. (= Danksagung), Sakrament des Leibes und Blutes Jesu Christi. Am Kreuz hat Jesus einmalig sein Leben für die Menschen hingegeben und ist am dritten Tage auferweckt worden. Zuvor hat er jedoch beim Letzten Abendmahl Brot und Wein als eucharistische Gaben eingesetzt und seine Jünger beauftragt, das Mahl immer wieder zu seinem Gedächtnis zu vollziehen. Jede Eucharistiefeier ist daher Gedächtnis des Todes und der Auferstehung Jesu Christi in dem Sinne, dass die Kirche an diesem Opfer teilhat und Jesus in ihr wirklich gegenwärtig ist. Sie ist also keine bloße Erinnerung an ein einmaliges Ereignis. Wenn die katholische Kirche lehrt, dass Jesus Christus in den eucharistischen Gaben Brot und Wein wirklich gegenwärtig ist, dann geht sie einerseits davon aus, dass Brot und Wein im chemischen und physikalischen Sinne unverändert bleiben, andererseits glaubt sie aber, dass Jesus Christus als der erhöhte Herr durch die Wandlung ganz und gar diese Materie mit seinem Wesen ausfüllt. Diese Wandlung im Eucharistischen Hochgebet vollzieht sich durch das Wort des Priesters; der eigentliche Ausführende aber ist der Heilige Geist, um dessen Wirken gebetet wird: »Sende deinen Geist auf diese Gaben herab, damit sie uns werden Leib und Blut unseres Herrn Jesus Christus.«

Durch die Kommunion haben die Gottesdienstteilnehmer Anteil an Jesus Christus, genauer an seinem Tod und seiner Auferstehung, sie werden aber auch als Kirche untereinander verbunden. Dies symbolisieren die Gaben: Das Brot besteht aus vielen Weizenkörnen und der Wein aus vielen Trauben, die jeweils zu einer neuen Materie verbunden werden.

Die Gemeinschaft in Christus kommt im Ritus des Brotbrechens und im Essen von dem einen Brot zum Ausdruck; die früheren Christen nannten darum die ganze Feier »Brotbrechen«. Nach katholischer Lehre ist Christus solange in den konsekrierten (geweihten) Gaben präsent, solange diese als solche existieren. Darum wird auch den aufbewahrten Hostien höchste Ehrfurcht entgegengebracht. Sie können Kranken und Sterbenden gereicht und zur Anbetung ausgesetzt werden.

Die Eucharistiefeier besteht aus dem Wortgottesdienst und dem Eucharistieteil, letzterer kann nicht ohne Wortgottesdienst stattfinden.

Eucharistiegemeinschaft ↗ Interkommunion

Evangeliar

Der Teil des Messlektionars, der die aus den vier Evangelien zur Verlesung während der Messe ausgewählten Perikopen enthält. Aufgrund des Glaubens an die Gegenwart Christi in der Verkündigung seines Wortes: »Gegenwärtig ist er in seinem Wort, da er selbst spricht, wenn die heiligen Schriften in der Kirche gelesen werden« (SC 7) ist das Evangeliar oft kunstvoll ausgestattet und wird besonders ehrfürchtig behandelt: Evangelienprozession, Begleitung durch Leuchtträger, Inzens, Bezeichnung mit dem Kreuz vor der Lesung und Kuss nach der Lesung.

Evangelium *(Frohbotschaft)*
Die vier biblischen Bücher, die vom Leben, Sterben und der Auferstehung Jesu berichten, benannt nach ihren Verfassern Matthäus, Markus, Lukas und Johannes.
Liturgisch gesehen Bezeichnung für die zweite bzw. dritte Lesung als Höhepunkt des Wortgottesdienstes der Messe aus dem z. T. prächtigen Evangeliar. Entsprechend dem Wert der Worte und Taten Jesu, wird die Verlesung besonders hervorgehoben durch Evangelienprozession, Begleitung durch Leuchtträger, Inzens, Bezeichnung mit dem Kreuz vor der Lesung und Kuss nach der Lesung. Die ganze Gemeinde drückt ihre Ehrfurcht dadurch aus, dass sie während des Vortrags, der bei besonders feierlichen Gottesdiensten auch im Sprechgesang (Kantillation) erfolgt, steht.

Ewiges Gebet *(Ewige Anbetung)*
Bezeichnung für den Brauch innerhalb von Ordensgemeinschaften oder Diözesen, die Anbetung vor der ausgesetzten Eucharistie (außerhalb der Messfeier) das ganze Jahr über nicht abbrechen zu lassen. Dies wird so geregelt, dass für jeden Tag des Jahres vorher bestimmte Ordensniederlassungen oder Gemeinden die Anbetung übernehmen, welche meist mit einer Messfeier (noch ohne Aussetzung) beginnt und mit einer Andacht oder einer Vesper mit Eucharistischem Segen endet.

Ewiges Licht
Jedes Jahr in der Osternacht (»*lumen christi*« = Licht Christi) neu entzündet, dient es zur Anzeige der Gegenwart Christi in der eucharistischen Gestalt des Brotes, das im Tabernakel für Krankenkommunion und Kommunionfeiern außerhalb der Eucharistie aufbewahrt wird. Als Gefäß wird oft eine Ampel verwendet.

Exorzismus

Austreibung (griech. = Hinausbeschwörung) gotteswidriger Mächte. Der Exorzismus beruht auf der Vorstellung, dass Menschen und Gegenstände von so genannten Dämonen besessen sein können, die mit einem Befehl, der sich auf die Vollmacht Jesu Christi beruft, ausgetrieben und gezwungen werden können, die Person oder den Gegenstand zu meiden (imprekatorischer Exorzismus). Auch ein fürbittendes Gebet mit dem gleichen Anliegen wird als Exorzismus bezeichnet (deprekatorischer Exorzismus). Verschiedene Heilungsgeschichten des Neuen Testaments sprechen von der Austreibung von Dämonen durch Jesus (z.B. Mk 7,24–30) oder in seinem Namen (Mk 9,38). Diese Vollmacht entsprach der Erwartungshaltung an den Messias. Das zeitbedingte Krankheitsverständnis ist zu berücksichtigen. Dementsprechend ist heute der Exorzismus nicht als Alternative zur ärztlichen und psychologischen Behandlung von Menschen zu verstehen, die sich als besessen ansehen oder von anderen Personen als solche betrachtet werden. In der Kindertaufe und in der Eingliederung Erwachsener in die Kirche werden Gebete um die Befreiung des Katechumenen aus Gottesferne und Sünde gesprochen. Das kirchliche Gesetzbuch von 1983 enthält zwar einen Hinweis auf den Exorzismus (CIC can. 1172), ohne jedoch den Begriff der Besessenheit zu nennen.

Exorzist

Stufe der früheren *niederen Weihen* (ohne Handauflegung) mit Berechtigung zur Ausübung des Exorzismus. Als selbstständiges Amt bedeutungslos geworden, wurde diese Weihe 1972 abgeschafft (Apostolisches Schreiben »Ministeria quaedam« von Papst Paul VI.).

Exsultet *(Osterlob; praeconium paschale)*

Bezeichnung für das Osterlob (praeconium paschale), mit dem die Feier der Osternacht nach dem Anzünden der Osterkerze eröffnet wird, genommen vom ersten Wort des lateinischen Textes: »Frohlocket, ihr Chöre der Engel, frohlocket ihr himmlischen Scharen …«, gesungen am Ambo vom Priester, Diakon oder vom Kantor. Das Osterlob bildet den abschließenden Höhepunkt des österlichen Lucernars, das aus Seg-

nung des Feuers, Anzünden der Osterkerze, Prozession und Exsultet besteht
Siehe auch Luzernar

Frohlocket, ihr Chöre der Engel, ihr himmlischen Scharen, lasset die Posaune erschallen, preiset den Sieger, den erhabenen König! Lobsinge, du Erde, überstrahlt vom Glanz aus der Höhe! Licht des großen Königs umleuchtet dich. Siehe, geschwunden ist allerorten das Dunkel. Auch du freue dich, Mutter Kirche, umkleidet von Licht und herrlichem Glanze! Töne wieder, heilige Halle, töne von des Volkes mächtigem Jubel.

F

Fackelträger
Auch wenn heute seltener Fackeln als vielmehr Kerzen mit Windschutz verwendet werden, gibt es diesen Dienst bei Prozessionen weiterhin. Darüber hinaus kommen bei Hochfesten Fackelträger (Ministranten) während des Hochgebetes in die Kirche und stellen sich vor dem Altar auf.

Familie, Fest der Heiligen ↗ Heiligen Familie, Fest der

Familiengottesdienst
Gottesdienst in Form einer Eucharistie- oder einer Wort-Gottes-Feier, der in seiner Gestaltung besonders (junge) Familien anspricht. Die Lieder beispielsweise sind so ausgewählt, dass sie auch von kleineren Kindern mitgesungen werden können. Ebenso ist die Homilie (Auslegung des Evangeliums) in einer Weise gehalten, dass sich Erwachsene wie auch Kinder angesprochen wissen, wobei letztere in besonderer Weise, z.B. durch einen Dialog, einbezogen werden können. Oft wird ein Familiengottesdienst von einem Eltern- oder Kinderkreis vorbereitet. Zudem übernehmen Kinder liturgische Aufgaben, wie das Lesen der Tropen im Kyrie oder der Fürbitten oder sie bilden eine Schola oder ein Instrumentalensemble.
So gut gemeint die besondere Widmung und Gestaltung eines Sonntagsgottesdienstes für und mit den Familien sein kann, so problematisch ist die davon ausgehende Verstärkung der allgemeinen gesellschaftlichen Tendenz, Familie als Sonderfall und Minderheit abzugrenzen. Dies widerspricht der Verantwortung, die die gesamte Gemeinde füreinander und für die Heranwachsenden im Besonderen hat. Der Gottesdienst am Sonntag ist immer die Feier der Eucharistie der ganzen Gemeinde mit allen Generationen.

Farben, liturgische

Die heutige Tradition, bestimmte Farben für Gewänder, Altartücher und sonstige Stoffe im Gottesdienst zu verwenden, ist erst seit dem Mittelalter entstanden. Es gelten folgende Zuordnungen:

Weiß für Oster- und Weihnachtszeit, Herren-, Marien-, Engel- und Heiligenfeste
Rot für Palmsonntag, Karfreitag, Pfingsten, Kreuzerhöhung, Apostel- und Märtyrerfeste
Grün für allgemeinen Jahreskreis
Violett für Advents- und Fastenzeit, bei Messen für Verstorbene
Schwarz kann bei Messen für Verstorbene verwendet werden
Rosa für Gaudete und Laetare.

Fastenzeit ↗ Quadragesima

Feier, liturgische

Jeder Gottesdienst, gleich ob hl. Messe, Stundengebet, Wort-Gottes-Feier oder Marienandacht, um nur wenige Beispiele zu nennen, ist eine Feier. Damit vollzieht sich im Gottesdienst das, was eine Feier von einem einfachen Zusammentreffen verschiedener Menschen unterscheidet. Die Gläubigen, die sich zum Gottesdienst versammelt haben, bilden eine Gemeinschaft untereinander und mit Gott. In dieser wird die Kirche in ihrer konkreten Gestalt an einem bestimmten Ort, z. B. in der Pfarrkirche, sichtbar. Gleichzeitig ist in einer liturgischen Feier die konkrete Gemeinde mit der ganzen Kirche verbunden. Dies findet in den weltweit geltenden Texten der römisch-katholischen Liturgie und in der namentlichen Nennung der Vertreter der Kirche, des Papstes und des Bischofs im Hochgebet seinen Ausdruck. Nie ist sie also privater Natur. Ein Gottesdienst wird wie jede profane Feier sorgfältig vorbereitet und durchgeführt. In diesem Zusammenhang spricht man von der »ars celebrandi«, der Kunst des Feierns. Es gibt keine Zaungäste, sondern alle Mitfeiernden sind zu einer tätigen Teilnahme, also zum Mitbeten und Mitsingen und zum inneren Mitvollzug aufgerufen (SC 50). Jede liturgische Feier ist an einen bestimmten Ritus gebunden, selbst wenn dieser in vielen Möglichkeiten zu feiern ausgestaltet werden kann. Sie hat immer dialogischen Charakter: Gott spricht in den

Schriftlesungen die versammelten Menschen an, die mit Gebet und Gesang auf sein Wort antworten. Die Eucharistiefeier ist die höchste Form liturgischer Feiern, da die versammelte Gemeinde einerseits des Heilsopfers Christi gedenkt und andererseits schon das himmlische Hochzeitsmahl mitfeiert.

Feldmesse *(sub divo)*
Bezeichnung für eine Eucharistiefeier unter freiem Himmel (sub divo), wenn die zu erwartende Menge der Teilnehmenden es erfordert, dass man den Gottesdienst außerhalb der Kirche abhält bzw. wenn eine solche gar nicht in der Nähe zur Verfügung steht. Die der Eucharistie gebührende Würde kann es auch erfordern, die Feier unter freiem Himmel einer Feier in einem Festzelt vorzuziehen.

Fest *(festum)*
Zweiter Rang in der dreistufigen Rangordnung nach den Hochfesten und vor den Gedenktagen. Feste sind auf den natürlichen Tag beschränkt, haben also normalerweise keine 1. Vesper am Vortag.

Festkreis
Festkreise sind die wichtigsten Teile des Kirchenjahres (Herrenjahr) mit Ausgestaltung der zentralen Glaubensgeheimnisse in bestimmten Zeiträumen. Es gibt den Oster- und den Weihnachtsfestkreis, d.h. die Zeit von Aschermittwoch bis Pfingsten und vom 1. Adventssonntag bis Taufe des Herrn (Sonntag nach Epiphanie). Im Mittelpunkt beider Festkreise steht jeweils ein Hochfest, nämlich *Geburt des Herrn* (Weihnachten) und *Auferstehung des Herrn* (Ostern).

Feuer
Offenes Feuer als liturgisches Element im engeren Sinne kennt die westliche Form der Liturgie vor allem in der Lichtfeier (Luzernar) der Osternacht. Wie das Segensgebet über dem Osterfeuer besagt, ist das Feuer Symbol für Licht und Reinigung (Verbrennung) zugleich: »Segne dieses neue Feuer, das die Nacht erhellt, und entflamme in uns die Sehnsucht nach dir, dem unvergänglichen Licht, damit wir mit reinem Herzen zum ewigen Osterfest gelangen.« Diese Symbolik ist im sons-

tigen Ritus der Kirche durch den Gebrauch von Kerzen, Öllampen (Ewiges Licht), Weihrauch (Inzens) und Asche vertreten.
Im Benediktionale findet sich ein Segensformular für verschiedene Heiligenfeste, darunter insbesondere das Johannisfest am 24. Juni.

Firmung

Lat. *confirmatio* (= Stärkung), neben der Taufe und der Eucharistie eines der drei so genannten Initiationssakramente, durch die ein Mensch in die Gemeinschaft der Kirche aufgenommen wird. Bei der Firmung empfängt der Firmkandidat durch Handauflegung und Salbung des Bischofs den Heiligen Geist und wird so als mündiges Mitglied mit den sich daraus ergebenden Rechten und Pflichten in die katholische Kirche aufgenommen. Die Bedeutung des Heiligen Geistes für die Kirche zeigt sich im Pfingstereignis (Apg 2). In Apg 2, 38 stellt Petrus die Beziehung zwischen der Taufe und dem Empfangen des Heiligen Geistes als deren Folge her. In den ersten Jahrhunderten fand die Firmung dementsprechend im unmittelbaren Anschluss an die Tauffeier in der Osternacht statt. Erst ab dem 4. Jahrhundert spendete auch der Priester das Sakrament der Taufe und infolgedessen kam es zu einer zeitlichen Trennung zwischen Firmung und Taufe. Während seit dem 13. Jh. ein Firmalter ab sieben Jahren vorgeschrieben wurde, werden Jugendliche heute in der Regel im Alter von ca. 12–16 Jahren nach einer Zeit der Vorbereitung gefirmt. Das höhere Firmalter wird mit der größeren Reife und dem besseren Verständnis der Heranwachsenden begründet. Dadurch wird jedoch die Beziehung zwischen den Initiationssakramenten (Sakramente der Aufnahme in die Kirche) Taufe und Firmung geschwächt, zumal Kinder die Erstkommunion im Grundschulalter also zwischen Taufe und Firmung empfangen. Eine Ausnahme zu dieser Trennung der Initiationssakramente bildet die Eingliederung Erwachsener in die Kirche. Hier werden in einem Gottesdienst, in der Regel in der Osternacht, zunächst die Taufe und dann die Firmung gespendet. In der anschließenden Eucharistiefeier empfängt der Neophyt die Erstkommunion. Jeder Firmling hat einen Paten, der der Taufpate sein kann. Um den Zusammenhang zum Sakrament der Eucharistie darzustellen, findet die Firmung im Rahmen einer Messfeier statt. Der reguläre Spender der Firmung ist der Bischof, der aber auch Priester mit diesem Dienst beauftragen kann. Außerdem können sie bei einer sehr großen Anzahl von Firmlingen vom Bischof mit in den Dienst einbezogen werden. Des Weiteren darf ein Priester in Todesgefahr die Firmung spenden.

Der Ritus der Firmspendung nach dem Evangelium im Rahmen einer Messfeier hat folgenden Ablauf:

- Erneuerung des Taufbekenntnisses.
- Einladung der Gemeinde zum Gebet und Gebet um den Heiligen Geist.
- Chrisamsalbung der Firmlinge: Die Firmlinge treten gemeinsam mit ihren Paten einzeln oder in kleinen Gruppen vor den Bischof. Dieser zeichnet jedem Firmling mit Chrisamöl ein Kreuz auf die Stirn und spricht: »N., sei besiegelt durch die Gabe Gottes, den Heiligen Geist.« Der Gefirmte antwortet: »Amen«. Der Bischof erwidert: »Der Friede sei mit dir.«

Auf die Firmspendung folgen die Fürbitten, an die der Eucharistieteil des Gottesdienstes anschließt.

Friedensgruß *(Friedensritus; Friedenskuss)*

Eingedenk der Ermahnung des Apostels Paulus: »Grüßt einander mit dem heiligen Kuss« (z.B. Röm 16,16a; 1 Kor 16,20) ausgeübter Ritus, zu dem der Priester die Gemeinde z.B. mit den Worten »Gebt einander ein Zeichen des Friedens und der Versöhnung« aufrufen kann. Laut AEM 56b erfolgt der Friedensgruß vor dem Brotbrechen, also vor der Kommunion: »Es folgen Worte und Gesten, in denen die Gläubigen um Frieden und Einheit der Kirche und der gesamten Menschheitsfamilie bitten und einander ihre Liebe bezeugen, ehe sie von dem einen Brot essen.« Es gibt aber auch die Tradition des Friedensgrußes am Ende des Wortgottesdienstes, also im Anschluss an die Fürbitten bzw. vor der Gabenbereitung nach Mt 5,23f.: »Wenn du deine Opfergabe zum Altar bringst und dir dabei einfällt, dass dein Bruder etwas gegen dich hat, so lass deine Gabe dort vor dem Altar liegen; geh und versöhne dich zuerst mit deinem Bruder, dann komm und opfere deine Gabe.« Einen Widerspruch zwischen den Alternativen gibt es nicht, geht es doch um die Einheit der Gemeinde und der ganzen Kirche.

Die Form des Ritus obliegt den örtlichen Bischofskonferenzen, da das konkrete »Zeichen des Friedens und der Versöhnung« doch sehr von der jeweiligen (sozialen) Kultur abhängt: »Die Form des Friedensgrußes soll von den Bischofskonferenzen entsprechend der Eigenart und den Bräuchen der Völker bestimmt werden« (AEM 56b). Vgl. auch Kuss

Friedhof

Während im römischen Reich die Gräberfelder u.a. aus Gründen des Krankheitsschutzes außerhalb einer geschlossenen Bebauung liegen mussten, entwickelten sich im Mittelalter Friedhöfe rund um die Kirchen. Diese wiederum waren über Heiligengräbern erbaut, in deren Nähe man im Hinblick auf die bevorstehende Auferstehung der Toten liegen wollte. Der Name Friedhof stammt daher, dass im Bezirk um eine Kirche im Mittelalter Flüchtlingen Schutz vor dem Zugriff der weltlichen Macht (Kaiser, Fürst …) gewährt wurde. Aufgrund seiner Lage bei der Kirche wird ein Friedhof traditionell auch als Kirchhof bezeichnet. Heutige Friedhöfe liegen oft aus Platzgründen im Randgebiet der (Innen-)Städte.
Ein katholischer Friedhof wird bei der Eröffnung gesegnet und ein Kreuz darin aufgestellt. Die dazu vorgesehene Form besteht aus einer Prozession zum Friedhof mit Wortgottesdienst vor dem Kreuz, Homilie (Predigt) und Segensgebet. Das Kreuz wird mit Weihrauch inzensiert, und der Friedhof und die Versammelten werden mit Weihwasser besprengt. Daran kann sich entweder eine Eucharistiefeier anschließen oder der Gottesdienst mit Fürbitten, Vaterunser und Entlassungssegen enden. Auch bei kommunalen Friedhöfen ist die Weihe im Rahmen eines ökumenischen Gottesdienstes kirchlicherseits wünschenswert.

Frohbotschaft ↗ Evangelium

Frömmigkeit, liturgische

Fromm bedeutete ursprünglich tapfer, tüchtig, nützlich. Heute meint es eine ehrfurchtsvolle Haltung gegenüber Gott, die im Gebet, im Mitfeiern der Liturgie wie auch im Alltag zum Ausdruck kommt. Die liturgische Frömmigkeit, d.h. die liebende Aufmerksamkeit, die der Mensch empfindet, der sich in der Teilnahme an einer liturgischen Feier von Gott angesprochen fühlt, wird über den Gottesdienst hinaus in den Alltag getragen und in der Nächstenliebe wirksam. Im Sinne der liturgischen Bewegung wird die Liturgie selber, werden also die Gebete und die Schriftlesungen und nichts Zusätzliches gebetet. So wird die Liturgie zur Quelle, aus der der Glaube gestärkt wird und Frömmigkeit erwächst. Die erneuerte Liturgie erleichtert dieses Verständnis, da die muttersprachlichen Texte und Gebete von den Gläubigen in aktiver Teilnahme mit- bzw. nachvollzogen werden können.

Fronleichnam

Eigentlich *Hochfest des Leibes und Blutes Christi*, wobei der Name *Fronleichnam* als Bezeichnung für die Hostie als Leib des Herrn vom mittelhochdeutschen *vronlichnam* stammt. *Vron* bedeutete soviel wie *göttlich* und *lichnam* war ein Wort für die *Leibeshülle*, den **lebendigen** Körper. Erst später wandelte sich die Bedeutung von *lichnam* zu einem Synonym für die Leiche, den **leblosen** Körper. Begangen wird das Hochfest am Donnerstag nach dem Dreifaltigkeitsfest, also in der 2. Woche nach Pfingsten, kann aber auf den folgenden Sonntag, d.h. den 2. Sonntag nach Pfingsten verschoben werden, vor allem in Regionen ohne gesetzlichen Feiertag. Im Mittelpunkt des Hochfestes steht die Verehrung der Gegenwart Christi in den eucharistischen Gestalten des Brotes und Weines.

Die vielerorts übliche Prozession war ursprünglich gar nicht Bestandteil des Festes und gilt auch heute nicht als Teil der Liturgie im engeren Sinne, sondern als Frömmigkeitsübung, deren Durchführung und Gestaltung festzulegen den Diözesen überlassen bleibt.

Herr Jesus Christus, im wunderbaren Sakrament des Altares hast du uns das Gedächtnis deines Leidens und deiner Auferstehung hinterlassen.

Gib uns die Gnade, die heiligen Geheimnisse deines Leibes und Blutes so zu verehren, dass uns die Frucht der Erlösung zuteil wird. (Tagesgebet)

Fürbitten *(Gläubigengebet; Oratio Fidelium)*

Eingedenk der Aufforderung des Apostels Paulus (z.B. 1 Tim 2,1 f.: »Vor allem fordere ich zu Bitten und Gebeten, zu Fürbitte und Dank-

sagung auf, und zwar für alle Menschen, für die Herrscher und für alle, die Macht ausüben ...«) hat das Zweite Vatikanische Konzil die über die Jahrhunderte in der westlichen Liturgie verlorengegangene Fürbitte der Gemeinde mit Nachdruck wieder eingeführt: »Nach dem Evangelium und der Homilie soll – besonders an den Sonntagen und gebotenen Feiertagen – das »Allgemeine Gebet« oder »Gebet der Gläubigen« wieder eingeführt werden, damit unter Teilnahme des Volkes Fürbitten gehalten werden für die heilige Kirche, für die Regierenden, für jene, die von mancherlei Not bedrückt sind, und für alle Menschen und das Heil der ganzen Welt« (SC 53; s.a. AEM 45). Die Fürbitten werden als Ausdruck des allgemeinen priesterlichen Amtes aller Menschen verstanden und haben in der erneuerten Liturgie ihren festen Platz am Schluss des Wortgottesdienstes nach der Predigt. Für die Gestaltung werden gewisse Regeln insofern vorgegeben, dass Einleitung und Abschluss von einem Priester gesprochen werden und die Fürbitten keine moralischen Aufrufe an die Beter, sondern tatsächliche Für-Bitten für die Kirche, die Regierenden, das Heil der ganzen Welt, die Notleidenden und das Gedeihen der Ortsgemeinde – in dieser Reihenfolge – sein sollen. »In den Fürbitten übt die Gemeinde durch ihr Beten für alle Menschen ihr priesterliches Amt aus. Dieses Gebet gehört für gewöhnlich zu jeder mit einer Gemeinde gefeierten Messe, damit Fürbitten gehalten werden für die heilige Kirche, die Regierenden, für jene, die von mancherlei Not bedrückt sind, für alle Menschen und für das Heil der ganzen Welt« (AEM 45).
Siehe auch Allgemeines Gebet

Fußkuss
Ein mögliches aber nicht vorgeschriebenes Zeichen der Verehrung des Kreuzes am Karfreitag, zusätzlich zum dreimaligen Kniefall.

Fußwaschung *(mandatum; Waschung)*
Eindrucksvoller Ritus zur Verdeutlichung des Gebotes Jesus: »Ein neues Gebot gebe ich euch: Liebt einander! Wie ich euch geliebt habe, so sollt auch ihr einander lieben« (Joh 13,34) am Gründonnerstag nach der Predigt, d.h. am Ende des Wortgottesdienstes, vor der Gabenbereitung. Bereits das Evangelium bringt die entsprechende Perikope (Joh

13,1–15), und schon das Messbuch weist darauf hin, dass die Predigt neben der Einsetzung der Eucharistie und des Priestertums vom Gebot der Geschwisterliebe handeln soll. Es ist deshalb angebracht, dass die Fußwaschung nicht mehr wie früher nur in Bischofs- und Abteikirchen, sondern möglichst auch in Pfarrgemeinden durchgeführt wird. Die lateinische Bezeichnung *mandatum* für den Ritus der Fußwaschung bedeutet wörtlich *Auftrag* und bezieht sich direkt auf das neue Gebot Jesu.

G

Gabenbereitung

Der Beginn der Eucharistiefeier nach dem Wortgottesdienst der Messe, bestehend aus:

- Vorbereitung des Altars mit Korporale, Kelch und Messbuch
- Heranbringen von Brot, Wein und Wasser durch Ministranten oder Teilnehmer als Gaben der Gemeinde
- Heranbringen der Kollekte und Ablegen derselben ebenfalls als Gabe der Gemeinde
- vom Vorsteher leise gesprochene Begleitgebete
- bei feierlichen Gottesdiensten Inzens von Altar und Gaben
- Handwaschung
- Gabengebet.

Gabengebet *(oratio super oblata)*

Abschluss der Gabenbereitung, Gebet, das der Vorsteher vorträgt und das durch das Amen der Gemeinde bekräftigt wird.
Die lat. Bezeichnung *oratio super oblata* bedeutet *Gebet über die dargebrachten Gaben.*

Lasset uns beten zu Gott dem allmächtigen Vater, dass er die Gaben der Kirche annehme zu seinem Lob und zum Heil der ganzen Welt.

Gaudete

Erstes Wort des Eröffnungsverses am 3. Adventssonntag im Römischen Graduale, mit dem dieser früher oft bezeichnet wurde, in der ev. Kirche bis heute: »Gaudete in Domino semper! Iterum dico, gaudete! Modestia vestra nota sit omnibus hominibus. Dominus prope est. Nihil solliciti sitis, sed in omni oratione petitiones vestrae innotescant apud Deum!«
Der Vers stammt aus Phil 4,4–6: »Freut euch im Herrn zu jeder Zeit! Noch einmal sage ich: Freut euch! Eure Güte werde allen Menschen

bekannt. Der Herr ist nahe. Sorgt euch um nichts, sondern bringt in jeder Lage betend und flehend eure Bitten mit Dank vor Gott!«
An Gaudete kann statt dem Violett der Adventszeit Rosa wie am 4. Fastensonntag (Laetare) genommen werden.

Gebet
Ausdruck eines Einzelnen oder einer Gemeinschaft, um sich Gott in ehrfurchtsvoller Weise zuzuwenden. Zugleich Antwort des Menschen, der sich von Gott angerührt erfährt. Insofern immer auf ein Gegenüber, ein göttliches Du ausgerichtet. Dies unterscheidet es wesentlich von der Meditation. Im engeren Sinne sind mit Gebet formulierte Worte gemeint, im weiteren Sinne jedoch auch das Verharren in der Stille, Lieder, bestimmte Gebärden, Tanz vor Gott etc. Jede Religion kennt das Gebet. Auch für die Christen war es von Anfang an wesentlich. So heißt es von Jesus selber, er habe sich zum Gebet zurückgezogen, und die Jünger baten ihn, sie beten zu lehren, worauf er sie das Vaterunser lehrte (Mt 6,9–13, Lk 11,1–4). Alle liturgischen Feiern bestehen in einem Dialog zwischen Gott und Gemeinde, aus Verkündigung und darauf antwortendem Gebet. In der Messfeier hat das Eucharistische Hochgebet als Wandlungsgebet einen besonderen Stellenwert. Darüber hinaus gibt es als Gebete im engeren Sinne das Tagesgebet, mit dem der Eröffnungsteil der Messe schließt, und das Schlussgebet als Dankgebet für die empfangene Kommunion. Außerhalb der Messfeier kennt die Kirche besonders das Stundengebet (Tagzeitenliturgie), welches zu bestimmten Stunden des Tages, besonders aber morgens (Laudes) und abends (Vesper) verrichtet wird, und zu dem sich Priester und Diakone sowie die meisten Ordensleute verpflichten. Es wird aber auch Laien empfohlen. Des Weiteren gibt es verschiedene Andachtsformen, wie das Rosenkranzgebet und das Angelus-Gebet, welche in der Volksfrömmigkeit eine wichtige Rolle einnahmen und -nehmen. Nicht zu vergessen seien Gebete mit eher privatem Charakter wie Tisch-, Morgen- und Abendgebete.

Gebet des Herrn ↗ Vaterunser

Gebetseinladung
Aufforderung zum Gebet durch den Leiter des Gottesdienstes, z.B. »Lasset uns beten« (»Oremus«). Darauf folgt entweder eine kurze Stille zum privaten Gebet, das der Leiter in einer Oration in allgemeiner Form zusammenfasst und abschließt, oder es folgt ein gemeinsam gesprochenes Gebet wie z.B. das Vaterunser. Eingeleitetes Gebet ist also immer Gebet der ganzen Gemeinde, entweder in Form eines stillen Gebetes aller, das dann durch den vom Vorsteher gesprochenen Gebetstext abgeschlossen wird, wie z.B. beim Tagesgebet, oder ein gemeinsam gesprochenes wie das *Vaterunser* oder eine Litanei.
Es kommt nicht selten vor, dass die eigentlich korrekt eingefügte kurze Pause nach der Gebetseinladung z.B. vor dem Tagesgebet von manchem Teilnehmer als Fehler des Vorstehers missverstanden wird, wo doch diese Aufforderung oder Einladung zum Gebet zunächst das stille Gebet der ganzen Gemeinde meint, das dann vom Gebet beschlossen wird, das der Vorsteher stellvertretend für alle spricht. Wenn es z.B. im deutschen Messbuch heißt »Nach einer Stille, in der sich alle zum Gebet **sammeln** ...« ist das bereits eine Verkürzung des eigentlichen Sinnes der vorgesehenen Stille.
Neben der Einladung zum Tagesgebet finden wir solche auch zu den Fürbitten, zum Gabengebet, vor dem *Vaterunser* und vor dem Schlussgebet.
Eine besonders feierliche Gebetseinladung findet sich als Auftakt zum Hochgebet vor der Präfation.

Gedächtnis *(Gedenken)*
Im Hochgebet der Eucharistiefeier wiederholt der Priester die Worte Jesu: »Tut dies zu meinem Gedächtnis«. Damit ist jedoch nicht bloßes Erinnern gemeint wie beim Durchblättern eines Fotoalbums. Durch das Gedächtnis bei der Feier der Eucharistie, aber auch beim Lesen der Heiligen Schrift im Gottesdienst reihen sich die am Gottesdienst Teilnehmenden vielmehr in die Schar derer ein, die beim ursprünglichen Ereignis, z.B. dem Letzten Abendmahl tatsächlich dabei war und macht es somit für die Gegenwart wirksam. Dies ist kein Akt be-

sonders fantasievoller Vorstellung, sondern vielmehr Ausdruck des Glaubens, dass das Heil, das Gott einmalig durch Tod und Auferstehung Jesu Christi geschenkt hat, unabhängig von Zeit und Raum immer gleich gültig ist. Dies entspricht der alttestamentlichen Vorstellung, die den Auszug aus Ägypten im Paschafest zu einem Ereignis machte, das für jede jüdische Generation gleichermaßen galt und heute noch gilt.

Gedächtnis der Heiligen ↗ Communicantes

Gedenktag *(memoria)*

Dritter Rang in der dreistufigen Rangordnung nach den Hochfesten und Festen. Es wird zwischen gebotenen (G) und nicht gebotenen (g) Gedenktagen unterschieden. Während der Messfeier werden sie im Tagesgebet berücksichtigt, allerdings nur einer, wenn mehrere (nicht gebotene) Gedenktage auf einen Tag fallen.

Gegenwart (Christi)

In der Liturgie werden längst vergangene Ereignisse in der Heilsgeschichte durch das Gedächtnis in die Gegenwart hineingezogen (Anamnese). So benutzt die Liturgie an Hochfesten im Gedenken an die zugrunde liegenden biblischen Ereignisse das Wort »heute«, z. B. in der Liturgie vom Letzten Abendmahl (Gründonnerstag): »Am Abend vor seinem Leiden, das ist heute, nahm er das Brot …« Besonders trifft diese Vergegenwärtigung für das Kreuzesopfer Jesu Christi zu, welches im eucharistischen Sakrament vergegenwärtigt wird. Man kann sich diesem Geheimnis mit der Überlegung nähern, dass Gott größer ist als Zeit und Raum, und somit alles, was je geschehen ist, in ihm aufgehoben bleibt und deshalb alles in ihm auch Gegenwart ist. Während Jesus seinen Jüngern zugesagt hat, bis ans Ende der Tage bei ihnen zu sein, und dies so verstanden werden kann, dass er in der Kirche durch den Heiligen Geist wirkt und sie führt, kommt der Gegenwart Christi im eucharistischen Sakrament eine besondere Bedeutung zu. In ihm ist er nicht einzig mit wirksamer Kraft, sondern in seiner ganzen Person, als der auferstandene Herr und Gott, zugegen. Auch wenn er dabei für unsere Sinne verborgen bleibt, kann man sich keine konkretere Gegenwart Christi denken. In der Liturgie vollzieht sich die Gegenwart Christi auf mannigfaltige Weise: Er ist in der Versammlung der Gläubigen zugegen gemäß seiner Worte: »Wo zwei oder drei in meinem Namen versammelt sind, da bin ich mitten unter ihnen« (Mt 18,20). In den Worten der Heiligen Schrift, vor allem dem Evangelium, spricht er selber zu der Versammlung. Darum wird dem Evangelium eine besondere Verehrung entgegengebracht durch den Halleluja-Ruf, die Inzensierung mit Weihrauch, die Begleitung mit Leuchtern, das Stehen der Gemeinde. Auch antwortet diese auf den Schlussruf des Diakons bzw. Priesters: »Evangelium unseres Herrn Jesus Christus« mit: »Lob sei dir, Christus.« Sie bekennt also, dass sie die Worte Jesu Christi selbst gehört hat. Wie oben geschildert, ist Christus in der Eucharistie gegenwärtig. Im Priester begegnet uns in der Eucharistiefeier ebenfalls Christus, da er der eigentliche Handelnde ist, der durch die Person des Priesters das eucharistische Opfer vollzieht. Als Symbol dafür trägt der Priester die Stola.

Gemeinde

Die Kirche ist in Gemeinden untergliedert, die entweder einen bestimmten geografischen Raum umfassen (Pfarreien) oder der bestimmte Gruppen von Menschen angehören (z.B. Hochschulgemeinde). Einer Gemeinde ist ein Priester als Vorsteher zugeordnet und sie gehört einem Bistum an. Auf diese Weise ist sie in die Gesamtkirche eingebunden. So heißt es in der Liturgiekonstitution des Zweiten Vatikanischen Konzils über Pfarreien: »Sie stellen auf eine gewisse Weise die über den ganzen Erdkreis hin verbreitete sichtbare Kirche dar« (SC 42). Wichtigstes Gemeinschaft stiftendes Element ist die Zusammenkunft zum Gottesdienst, besonders zur sonntäglichen Eucharistiefeier.

Generalabsolution

Gemeinschaftliche Feier des Bußsakramentes mit Allgemeinem Schuldbekenntnis und gemeinsamer Lossprechung, nur in Notfällen erlaubt. Die Generalabsolution befreit nicht von der Verpflichtung, schwere Sünden einzeln zu beichten.

Generalkalender

Regelt das Kirchenjahr für die ganze Weltkirche, überlässt aber viele Heiligengedächtnisse den Regional-, Diözesan- und Ordenskalendern gemäß SC 111: »Eine beträchtliche Anzahl von ihnen (den Festen der Heiligen) möge der Feier in den einzelnen Teilkirchen, Nationen oder Ordensgemeinschaften überlassen bleiben …« Die konkrete Umsetzung auf das aktuelle Kirchenjahr mit Auflösung der immer wieder vorkommenden Okkurenzen, d. h. dem Zusammenfallen von verschiedenen Festen auf einen Tag infolge der beweglichen Feste im Kirchenjahr und die jährliche Verschiebung der Wochentage, geschieht durch die so genannten Direktorien mit den nötigen Anweisungen für die Messfeier und das Stundengebet.

Geprägte Zeiten

Bezeichnung für Weihnachts- und Osterfestkreis zur Unterscheidung vom Jahreskreis.

Geräte, liturgische

Zusammenfassende Bezeichnung für die im Gottesdienst und zur Ausstattung von Altar und Kirche dienenden Geräte und Tücher:
Kännchen für Wein und Wasser, Kanne und Schale für Handwaschung, Patene und Kelch für die Eucharistie, Ziborium, Pyxis und Monstranz für die Aufbewahrung bzw. Aussetzung des Leibes Christi in Brotsgestalt, Kanne und Schale für die Taufe, Altartücher, Kreuz und Leuchter für den Altar. Die Geräte werden in einer gesonderten Weihe oder Segnung (Benediktionale) für den Gebrauch in Kirche und Gottesdienst übernommen und damit dem profanen Gebrauch entzogen.

Gesang

»Die überlieferte Musik der Gesamtkirche stellt einen Reichtum von unschätzbarem Wert dar …, weil sie als der mit dem Wort verbundene gottesdienstliche Gesang einen notwendigen und integrierenden Bestandteil der feierlichen Liturgie ausmacht« (SC 112). Im Gesang kommen die Freude und das Lob Gottes besonders zur Geltung. In der Heiligen Schrift ist der Gesang von so hoher Bedeutung, dass sogar in der Offenbarung des Johannes vom neuen Lied die Rede ist, das die

Erlösten vor dem Thron des Lammes Jesus Christus singen (Offb 14, 3). Für den Gottesdienst gibt es so genannte Aktionsgesänge, die selber die liturgische Handlung bilden, dazu gehören das Kyrie und das Gloria, der Antwortpsalm sowie das Sanctus-Benedictus. Man unterscheidet zwischen Gesang, der mehr einem gehobenen Sprechen gleicht (kantillieren) und zum Vortrag von Lesungen und Gebeten verwendet wird, und dem Gesang von Liedern. Da die Texte der Aktionsgesänge den eigentlichen Gehalt des entsprechenden Teiles der Liturgie ausmachen, sind sie nicht austauschbar. Gegebenenfalls können sie auch gesprochen werden, doch sollte dies die Ausnahme bleiben. Etwas anderes ist es bei Begleitgesängen zu einer anderen liturgischen Handlung, etwa zur Gabenbereitung. Zu den Begleitgesängen gehört auch das Agnus Dei zur Brotbrechung, welches aus Gründen der Tradition, aber auch als Hinführung zur Kommunion nicht ausgetauscht werden kann.

Gesangbuch
Offizielle Sammlung von Gebeten, Andachten und Liedern. In Deutschland, Österreich und weiteren deutschsprachigen Diözesen derzeit das 1975 erschienene Gotteslob mit einem gemeinsamen Stammteil und Eigenteilen für einzelne Diözesen oder Regionen.

Gestühl ↗ Kirchenbänke

Gewänder, liturgische *(Paramente)*
Die im Gottesdienst (Messe, feierliches Stundengebet, Andachten, Weihungen, Segnungen usw.) angelegte besondere Kleidung zur Betonung der sakralen Handlung im Gegensatz zur rein profanen Tätigkeit und zur Unterscheidung der verschiedenen Dienste voneinander. Die wichtigsten liturgischen Gewänder sind: Albe (mit Schultertuch und Stoffgürtel), Chorrock, Kasel (»Messgewand«), Dalmatik, Chormantel, Stola und Pallium. Kasel, Dalmatik, Chormantel und Stola müssen den liturgischen Farben entsprechen.

GGB

Abkürzung für das neue »Gemeinsame Gebet- und Gesangbuch«, das das Gotteslob ablösen wird.

Glaubensbekenntnis

In kurzen formelhaften Merksätzen werden die wesentlichen Glaubensinhalte wiedergegeben. Man unterscheidet zwischen dem Apostolischen Glaubensbekenntnis, das sich aus dem Taufbekenntnis entwickelte, und dem längeren Nizäno-Konstantinopolitanischen Glaubensbekenntnis, welches auf dem Konzil von Konstantinopel 381 beschlossen wurde und sich besonders in der Ostkirche durchsetzte. Das Glaubensbekenntnis in beiden Formen fand 1014 auf Drängen Heinrichs II. unter der Bezeichnung Credo (lat. *Ich glaube*) Einzug in die römische Liturgie. Es wird an Sonn- und Festtagen nach dem Evangelium und der Homilie als Bestätigung auf das Gehörte von der Gemeinde gebetet. Taufbewerbern wird das Glaubensbekenntnis feierlich übergeben und von ihnen durch Aufsagen vor der Gemeinde zurückgegeben.

Das Apostolische Glaubensbekenntnis:
Ich glaube an Gott, den Vater, den Allmächtigen,
den Schöpfer des Himmels und der Erde,
und an Jesus Christus, seinen eingeborenen Sohn, unsern Herrn,
empfangen durch den Heiligen Geist,
geboren von der Jungfrau Maria,
gelitten unter Pontius Pilatus,
gekreuzigt, gestorben und begraben,
hinabgestiegen in das Reich des Todes,
am dritten Tage auferstanden von den Toten,
aufgefahren in den Himmel;
er sitzt zur Rechten Gottes, des allmächtigen Vaters;
von dort wird er kommen, zu richten die Lebenden und die Toten.
Ich glaube an den Heiligen Geist,
die heilige katholische Kirche,
Gemeinschaft der Heiligen,
Vergebung der Sünden,

Auferstehung der Toten und das ewige Leben.
Amen.

Gläubigenbet ↗ Fürbitten

Glocken *(Glockenweihe)*

Dienen der Einladung und dem festlichen Einzug zum Gottesdienst, dem Anzeigen der Höhepunkte (Evangelium und Wandlung) der Messfeier, der Einladung zum privaten Gebet (Angelus), dem Anzeigen von Taufe, Hochzeit und Tod, der Ankündigung von Sonn- und Festtagen, früher auch der Warnung bei Hochwasser und anderen Katastrophen. Somit sind Glocken als Ausstattung der Kirchen vor allem für den gottesdienstlichen Gebrauch bestimmt und werden durch eine eigene Glockenweihe in diesen übernommen: »Segne diese Glocken, die dein Lob künden. Sie sollen deine Gemeinde zum Gottesdienst rufen, die Säumigen mahnen, die Mutlosen aufrichten, die Trauernden trösten, die Glücklichen erfreuen und die Verstorbenen auf ihrem letzten Weg begleiten« (aus dem Segensgebet der Glockenweihe).
Die vor der Liturgiereform an mehreren Stellen während der Messe benutzten Glockenzeichen durch die Altardiener sind heute nur noch während der Wandlung (Konsekration) üblich, aber nicht vorgeschrieben: »Kurz vor der Konsekration kann ein Altardiener ein Glockenzeichen geben; wo es Brauch ist, auch beide Male, wenn der Zelebrant dem Volk die konsekrierten Gestalten zeigt« (AEM 109).

Gloria in excelsis Deo *(hymnus angelicus)*

Einer der wenigen frühchristlichen nichtbiblischen Hymnen, der wie der so genannte Zwillingshymnus Te Deum das Verdikt von Laodicea (um 350) überlebt hat, das sich gegen selbst gemachte Psalmen und Hymnen *(psalmi idiotici)* richtete. Die Bezeichnung *Gloria (in excelsis Deo)* (= Ehre sei [Gott in der Höhe]) stammt vom Anfang der lateinischen Fassung. Früher außer Advents- und Fastenzeit in der täglichen Messe gebräuchlich, seit der Liturgiereform nach dem Zweiten Vatikanischen Konzil nur noch für Hochfeste, Feste, besondere Feiern und alle Sonntage außerhalb von Advents- und Fastenzeit vorgesehen (AEM 31). Entsprechend dem Ursprung seines Anfangs aus Lk 2,14 auch »hymnus angelicus« genannt oder »Große Doxologie« im Unterschied zur »Kleinen Doxologie« des »Gloria Patri«.

Ehre sei Gott in der Höhe
und Friede auf Erden
den Menschen seiner Gnade.
Wir loben dich,
wir preisen dich,
wir beten dich an,
wir rühmen dich
und danken dir,
denn groß ist deine Herrlichkeit:
Herr und Gott, König des Himmels,
Gott und Vater, Herrscher über das All,
Herr, eingeborener Sohn, Jesus Christus.
Herr und Gott, Lamm Gottes, Sohn des Vaters,
du nimmst hinweg die Sünde der Welt:
erbarme dich unser;
du nimmst hinweg die Sünde der Welt:
nimm an unser Gebet;
du sitzest zur Rechten des Vaters:
erbarme dich unser.
Denn du allein bist der Heilige,
du allein der Herr,
du allein der Höchste:
Jesus Christus,
mit dem Heiligen Geist,
zur Ehre Gottes des Vaters.
Amen.

Gloria Patri

Gloria Patri et Filio et Spiritui Sancto (= Ehre sei dem Vater und dem Sohn und dem Heiligen Geist), so genannte »Kleine Doxologie« im Unterschied zum ausführlicheren »Gloria in excelsis Deo«, der »Großen Doxologie«, Ausruf zum Lobpreis der Herrlichkeit Gottes am Ende von Psalmen, Responsorien und (Segens)Gebeten.

Ehre sei dem Vater und dem Sohn *
und dem Heiligen Geist.
Wie im Anfang so auch jetzt und alle Zeit *
und in Ewigkeit. Amen.

Gottesdiensthelfer

Etwas ungenaue Bezeichnung, die im weiteren Sinne jeden meint, der in irgendeiner Weise einen Dienst vor, während oder nach einer gottesdienstlichen Feier übernimmt: Laien als Leiter von Wortgottesfeiern, Zeremoniar, Ministranten, Kantoren, Lektoren, Schola, Chor, Kommunionhelfer, Akolythen, Küster (Mesner). Im engeren Sinne werden damit im deutschsprachigen Raum Frauen und Männer bezeichnet, die zu Lektoren- und Kommunionhelferdienst bestellt werden.

Gotteslob

Titel des 1975 erschienenen einheitlichen Gesangbuches für Deutschland, Österreich und die deutschsprachigen Diözesen Bozen-Brixen, Lüttich und Luxemburg mit einem gemeinsamen Stammteil und verschiedenen Eigenteilen für einzelne Diözesen oder Regionen.
Neben privaten und häuslichen Gebeten, Andachten, Stundengebeten u.a. steht vor allem die Feier der Messe im Mittelpunkt und hat nach der Liturgiereform die neue tätige Teilnahme der Gemeinde sehr gefördert. Das Gesangbuch wurde auch ökumenisch bedeutsam durch die Vereinheitlichung des vorhandenen gemeinsamen Liedguts (im Gotteslob mit »ö« gekennzeichnet). Als wichtige Begleitmittel wurden Kantoren-, Chor-, Orgel-, Vesper- und Werkbuch geschaffen.
Siehe auch GGB

Gottesmutter Maria, Hochfest der

Hochfest innerhalb der Weihnachtsoktav am 1. Januar zu Ehren der Mutterschaft Mariens, sozusagen als Begleitfest oder Anschlussfeier an die Geburt des Herrn.

Graduale
Enthält die Gesänge des Gregorianischen Chorals für die Messliturgie, im Unterschied zum Antiphonale mit den Vertonungen für den gesungenen Vollzug des Stundengebets. Neben dem *Graduale Romanum* gibt es noch das *Graduale simplex* mit einfacheren Melodien. Die Bezeichnung *Graduale* leitet sich vom lat. *gradus* (= Stufe) ab und bezieht sich auf die Stufen zu Altar und Ambo, wo früher das Stufengebet gesprochen bzw. der Antwortpsalm vorgetragen wurde.

Gregorianik
Bezeichnung für den besonderen Stil des liturgischen Gesangs, der auf Gregor den Großen zurückgeführt wird und der grundsätzlich einstimmig ist, in der Melodie sich eng auf den Text bezieht und normalerweise ohne Instrumental-Begleitung gesungen wird. Neben dem umfangreichen lateinischen (römischen) Choral gibt es auch den so genannten *deutschen Choral*, der entweder in der Unterlegung der unveränderten lateinischen Melodien mit deutschem Text oder in der Neukomposition neuer – besser zum deutschen Sprachfluss passenden – Melodien im gregorianischen Stil besteht.

Große Doxologie
↗ Doxologie

Gründonnerstag
Dieser Name für den Donnerstag in der Karwoche stammt wahrscheinlich vom Mittelhochdeutschen *grinen, greinen* = weinen. Während am Vormittag die Chrisammesse mit der Weihe der heiligen Öle gefeiert werden kann, gilt die Abendmesse als *Messe vom Letzten Abendmahl* zum besonderen Gedenken an das (letzte) Abendmahl Jesu mit der Stiftung der Eucharistie als Beginn der Feier der Drei Österlichen Tage (Triduum Sacrum). Als symbolhafte Mahnung an die Gemeinde zur gegenseitigen Liebe ist in der Abendmahlsmesse die Fußwaschung möglich.
Nach dem letzten Erklingen beim feierlichen Gloria schweigen die Glocken, desgleichen die Orgel und andere Musikinstrumente bis zur Osternacht.
Am Ende der Messfeier werden die für die Kommunion am Karfreitag

konsekrierten Hostien feierlich in einer Prozession an einen entsprechenden Ort zur Anbetung überführt. Der Schlusssegen entfällt. Die Altartücher werden weggenommen, die Kreuze entfernt oder verhüllt, ebenso jeder Schmuck.

Allmächtiger, ewiger Gott, am Abend vor seinem Leiden hat dein geliebter Sohn der Kirche das Opfer des Neuen und Ewigen Bundes anvertraut und das Gastmahl seiner Liebe gestiftet. Gib, dass wir aus diesem Geheimnis die Fülle des Lebens und der Liebe empfangen. (Tagesgebet)

Grundsteinlegung einer neuen Kirche
Eigener liturgischer Ritus (Pontifikale IV), meist von einem Bischof geleitet, zur Segnung des Bauplatzes und des Grundsteins und Einfügung des Grundsteins.
Die für den Leiter der Feier (Bischof oder von ihm beauftragter Priester) vorgesehenen Segensgebete sowohl bei der Versammlung der Gemeinde als auch bei der Segnung des Grundsteins beziehen das neu entstehende Bauwerk aus Stein auf die »lebendige« Kirche: Christus ist der Grundstein, die Apostel bilden das Fundament, die Gemeinde den Tempel aus lebendigen Steinen: »Ihr seid auf das Fundament der Apostel und Propheten gebaut; der Schlussstein ist Christus Jesus selbst« (Eph 2, 20; vgl. auch Lk 20, 17 und Apg 4, 11).

Gruppenmesse
Messfeier in einer kleineren Gemeinschaft, die entweder aus einer bestimmten Zielgruppe (z. B. Jugendliche, Senioren, Schulklassen, Klostergemeinschaft) besteht oder aus einem bestimmten Anlass stattfindet, z. B. Hochzeit, Beerdigung, Messe in einem Krankenzimmer. Eine Gruppenmesse kann auch außerhalb eines Kirchenraumes etwa als Hausmesse in einem Wohnhaus oder während einer Jugendfreizeit im Freien gefeiert werden. Auch die Geräte für die Messe sowie der Altar können vergleichsweise einfach sein, sollen aber dennoch der Würde der Feier entsprechen. Lesungen können dem Anlass entsprechend ausgewählt, Fürbitten von Teilnehmern frei formuliert werden etc. Besonders im Eucharistieteil der Messe kann der Gemeinschaftscharakter

intensiv erlebt werden. Wenn es die Gruppengröße erlaubt, kann die Kommunion aus einem Brot gebrochen werden. Auch kann die Kelchkommunion allen Teilnehmer angeboten werden. Die intensiven Erfahrungen einer Gruppenmesse können den Sinn der Teilnehmer für die Liturgie vertiefen. Jedoch darf sie die Teilnehmer nicht von der Gemeinschaft der Pfarrei und der Kirche insgesamt abspalten und nicht am Sonntag gehalten werden.

Gruß *(Begrüßung)*

Zu Beginn eines Gottesdienstes begrüßt der Priester die versammelte Gemeinde. Das deutsche Messbuch sieht hierfür acht verschiedene Formulierungen vor, beginnend mit dem kurzen, am häufigsten verwendeten »Der Herr sei mit euch« (Dominus vobiscum). Die Gemeinde antwortet immer mit »Und mit deinem Geiste«. Dem Bischof ist die Formel »Der Friede sei mit euch« (Pax vobis) vorbehalten. Die ausführlicheren Formulierungen lehnen sich an die Begrüßung an, die Paulus in seinen Briefen verwendet hat: »Gnade sei mit euch und Friede von Gott, unserem Vater, und dem Herrn Jesus Christus« (z.B. Röm 1,7). Die Begrüßung ist immer Zuspruch der Liebe und Fürsorge Gottes an die Gemeinde und kehrt deshalb an Höhepunkten des Gottesdienstes wieder.

Laien als Leiter von Wort-Gottes-Feiern verwenden als Gruß die traditionelle Formel »Gelobt sei Jesus Christus« oder einen Ruf wie z.B. »Unsere Hilfe ist im Namen des Herrn.«

H

Halleluja *(Alleluja)*

Hebräischer Jubelruf (»Lobet/preiset Jah[we]«), der aus dem jüdischen Gottesdienst unübersetzt zur Begrüßung Christi vor dem Evangelium und als typisch österliche Akklamation Eingang in die Liturgie aller christlichen Kirchen gefunden hat. Auch sonst bei vielen Gelegenheiten gebräuchlich, sollte aber nie gesprochen, sondern immer gesungen werden oder ganz entfallen. In der römischen Liturgie wird in der österlichen Bußzeit darauf verzichtet. An der einzigen Stelle, wo das Halleluja im Neuen Testament vorkommt, wird mit dem Ruf Christus, das Lamm, als Sieger über Babylon bejubelt (Offb 19,1–7, vgl. das Anstimmen des Jubelrufs im himmlischen Jerusalem, Tob 13,18). Dagegen weisen viele Psalmen schon das Halleluja auf (104–106, 110–118, 134–135, 145–150).

Hanc igitur

Anfang der lateinischen Fassung von »Nimm gnädig an, o Gott, diese Gaben deiner Diener und deiner ganzen Gemeinde ...«, dem Gebet vor dem Einsetzungsbericht im Ersten Hochgebet mit verschiedenen Formen für Gründonnerstag, Osteroktav, Taufe, Firmung, Eheschließung u.a. Insbesondere bei letzteren Anlässen ist es ein besonderes Fürbittgebet für die, die im Mittelpunkt der Messfeier stehen (Neugetaufte, Firmlinge, Neuvermählte), bringt aber generell zum Ausdruck, »dass die Eucharistie in Gemeinschaft mit der ganzen Kirche, der himmlischen wie der irdischen, gefeiert wird und dass die Darbringung für sie und alle ihre Glieder, die Lebenden wie Verstorbenen, erfolgt, da sie alle zur Teilnahme an dem durch Christi Leib und Blut erlangten Heil der Erlösten berufen sind« (AEM 55g).

Handauflegung *(Handausstreckung)*

Die Handauflegung als Geste zur Herabrufung oder Mitteilung des Heiligen Geistes wird bei Eheschließung, Krankensegnung oder -salbung und Diakonen-, Priester- und Bischofsweihe (Ordination) angewandt. Ansonsten begleitet die Ausstreckung der Hände die Epiklese bei der Eucharistiefeier. Bei der Ordination ist die Handauflegung vor allem auch der Ritus zur Erteilung der Vollmacht in der Nachfolge der Apostel (Apostolische Sukzession).

Handkommunion
Altkirchliche Form des Kommunionempfangs, die bis ins 9. Jahrhundert hinein üblich war. Erst die Entwicklung der kleinen Hostie hat den direkten Kommunionempfang aus der Hand des Priesters in den Mund möglich gemacht. Heute sind beide Formen gleichwertig zugelassen.

Handwaschung ↗ Lavabo

Hausgottesdienst
Kann zweifach verstanden werden. Zum einen ist damit die häusliche Andacht gemeint, die im Rahmen der Familie stattfindet, in verschiedenen deutschen Bistümern durch die Verteilung von Gestaltungsvorschlägen besonders im Advent gefördert. Zum anderen wird darunter eine in einem Privathaus stattfindende Eucharistiefeier (Messe) verstanden, die aus bestimmten Anlässen in einem nicht-kirchlichen Raum gefeiert wird. Gründe können eine Haussegnung sein, eine Eucharistiefeier für einen Kranken oder andere pastorale Anlässe mit dem Ziel der besonders intensiven Teilnahme eines kleinen Personenkreises. Gern wird dabei an die Praxis der ersten Christen bis zur Zerstörung Jerusalems 70 n. Chr. erinnert, als fromme Judenchristen einerseits an der offiziellen Morgen- und Abendliturgie im Tempel teilnahmen, aber die neue, christliche Feier der Eucharistie in den Hausgemeinschaften abhielten: »Tag für Tag verharrten sie einmütig im Tempel, brachen in ihren Häusern das Brot und hielten miteinander Mahl in Freude und Einfalt des Herzens« (Apg 2,46).

Haussegnung
Ritus zur Segnung eines neuen Hauses (oder einer neuen Wohnung), enthalten im Benediktionale, kann auch mit einer Messfeier verbunden werden. In einigen Regionen ist es an Epiphanie üblich, die Häuser und Wohnungen der Gemeinde jährlich wiederkehrend zu segnen, meist in

Zusammenhang mit dem Besuch der Sternsinger, und die Haustür mit z.B. 20C+M+B07 zu bezeichnen, wobei man CBM als Anfangsbuchstaben der Namen Caspar, Melchior und Balthasar oder als Abkürzung für »Christus Mansionem Benedicat« (Christus segne dieses Haus) deuten kann. In allen Fällen einer Haussegnung geht es um den Friedenswunsch für die jetzigen oder künftigen Bewohner des Hauses: »Wenn ihr in ein Haus kommt, so sagt als erstes: Friede diesem Haus!« (Lk 10,5) So spricht der Zelebrant schon bei der Einleitung zur Segnung eines neuen Hauses: »Der Friede sei mit diesem Haus und mit allen, die darin wohnen« und an Epiphanie: »Christus segne dieses Haus und alle, die darin wohnen.«

Haustaufe

Taufe ist Eingliederung in die Kirche, die in der Gemeinde am Ort konkret wird. Das gilt auch von der Säuglingstaufe, bei der die Eltern und Paten vor der Gemeinde die Verantwortung für den Täufling übernehmen. Die Taufe gehört somit in die Pfarrkirche der Gemeinde. Nur in besonderen Ausnahmesituationen, d.h. wenn die Taufe in einer Pfarrkirche praktisch nicht möglich ist oder Lebensgefahr für den Täufling besteht, darf in Krankenhäusern oder in Privathäusern getauft werden.

Hebdomadar

Wo das Chorgebet durchgeführt wird, wechselt der Dienst des Vorbeters und Zelebranten der täglichen (Konvent)Messe im Wochenrhythmus. Vom lat.-griechischen Wort *hebdomada* für Woche wird dieser Diensttuende als *hebdomadar* bezeichnet.

Heilige Drei Könige

↗ Epiphanie

Heilige Stunde

Als Andachtstunde im deutschsprachigen Raum vor allem verbreitet am Gründonnerstag und an den Donnerstagen vor Herz-Jesu-Freitagen, meist verbunden mit dem Gebet für die Priester und um Priesterberufungen.

Heiligen Familie, Fest der *(Familie; Fest der Heiligen)*
Wird zu Ehren der Heiligen Familie Jesus, Maria und Josef am Sonntag in der Weihnachtsoktav gefeiert bzw., wenn das Hochfest der Geburt des Herrn auf den Sonntag fällt, am 30. Dezember. Wie das Tagesgebet es formuliert, ist die Verehrung der Heiligen Familie auch gleichzeitig Verpflichtung, nach diesem »leuchtenden Vorbild« zu leben.

Herr, unser Gott, in der Heiligen Familie hast du uns ein leuchtendes Vorbild geschenkt. Gib unseren Familien die Gnade, dass auch sie in Frömmigkeit und Eintracht leben und einander in der Liebe verbunden bleiben. Führe uns alle zur ewigen Gemeinschaft in deinem Vaterhaus. (Tagesgebet)

Heiligenfeste *(Heiligenverehrung)*
Dienen der liturgischen Verehrung eines Heiligen an einem bestimmten Tag im Kirchenjahr. Dabei wird zwischen Heiligen-*Hochfesten, -Festen* und *-Gedenktagen* unterschieden. Mit universalkirchlichen Hochfesten werden neben Maria die Apostel Petrus und Paulus und der hl. Josef verehrt. Als Hochfest wird auch das jeweilige Patronatsfest eines Bistums, Ordens, Landes oder Ortes gefeiert.

Heiligsprechung *(Seligsprechung)*
Bezeichnung entweder für das ganze Verfahren oder nur für die feierliche Erklärung des Papstes in ritueller Form, die das Verfahren abschließt und die – bei Seligen regional bzw. auf einen Orden begrenzte – kultische Verehrung erlaubt. Sowohl die Heilig- als auch die Seligsprechung können nur vom Apostolischen Stuhl in Rom durchgeführt werden.
Die rituelle Seligsprechung findet sinnvollerweise nach Möglichkeit dort statt, wo der betreffende Selige verehrt wird.

Heortologie
Begriff aus dem Griechischen mit der Bedeutung *Wissenschaft von den Festen,* Teil der Liturgiewissenschaft, der sich mit Herkunft, Entwicklung, Gestalt und Bedeutung der liturgischen Feste im Kirchenjahr befasst.

Herrengebet ↗ Vaterunser

Herrenjahr ↗ Temporale

Herz-Jesu-Fest *(Herz-Jesu-Verehrung; Herz-Jesu-Freitag)*
Relativ junges Hochfest am 3. Freitag nach Pfingsten zu Ehren der Liebe des Herzens Jesu, zurückgehend auf die Visionen der heiligen französischen Nonne Margarete Maria Alacoque (1647–1690). Das Herz-Jesu-Fest ist erst spät (1899) für die gesamte Kirche anerkannt worden.
Über das Hochfest hinaus gibt es an den ersten Freitagen eines jeden Monats die so genannten *Herz-Jesu-Freitage,* mit Heiliger Stunde jeweils am Vorabend.

Allmächtiger Gott, wir verehren das Herz deines geliebten Sohnes und preisen die großen Taten seiner Liebe. Gib, dass wir aus dieser Quelle göttlichen Erbarmens die Fülle der Gnade und des Lebens empfangen. (Tagesgebet)

Himmelfahrt, Christi
Hochfest am 40. Tag der Osterzeit, d.h. zum Osterfestkreis gehörend, was die ursprüngliche Auffassung der zeitlichen und heilsgeschichtlichen Zusammengehörigkeit von Auferstehung und Himmelfahrt am selben Tag (vgl. Lk 24,50f.), dem Ostersonntag, noch widerspiegelt. Der heutige Termin richtet sich nach Apg 1,3: »Ihnen hat er nach seinem Leiden durch viele Beweise gezeigt, dass er lebt; **vierzig** Tage hindurch ist er ihnen erschienen und hat vom Reich Gottes gesprochen.« Die Präfation von Christi Himmelfahrt im derzeitigen Messbuch betont gegenüber dem möglichen Missverständnis, dass Christus die Menschen verlassen haben könnte: »Er kehrt zu dir heim, nicht um uns Menschen zu verlassen, er gibt den Gliedern seines Leibes die Hoffnung, ihm dorthin zu folgen, wohin er als erster vorausging.«

Allmächtiger, ewiger Gott, erfülle uns mit Freude und Dankbarkeit, denn in der Himmelfahrt deines Sohnes hast du den Menschen erhöht. Schenke uns das feste Vertrauen, dass auch wir zu der Herrlichkeit gerufen sind, in die Christus uns vorausgegangen ist. (Tagesgebet)

Himmelfahrt, Mariä ↗ Mariä Aufnahme in den Himmel

Hochamt

Unscharfe Bezeichnung für Messen mit gesungenem Vortrag des Ordinariums (Kyrie, Gloria, Credo, Sanctus, Agnus Dei) durch einen Chor, oft aber einfach auch nur im Unterschied zur Werktagsmesse mit nur gesprochenem Vollzug des Ordinariums für die sonntägliche Messe gebraucht, unabhängig davon, ob ein Chor oder die anwesende Gemeinde singt.

Hochfest *(sollemnitas)*

Höchster Rang in der Festordnung. Hochfeste sind Ostern mit Oktav als höchstes Fest des Kirchenjahres, im Rang gefolgt von Weihnachten ebenfalls mit einer Oktav, Christkönig, Gottesmutter Maria (1. Januar), Epiphanie (6. Januar), Verkündigung des Herrn (25. März), Christi Himmelfahrt, Pfingsten, Dreifaltigkeit, Fronleichnam, Herz Jesu, Johannes der Täufer (24. Juni), Peter und Paul (29. Juni), Mariä Aufnahme in den Himmel (15. August), Unbefleckte Empfängnis Mariens (8. Dezember), Josef (19. März), Allerheiligen (1. November), Patronatsfest des Bistums (Ordens, Landes, Ortes), Jahresgedächtnis der Domkirchweihe und Weihetag der jeweiligen Kirche. Jedes Hochfest beginnt am Vortag mit der 1. Vesper und endet mit der 2. Vesper am Festtag. Die Oktavtage von Ostern haben alle den Rang eines Hochfestes. Einige Hochfeste haben auch eine Vigilfeier.

Hochgebet, Eucharistisches

Hauptgebet im Eucharistieteil der hl. Messe. Mit ihm wird die Wandlung von Brot und Wein in Leib und Blut Jesu Christi vollzogen. Es richtet sich an Gott den Vater, wobei durch den Priester Jesus Christus selber spricht. Es ist Lobpreis auf das Heilswirken Gottes (Anamnese), Opfergebet und Segensgebet mit Bitte um den Heiligen Geist (Epikle-

se) und verfügt über Einschübe mit gedenkendem Charakter (Interzessionen). Das Eucharistische Hochgebet basiert auf dem jüdischen Lobpreis (hebräisch Beraka) vor einer Mahlzeit, welches vom Hausherrn gesprochen wurde. Jesus hat diesen Lobpreis bei den Mahlzeiten mit seinen Jüngern und besonders beim Letzten Abendmahl gebetet. Das Hochgebet besteht aus der Präfation, welche mit dem Sanctus-Benedictus-Gesang abschließt, der Bitte um den Heiligen Geist, der Anamnese, die in den Einsetzungsworten gipfelt, auf die die Antwort der Gemeinde in der so genannten Akklamation (Ruf) – »Deinen Tod, o Herr, verkünden wir, deine Auferstehung preisen wir, bis du kommst in Herrlichkeit« – folgt. In den Interzessionen zeigt die feiernde Gemeinde ihre Gemeinschaft mit der Gesamtkirche, dem Papst, dem Ortsbischof und den Priestern und Diakonen, mit den Heiligen, den Lebenden und den Verstorbenen. Dadurch kommt das universelle Heil zum Ausdruck, das Jesus durch sein Opfer am Kreuz geschenkt hat. Das Hochgebet schließt mit der Doxologie: »Durch ihn und mit ihm und in ihm (gemeint ist Jesus Christus) sei dir Gott, allmächtiger Vater, in der Einheit des Heiligen Geistes alle Herrlichkeit und Ehre jetzt und in Ewigkeit«. Die Gemeinde antwortet mit einem (gesungenen) »Amen« – »So sei es«.
Das Hochgebet gibt es in folgenden Textfassungen:
Hochgebet I bis IV, Hochgebet zum Thema »Versöhnung«, Hochgebet für Messfeiern für besondere Anliegen (in vier Varianten), drei Hochgebete für Messfeiern mit Kindern, Hochgebet für Messfeiern mit Gehörlosen.
Das Erste Hochgebet ist mit dem römischen Kanon identisch, und das Zweite basiert auf einem sehr alten Hochgebet. Die übrigen sind im Rahmen der Liturgiereform des Zweiten Vatikanischen Konzils entwickelt worden.

Höhere Weihen *(ordines maiores)*
Früher Bezeichnung für die Weihe zum Bischof, Priester oder Diakon, zeitweise auch für die Weihe zum Subdiakon. Da die Niederen Weihen durch Beauftragungen zum »Dienst« des Lektors oder Akolythen ersetzt wurden, ist die Bezeichnung *Höhere Weihen* heute nicht mehr gebräuchlich.

Homilie
Aus dem Griechischen, bedeutet Auslegung eines heiligen Textes im Gottesdienst. Laut AEM 41 sollte die Predigt im Gottesdienst eine Homilie sein und sich auf die Schriftlesungen oder andere Texte der Messe beziehen, um daraus Wegweisung für das Leben der Gemeindemitglieder abzuleiten. Für die Sonntagsmesse ist die Homilie verbindlich, für Werktagsmessen – vor allem in der Advents-, Fasten und Osterzeit – empfohlen. Die Homilie während einer Messfeier ist dem Priester oder Diakon vorbehalten.

Hosanna *(Hosianna)*
Ursprünglicher Bittruf (»Hilf doch!«) an Gott oder König, der heute als jubelnde Akklamation in der Liturgie das dem Sanctus hinzugefügte Benedictus begleitet: Hosanna in der Höhe! *Hosanna* ist die aramäische Form, *Hosianna* ist der hebräischen Fassung näher, die so Ps 118,25 (hoschia-na) entnommen wurde. In anderen Psalmen bzw. anderen Schriften des AT findet sich die kürzere Form *hoschia* ohne die betonende Nachsilbe *-na*: Hilf doch! Diese Bitte konnte an Gott (Ps 59,3; Ps 71,2), den König oder eine andere Instanz gerichtet werden und war eine Möglichkeit, lautstark einen Rechtsanspruch anzumelden (2 Sam 14,4; 2 Kön 6,26). Dieser Hilferuf entwickelte sich im Laufe der Zeit zu einem Heilsruf des Bittenden, der auf die sichere Rettung vertraut und dem Retter zujubelt (Ps 18,4; Ps 98,1). So auch beim Einzug Jesu in Jerusalem: »Die Leute, die vor ihm hergingen und die ihm folgten, riefen: Hosanna! Gesegnet sei er, der kommt im Namen des Herrn! Gesegnet sei das Reich unseres Vaters David, das nun kommt. Hosanna in der Höhe!« (Mk 11,9–10). Dabei spielt der Jubelruf auch auf den Namen *Jesu* an, denn in *Jesus* als Kurzform von *Jehoschua* (= Gott ist die Rettung) steckt derselbe hebräische Wortstamm für *retten, helfen.*

Hostie
Von lat. *hostia* (= Opfertier, Opfergabe), womit in frühchristlicher Zeit zuerst Christus, das sich selbst dargebrachte Opfer, gemeint war (vgl. Eph 5,2), später die Opfergaben, die man zur Eucharistie mitbrachte. Die heutige Form der kleinen, »handlichen« Hostien sollte eigentlich durch die Liturgiereform abgelöst werden durch zwar ungesäuertes,

aber doch wieder deutlicher erkennbares Brot, es sei denn, die Menge der Kommunikanten steht dem entgegen (AEM 283). Aber auch in Gemeinden mit wenig Teilnehmenden hat sich das in der Praxis bisher kaum durchgesetzt, und der Ritus des Brotbrechens beschränkt sich auf das Teilen einer einzigen, größeren Hostie, deren Stücke nur an ein paar wenige ausgeteilt werden können.
Heute werden allgemein Hostien verwendet, die durch ihre Dicke wieder deutlicher als Brot erkennbar sind als die jahrhundertelang üblichen sehr dünnen weißen Hostien (»Esspapier«).

Hubertusmesse
Votivmesse zu Ehren des hl. Hubert, des Schutzpatrons der Jäger und Schützengilden, gefeiert am 3. November, oft mit Jagdhörnern musikalisch gestaltet.

Hungertuch
Besser *Fastentuch* (Fastenvelum), ursprünglich einfach schwarz oder violett gefärbt und zum Verhüllen des Altars während der Fastenzeit benutzt, wird es heute mit entsprechender Gestaltung vor allem von Misereor zur Veranschaulichung sozial-caritativer Anliegen eingesetzt. Dagegen hatte die barocke Verwendung der Hungertücher die Darstellung und bildliche Präsentation des Leidens Jesu zum Ziel.

Hymnus
Zunächst sind Hymnen Gesänge der frühen Kirche, die sich an die Psalmendichtung anlehnten. Dazu gehören die neutestamentlichen Cantica (lat. = Lieder). Als wichtigste sind die des 1. und 2. Kapitels des Lukasevangeliums zu nennen: Benedictus, Magnificat und Nunc dimittis (siehe dort), hinzu kommen solche aus den Briefen des Apostels Paulus und aus der Offenbarung, z.B. der Hymnus aus dem Philipperbrief (Phil 2,6–11). Von den Hymnen der frühen Kirche ist das Gloria in das Ordinarium der Messe eingegangen. Außerdem hat das Te Deum Bedeutung erlangt.
Seit dem 4. Jh. werden als Hymnen darüber hinaus Gesänge bezeichnet, deren Texte in Strophen gegliedert sind. Der häufigste Typ hat acht Strophen mit vier Versen mit einer gleichbleibenden Zahl von Silben

(jambischer Dimeter). Der Endreim der einzelnen Verse entspricht nicht der lateinischen Dichtkunst und hat sich erst im Mittealter durchgesetzt.
Der Hymnus endet mit einer Strophe, mit der der dreifaltige Gott geehrt wird (Doxologie-Strophe). Viele Hymnen gehen auf den hl. Bischof Ambrosius von Mailand zurück. Sie werden daher als ambrosianische Hymnen bezeichnet. Im Stundengebet steht zu Beginn jeder Hore (lat. = Stunde) ein Hymnus. Er bezieht die Tageszeit auf die Heilsgeschichte, z.B. den Morgen auf die Stunde der Auferstehung, und hat lobenden Charakter wie z.B. der Laudeshymnus an Sonn- und Festtagen »O höchster Schöpfer aller Welt« (»Rerum creator conditur«).

hymnus angelicus ↗ Gloria in excelsis Deo

I

Ideenfeste

Besondere Feste, deren Gegenstand nicht das Gedächtnis an ein bestimmtes Heilsereignis darstellt, sondern eine Glaubenswahrheit (Dogma) wie z.B. die Heilige Dreifaltigkeit, die Realpräsenz Christi in der Gestalt des konsekrierten Brotes (Fronleichnam), die in Christus menschgewordene Liebe Gottes und die Herrschaft Christi als König über die ganze Schöpfung. So gelten unter den Hochfesten Dreifaltigkeits-, Fronleichnams-, Herz-Jesu- und Christkönigsfest als Ideenfeste. Darüber hinaus sind viele Marienfeste Ideenfeste, teils in dogmatischen Aussagen, teils in historischen Ereignissen der Kirchengeschichte begründet.

Improperien

Von lat. *improperia* (= Vorwürfe), Bezeichnung für die Gesänge zur Kreuzverehrung am Karfreitag, in denen Christus als Erlöser an die in alttestamentlicher Zeit erwiesenen Heilstaten erinnert, zu denen das in der Passion erlittene Unrecht im Widerspruch steht: »Mein Volk, was habe ich dir getan, womit nur habe ich dich betrübt? Antworte mir. Aus der Knechtschaft Ägyptens habe ich dich herausgeführt. Du aber bereitest das Kreuz deinem Erlöser …« Kern der Improperien ist das *Trishagion,* das dreifache *Heiliger, starker Gott.*

In praesentatione Domini ↗ Darstellung des Herrn

Insignien

Bezeichnung von lat. *insignia* (Kennzeichen, Abzeichen [eines Amtes oder Standes]) für die nur von berechtigten Personen getragenen bzw. verwendeten Amtsabzeichen je nach ihrem Rang. Besonders bekannt sind die Pontifikalinsignien des Bischofs: Kathedra, Hirtenstab (Bischofsstab), Ring, Mitra, Brustkreuz und Pallium, sowie bei Priester und Diakon die Stola.

Institute, liturgische

Im deutschsprachigen Raum in Deutschland, in Österreich und in der Schweiz vorhandene Einrichtungen, gegründet gemäß SC 44 zur Unterstützung der Liturgischen Kommissionen der jeweiligen Bischofskonferenzen sowie zur direkten Förderung des katholischen Gottesdienstes im deutschsprachigen Raum und als Schnittstelle von wissenschaftlicher Theologie und liturgischer Praxis, von kirchlichen Institutionen und Gemeinden. Alle drei Institute sind (neben weiteren eigenen Veröffentlichungen) gemeinsam Herausgeber der Zeitschriften *Gottesdienst* und *praxis gottesdienst*; auch tragen sie mit dem Bildungsprogramm *Liturgie im Fernkurs* im besonderen Maße Sorge für die liturgische Bildung.
http://www.liturgie.at
http://www.liturgie.de
http://www.liturgie.ch

Interkommunion *(Abendmahlsgemeinschaft; Eucharistiegemeinschaft)*

Die gegenseitige Zulassung zur Kommunion verschiedener Kirchen. Katholiken können die Kommunion in allen Riten empfangen, die mit dem Bischof von Rom in Gemeinschaft stehen, also auch in den unierten Ostkirchen. Anlass zu Auseinandersetzungen gibt es immer wieder in Bezug auf die Kirchen der Reformation. Hier erlaubt das unterschiedliche Amts- und Eucharistieverständnis die Interkommunion im Grundsatz nicht. Ausnahmen gibt es in Notsituationen, wenn der evangelische Christ das katholische Eucharistieverständnis teilt.

Inthronisation

Als Begriff in den deutschen liturgischen Büchern nicht mehr zu finden, bezeichnet *Inthronisation* den Vorgang, dass der neu geweihte Bischof, sofern er in seiner Bischofskirche geweiht wurde, unmittelbar nach dem Weihevorgang zum Zeichen für die Übernahme der Amtsgewalt auf der Kathedra Platz nimmt. Ähnlich geschieht es bei der Abt- und Äbtissinenweihe.

Intinktion

Von lat. *intingere* (= eintauchen), Bezeichnung für die Form der Kelchkommunion, bei der die Hostie in den konsekrierten Wein getaucht wird. Das Eintauchen nimmt ausschließlich der Kommunionspender vor, nicht der Kommunikant, womit Handkommunion praktisch ausgeschlossen ist.

Intonation

Anstimmen eines Gesangs durch Zelebranten oder Kantor, in der Messe so gut wie nicht mehr vorgesehen, aber noch beim Stundengebet: »Die Antiphonen, die Psalmen und andere Gesänge werden von einem Kantor – oder mehreren Kantoren – angestimmt« (AES 260).

Introitus

Von lat. *introire* (= hineingehen), Bezeichnung entweder für den Vorgang des Einzugs des Altardienstes oder für den begleitenden Gesang, sei es eine *antiphona ad introitum* aus dem Graduale (Choral) oder ein Lied. »Ist die Gemeinde versammelt, beginnt man beim Einzug des Priesters und jener, die einen besonderen Dienst versehen, mit dem Gesang zur Eröffnung. Er hat die Aufgabe, die Feier zu eröffnen, die Verbundenheit aller Teilnehmer zu vertiefen, sie in das Mysterium der liturgischen Zeit oder des Festes einzuführen sowie den Einzug des Priesters und jener, die einen besonderen Dienst versehen, zu begleiten« (AEM 25). Ist es nicht möglich, zum Einzug zu singen, dann kann der Eröffnungsvers vorgetragen oder von der ganzen Gemeinde gesprochen werden.

Invitatorium

Von lat. *invitare* (= einladen), Bezeichnung für den Beginn des Stundengebetes am Morgen, sozusagen eine Gebetseinladung, praktischerweise eine Art Überbrückungszeit vom pünktlichen Beginn bis zum endgültigen Eintreffen aller, vor allem in den Klöstern zu früher Stunde. Das Invitatorium besteht aus dem Vers »Herr, öffne meine Lippen, damit mein Mund dein Lob verkünde« und einer Antiphon, die traditionellerweise mit Psalm 95 (94) angestimmt wird. Anstelle dieses Psalms können seit der Neuordnung des Stundengebetes auch die Psalmen

100 (99), 67 (66) oder 24 (23) genommen werden (vgl. AES 34 und 35).

Invocabit

Erstes Wort des Eröffnungsverses am 1. Fastensonntag im Römischen Graduale, mit dem dieser früher oft bezeichnet wurde, in der ev. Kirche bis heute: »Invocabit me, et ego exaudiam eum. Eripiam eum, et glorificabo eum. Longitudine dierum adimplebo eum.«
Der Vers stammt aus Psalm 91 (90),15–16: »Wenn er mich anruft, dann will ich ihn erhören. Ich bin bei ihm in der Not, befreie ihn und bringe ihn zu Ehren. Ich sättige ihn mit langem Leben (und lasse ihn schauen mein Heil).«

Inzens ↗ Weihrauch

Itinerarium ↗ Reisegebet

J

Jahreskreis *(Allgemeine Kirchenjahrzeit; Kirchenjahr; Zeit im Jahreskreis)*
Jahreskreis der kirchlichen Feste, kurz und einfach *Kirchenjahr* genannt, d.h. die Gesamtheit der Sonntage und Feste eines Jahres einschließlich der Heiligenfeste. Höhepunkte sind die geprägten Zeiten Advent mit Weihnachtsfestkreis und Fastenzeit mit Osterfestkreis bis Pfingsten. Im Gegensatz zum bürgerlichen Jahr beginnt das Kirchenjahr mit dem Advent, allerdings nicht im historisierenden Gedenken an die Lebensgeschichte Jesu, sondern durch die konkrete Vorbereitung auf das Geburtsfest als Vorbereitungszeit auf das endgültige (endzeitliche) Kommen Jesu. Die heilsgeschichtliche Mitte des Kirchenjahres bildet Ostern als Fest der Auferstehung, deren Gedächtnis aber auch jeden Sonntag gefeiert wird, weshalb die Neuordnung des Kirchenjahres im Zuge der Liturgiereform die Sonntage weitgehend von Heiligenfesten freigemacht hat.

Jahrgedächtnis *(anniversarium; Jahrtag)*
Jährlich wiederkehrendes Gedenken an den Todestag (als »Geburtstag« für den Himmel) eines Verstorbenen, besonders von Märtyrern, an die Bischofsweihe (»Geburtstag des Bischofs«) und die Papstwahl, die Weihe einer Kirche, an den Tag der Taufe, Trauung, Priesterweihe oder Ordensprofess.

Johannes der Täufer
Hochfest gemäß Lk 1,36a sechs Monate vor dem weihnachtlichen Geburtsfest am 24. Juni, aber auch inhaltlich mit dem Weihnachtsfestkreis eng in Verbindung stehend, neben dem Fest zur Feier der Geburt Marias und dem Geburtsfest Christi das dritte Geburtsfest des Römischen Kalenders. Am 29. August wird mit dem Gedenktag »Enthauptung Johannes' des Täufers« des Martyriums des Vorläufers Jesu gedacht.

Gott, du hast den heiligen Johannes den Täufer berufen, das Volk des Alten Bundes Christus, seinem Erlöser, entgegenzuführen. Schenke deiner Kirche die Freude im Heiligen Geist und führe alle, die an dich glauben, auf dem Weg des Heiles und Friedens. (Tagesgebet)

Josef, heiliger

Hochfest am 19. März zu Ehren des Bräutigams der Gottesmutter Maria, ein in der Kirchengeschichte relativ spät entstandenes Fest, was der Unscheinbarkeit dieser Gestalt entspricht, über die wir eigentlich so gut wie nichts wissen. Die heutige Form des Festes im Messbuch stellt den heiligen Josef als treu sorgenden Hausvater dar, dem der Herr (Gott Vater) seine Familie anvertraut hat.

Allmächtiger Gott, du hast Jesus, unseren Heiland, und seine Mutter Maria der treuen Sorge des heiligen Josef anvertraut. Höre auf seine Fürsprache und hilf deiner Kirche, die Geheimnisse der Erlösung treu zu verwalten, bis das Werk des Heiles vollendet ist. (Tagesgebet)

Judica

Erstes Wort des Eröffnungsverses am 5. Fastensonntag im Römischen Graduale, mit dem dieser früher oft bezeichnet wurde: »Iudica me Deus, et discerne causam meam de gente non sancta. Ab homine iniquo et doloso eripe me. Quia tu es Deus meus, et fortitudo mea. Der Vers stammt aus Psalm 43 (42),1–3: Verschaff mir Recht, o Gott, und führe meine Sache gegen ein treuloses Volk! Rette mich vor bösen und tückischen Menschen! Denn du bist mein starker Gott.«

Jugendgottesdienst

Bezeichnung für Formen von Gottesdiensten, die besonders Jugendliche ansprechen sollen. Jugendliche befinden sich in einer Phase des Nicht-mehr-Kindseins und Noch-nicht-Erwachenseins. Sie stellen viele vorgefundenen Ordnungen und Regeln infrage, so auch die der Gottesdienste, die sie kennengelernt haben. Andererseits wünschen sie sich Orientierung und ein Ernstnehmen ihrer Fragen und ihrer Suche. Jugendgottesdienste sind daher nicht in erster Linie durch eine besondere äußere Gestaltung mit fetziger Musik oder einem lockeren Stil gekennzeichnet. Vielmehr werden in die Gottesdienst die Themen hineingenommen, die Jugendliche beschäftigen. Dies geschieht durch die

Auswahl der Texte, Form und Inhalt der Predigt, Fürbitten und Musik. In einem Jugendgottesdienst kommen Jugendliche selbst zu Wort. Beispielsweise tragen sie selbst vorbereitete Fürbitten oder einen meditativen Text vor. Auch tragen sie zur musikalischen Gestaltung bei. Ein Jugendgottesdienst ist nicht notwendigerweise eine Eucharistiefeier. Morgen- oder Abendlob bieten in der Regel den Jugendlichen bessere Möglichkeiten, ihre eigenen Ideen einzubringen. In den geprägten Zeiten – vor allem in der Advents- und der Fastenzeit – sind sog. Frühschichten, d.h. Morgenlob, beliebt. Einen großen Einfluss auf die Gestaltung von Jugendgottesdiensten hat Taizé, die ökumenische Brüdergemeinschaft in Burgund, die seit der Nachkriegszeit Jugendliche aus ganz Europa zum Mitbeten und Mitleben einlädt. Die meditativen Gesänge aus Taizé sind zum festen Bestandteil vieler Jugendgottesdienste geworden. Zu den Jugendgottesdiensten zählen Gruppengottesdienste, die beispielsweise während einer Ministrantenfreizeit oder einer Firmvorbereitung gefeiert werden. Für Jugendliche besonders ansprechende Gottesdienste bieten Großereignisse wie ein Weltjugendtag oder ein Katholikentag. Bei allen Möglichkeiten, gelungene Jugendgottesdienste zu gestalten, stellt sich jedoch gleichzeitig ein grundsätzliches Problem: Aus der derzeitigen Situation heraus, dass Jugendliche kaum mehr Zugang zu den Gemeindegottesdiensten haben, findet ein ständiges Ringen um eine jugendgemäße Gestaltung der Messe und anderer Formen von Gottesdienst (Jugend-Vespern, Nachtschicht …) statt. Das Problem all dieser Ansätze ist sowohl ihre Untauglichkeit für den häufigen, regelmäßigen Gebrauch als auch die damit noch stärker als bei Familiengottesdiensten verbundene Trennung vom Gottesdienst der Gemeinde. Die derzeitigen psychologischen und anthropologischen Erklärungen zielen mit ihrem Verständnis für die besondere Andersartigkeit des Lebensabschnittes Jugend am Kernproblem vorbei: Junge Menschen sehen sehr genau hin, suchen gelebte Vorbilder und stellen hohe Anforderungen an die Einheit von Leben und Lehre, an die Authentizität der Gemeinde und ihren Gottesdienst. Schriften, die sich mit Jugendlichen auseinandersetzen, sind die folgenden Arbeitshilfen der Deutschen Bischofskonferenz: Nr. 141 – Ministranten- und Ministrantinnenpastoral (1998); Nr. 10 – Miteinander unterwegs; an die Mitarbeiter in der Jugendpastoral (1979) sowie die Erklärung der deutschen Bischöfe; Nr. 59 – Geistliche Leitung in den katholischen Jugendverbänden (1997).

Jungfrauenweihe

Ritus im Pontifikale (II), der laut Dekret der Kongregation für den Gottesdienst von 1970 »zu den kostbarsten Schätzen der römischen Liturgie gehört«. Gemeint ist damit aber nicht in erster Linie der Ritus als solcher, sondern die Symbolkraft, die von einem mit dem freiwilligen Verzicht auf Ehe und Kinder geführten, Gott geweihten Leben ausgehen kann. Mit der Jungfrauenweihe, zu der nicht nur Ordensfrauen, sondern auch in der Welt lebende Frauen zugelassen werden können, werden verschiedene Verpflichtungen übernommen, die im regelmäßigen Gebet (Stundengebet der Kirche) und je nach Möglichkeiten in Werken der Barmherzigkeit und Aufgaben des Apostolats bestehen.

K

Kalender ↗ Diözesankalender ↗ Generalkalender ↗ Namenstagskalender ↗ Ordenskalender ↗ Regionalkalender

Kanon

Allgemein griech. für »Richtschnur«, liturgisch Kurzbezeichnung für den »Römischen Messkanon«, im deutschen Messbuch als erstes Eucharistisches Hochgebet enthalten, von lat. *canon* (actionis) (= Regel der Handlung). Im Mittelalter wurde nur der Teil des Hochgebetes nach dem Sanctus als Kanon bezeichnet, da der Teil davor, nämlich die Präfation, wählbar ist. Im Missale Romanum wie im Deutschen Messbuch stehen ebenfalls verschiedene Präfationen, die auf das jeweilige Festgeheimnis eingehen, zur Auswahl. Durch diese Zweiteilung wurde das Verständnis dafür abgeschwächt, dass das Hochgebet als ein einziger Lobpreis angelegt ist. Weiterhin wird der feststehende Kanon durch die Einfügung des Festgeheimnisses durchbrochen. Diese Einfügung steht nach der Nennung Mariens im Hochgebet vor dem Einsetzungsbericht. Auch können die beiden so genannten Märtyrerlisten mit Namen von Heiligen der frühen Kirche gekürzt werden.

Kantillation

Art und Weise, einen sonst gesprochenen Text (Lesungen und Gebete) in feierlich gehobener Weise vorzutragen, auch *Sprechgesang* genannt. Kantillation ist nicht Gesang, sondern verdeutlicht und unterstreicht den Rhythmus und die Tonhöhen des natürlichen Sprechvorgangs und betont die Struktur und Aussage des Textes. Davon zu unterscheiden ist auch der Tonus Rectus (siehe dort).

Kantor

Lateinisch: Sänger. Vorsänger im Gottesdienst und ggf. Leiter einer Schola. Der Kantor singt den Antwortpsalm nach der Lesung, die Messgesänge im Wechsel mit der Gemeinde sowie ggf. weitere Sologesänge. Er erfüllt einen für die Gestaltung eines Gottesdienstes sehr wichtigen Dienst, besonders dann, wenn aus unterschiedlichen Gründen auf die Orgel oder andere Instrumente verzichtet wird. Die Tagzeitenliturgie ist auf einen Kantor, bzw. eine kleine Schola angewiesen, der oder die Psalmen, Hymnen und andere Gesänge mit der Gemeinde im Wechsel singen. Für den Kantorendienst können geeignete Laien einer Gemeinde durch den hauptamtlich tätigen Kirchenmusiker geschult werden.

Kantorenbuch
Als »Kantorenbuch zum Gotteslob« liturgisches Buch mit Notation und Melodiehinweisen für den gesungenen Vortrag der Antwortpsalmen an Sonn- und Festtagen.

Kanzel
Ursprünglich Predigtstuhl, aus Gründen der Akustik seitlich im Kirchenraum erhöht angebracht und mit einem Schalldeckel versehen. Heute ist der Ambo als Ort der Verkündigung auch Ort der Predigt (Homilie); seine Stellung im Altarraum bezeugt die Einheit vom Tisch des Wortes und Tisch des Brotes.

Kapelle
Raum, der zwar für Gottesdienste oder Andachten bestimmt und eingerichtet ist, aber nicht als Pfarrkirche gilt. Auch die Nebenräume in Kirchen mit eigenen Altären werden Kapellen genannt. Der Name kommt vom Mantel (lat. *cappa*) des heiligen Martin, der in einem besonderen Raum aufbewahrt wurde. Für die Segnung einer Kapelle gibt es im Pontifikale (Band IV) einen eigenen Ritus.

Kaplan *(Kooperator)*
Allgemein übliche Bezeichnung für den Hilfspriester (Kooperator) in einer Pfarrei, eine Position, die in der

Regel jeder neu geweihte Diözesanpriester durchlaufen muss, bevor er selbst die Leitung einer Pfarrei übernehmen kann.

Karfreitag

Der Freitag vor Ostern ist als Tag des Sterbens Jesu am Kreuz Teil der österlichen Dreitagefeier (Triduum Sacrum). Der Name stammt von althochdeutsch *kara* (= trauern). Am Karfreitag findet keine Eucharistiefeier statt, sondern ein Wortgottesdienst zur Todesstunde Jesu, um die neunte Stunde (= 15 Uhr; Mt 27,46). Die Hauptelemente der Karfreitagsliturgie bilden der Passionsbericht, die Kreuzverehrung, bei der das enthüllte Kreuz nacheinander von den Gläubigen durch eine entsprechende Geste der Anbetung (Verneigung, Kniebeuge o.ä.) verehrt wird, und die großen Fürbitten. Seit der Neuordnung der Karwochenliturgie 1955 gehört auch der Kommunionempfang mit am Gründonnerstag konsekrierten Hostien für die Gläubigen zur Karfreitagsliturgie. Zuvor kommunizierte nur der Priester, während für die Gläubigen ein eucharistisches Fasten zum Zeichen der Trauer galt.
Die liturgische Farbe des Karfreitags ist rot als Farbe des Martyriums, des Opfers, aber auch des Königs.
Ebenso wie der Aschermittwoch ist der Karfreitag in der katholischen Kirche ein gebotener Abstinenztag.

Karsamstag

Teil des Österlichen Triduums, ohne Eucharistiefeier, weshalb das Deutsche Messbuch für diesen Tag nur vermerkt:
»Am Karsamstag verweilt die Kirche am Grab des Herrn und betrachtet sein Leiden und seinen Tod. Das Messopfer wird nicht gefeiert, der Altar bleibt unbedeckt. Erst in der Osternacht, in der die Kirche die Auferstehung des Herrn erwartet, bricht die österliche Freude durch, die sich durch fünfzig Tage in ihrer ganzen Fülle entfaltet.
Die heilige Kommunion kann am Karsamstag nur als Wegzehrung gereicht werden.«

Karwoche

Beginnend mit dem Palmsonntag wird in der Woche vor Ostern, die auch als Heilige oder Hohe (Große) Woche bezeichnet wird, in besonderer Weise der Passion Christi gedacht. Der Name leitet sich von althochdeutsch *kara* (= trauern) ab. In der alten römischen Kirche wurde das zunächst zweitägige Fasten vor Ostern in Anlehnung an den Ritus in Jerusalem auf eine Woche ausgedehnt. Die Jerusalemer Kirche wiederum war nach Auffinden der Stätten des Leidens Jesu im 4. Jh. darum bemüht, die Passion zum rechten Zeitpunkt am historischen Ort nachzuvollziehen. Dementsprechend begann man die Heilige Woche am Palmsonntag mit der Feier des Einzuges Jesu in Jerusalem. Dabei ging es um Anteilnahme am Heilsgeschehen und um seine Wirkung in der Gegenwart. Mit der Messfeier vom Letzten Abendmahl beginnen die Drei Österlichen Tage (Triduum Sacrum). Während der Karwoche sieht die Leseordnung die alttestamentlichen Gottesknechtlieder bei Jesaja und die Lesungen über die Geschehnisse vor der eigentlichen Passion vor, z.B. am Mittwoch den Verrat durch Judas. Fallen andere Feste (z.B. das Hochfest der Verkündigung des Herrn am 25. März) in die Karwoche, werden diese verschoben.

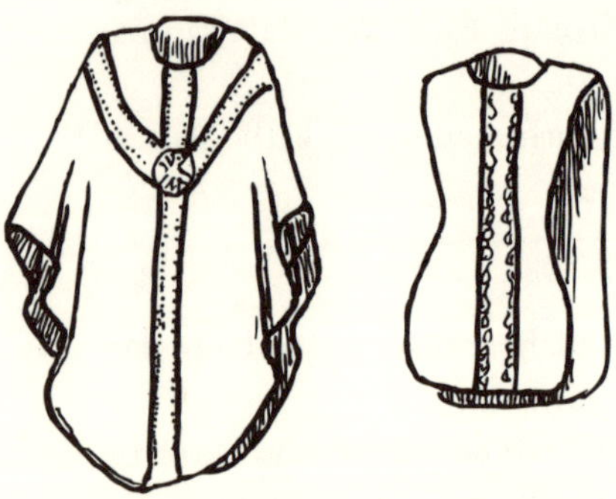

Kasel *(Messgewand)*
Messgewand des Priesters und Bischofs (vgl. Dalmatik) von lat. *casula*. Die Kasel entspricht wie Dalmatik, Chormantel und Stola den liturgischen Farben. Ihre Form hat sich im Laufe der Jahrhunderte stark verändert. Die heutige Form greift in der Regel auf den antiken halbkreisförmigen Schnitt *(Glockenkasel)* zurück.

Katechumenat *(Initiation)*
Griech. *Mündlicher Unterricht*. Vorbereitungszeit vor der Aufnahme in die Gemeinschaft der Kirche durch die Initiationssakramente Taufe, Firmung und Eucharistie. Das Erwachsenenkatechumenat wurde durch das Zweite Vatikanische Konzil neu belebt. Es sieht vor, dass der Katechumene, also der Taufbewerber, in die kirchliche Gemeinde hineinwächst und nicht nur intellektuell über den Glauben unterrichtet wird. Durch die »Feier der Aufnahme« gehört der Katechumene

schon der Kirche an und nimmt in der Regel für mindestens ein Jahr am Katechumenenkreis teil, in dem eine vertiefte Auseinandersetzung mit dem Glauben stattfindet. In dieser Phase wählt der Katechumene seinen Paten. Zu Beginn der Fastenzeit folgt die »Feier der Zulassung«, sie findet oft zentral in einer Diözese unter der Leitung des Bischofs statt. Die Bewerber bringen darin ihren Wunsch, die Initiationssakramente zu empfangen, deutlich zum Ausdruck. Während der folgenden Zeit bis zur Osternachtfeier wird der Katechumene durch Bußfeiern und verschiedene Riten intensiv vorbereitet. Die Riten sind: Feierliche Übergabe des Glaubensbekenntnisses und des Vaterunsers und Wiedergabe derselben durch Aufsagen; Effata-Ritus, bei dem ein Kreuzzeichen auf Ohren und Mund des Bewerbers gezeichnet wird (hebr. effata = öffne dich!); Bußfeiern; Namensgebung; Salbung mit Katechumenenöl.

Katechumenenmesse

In der alten Kirche wurden die Katechumenen und andere Ungetaufte bei der Messfeier nach der Predigt entlassen. Die Eucharistiefeier war allein den getauften Christen vorbehalten. Dies hatte mit der so genannten Arkandisziplin zu tun, die im 3.–5. Jh. aufkam und verlangte, dass nur Getaufte etwas von den kirchlichen Riten und hl. Worten erfahren durften.

Kathedra *(Cáthedra)*

Sitz des Ortsbischofs im Gottesdienst in seiner eigenen Kathedrale als Zeichen seines Amtes als Lehrer und Oberhaupt der Ortskirche, abgeleitet vom Thron des Fürsten und Richters. Früher war der Sitz in der Regel von einem Baldachin als Hoheitszeichen überdacht, heute nur noch dort, wo kunsthistorisch wertvolle Baldachine erhalten blieben. Die Bezeichnung *Kathedra* kommt ähnlich dem Wort *Katheder* aus dem Griechischen und bedeutet *Sitz, Sessel*. Man denke auch an das deutsche Wort *Lehrstuhl*.

Kathedra Petri *(Cathedra Petri; Petri Stuhlfeier)*

Fest des Apostels Petrus am 22. Februar, auch *Petri Stuhlfeier* genannt. Die Bezeichnung kommt von der antiken Sitte, sich jährlich zu diesem

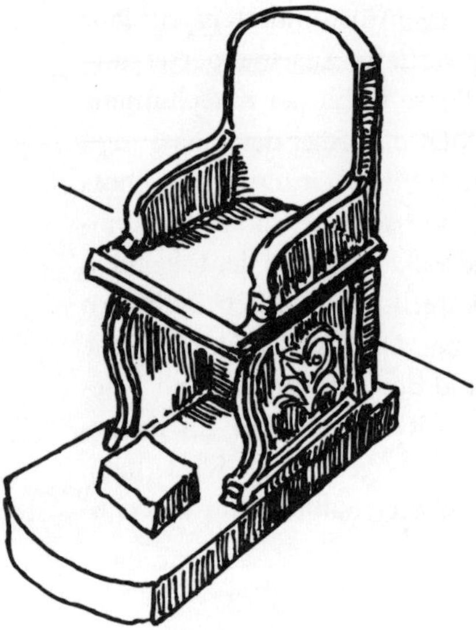

Datum am Grabmal eines Verstorbenen zu versammeln, dort zu Ehren des Toten auch zu speisen und bei dieser Gelegenheit einen freien Stuhl (Cathedra) für den Verstorbenen bereitzustellen. Der Todestag des hl. Petrus ist unbekannt, der 22. Februar wurde zu seinem Gedächtnistag.

Allmächtiger Gott,
das gläubige Bekenntnis des Apostels Petrus ist der Felsen,
auf den du deine Kirche gegründet hast.
Lass nicht zu,
dass Verwirrung und Stürme
unseren Glauben erschüttern.
(Tagesgebet)

Kathedrale

Bezeichnung für eine Bischofskirche. Von Kathedra = (griech.) Sitz (des Bischofs).

Kehrvers

Die *Antwort* des Volkes bei vorgetragenen Psalmen, z. B. beim Antwortpsalm nach der ersten Lesung in der Messe, wiederholt (wieder*kehrend*) nach Versgruppen, die vom Kantor vorgetragen werden. Im Stundengebet ist der Kehrvers die Antiphon, die zumindest vor und nach jedem Psalm, bei responsialem Vortrag aber auch innerhalb eines Psalms von allen wiederholt wird. Im Unterschied zu einer Akklamation (z. B. *Halleluja*) ist der Kehrvers länger und meist zweizeilig bzw. zweigliedrig.

Kelch

Lehnwort aus dem Lateinischen von *calix* (= Kelch) für das Gefäß, das für den Wein zur Messfeier bestimmt ist. Er muss aus wertvollem Material gefertigt sein; was zulässig ist, können die Bischofskonferenzen für ihren Bereich festlegen. Dasselbe gilt für die Form, die je nach Region unterschiedlich ausfallen kann und sich im Laufe der Jahrhunderte auch in der katholischen Kirche schon verändert hat. Für Kelch (und Hostienschale) ist im deutschen Benediktionale eine einfache Segnung vorgesehen.

Kelchkommunion
Ursprünglich selbstverständliche Praxis aufgrund des Stiftungsauftrages Christi; kam außer Gebrauch, als infolge der Betonung der realen Gegenwart des Herrn die Angst vor Verunehrung wuchs; gegen den Vorwurf, bei der Kommunion unter der alleinigen Brotsgestalt fehle etwas, entwickelte die Theologie die Lehre von der so genannten Konkomitanz, der zufolge unter jeder einzelnen Gestalt der ganze Christus gegenwärtig ist. In der Reformationszeit wurde der Laienkelch zum Unterscheidungsmerkmal der Kirchen bis hin zum katholischen Verbot. Erst das Zweite Vatikanische Konzil eröffnete grundsätzlich wieder die Möglichkeit der Kommunion unter beiden Gestalten auch für die Laien, zunächst durch Erlaubnis für bestimmte Fälle, deren Anzahl in der Folge vermehrt wurde. Heute ist die Kelchkommunion wieder generell möglich, wobei dem Bischof die genaue Regelung zukommt. Der Form nach sind vier Arten der Kelchkommunion erlaubt: direktes Trinken, Intinktion, Benutzung eines Trinkröhrchens und Gebrauch eines Löffels. Wie bei der Kommunion der Hostien ist entscheidend, dass die Kommunikanten den Kelch vom Kommunionspender gereicht bekommen und nicht selbst vom Altar nehmen.

Kerzen
Sind für den Gottesdienst vorgeschrieben: »Auf dem Altar oder in seiner Nähe sollen das Kreuz und zwei oder vier oder sechs oder, wenn der Ortsbischof die Messe feiert, sieben Leuchter mit brennenden Kerzen aufgestellt werden. Leuchter und Kreuz können in der Einzugsprozession mitgetragen werden« (AEM 79). Kerzen sind in Liturgie und Brauchtum Symbol sowohl für unser eigenes Leben als auch für Christus. Jesus hat sich selbst als Licht der Welt bezeichnet (Joh 8,12) und fordert uns auf, ihm darin nachzueifern: »Ihr seid das Licht der Welt« (Mt 5,14). Kerzen erinnern an den Anspruch: »Legt euren Gürtel nicht

ab und lasst eure Lampen brennen« (Lk 12, 35)! Licht für die Welt sein wie Christus bedeutet: Hoffnung verbreiten, Frieden stiften, wie die Kerze sich selbst verzehrend für andere da sein.
Am Fest *Darstellung des Herrn (Lichtmess)* werden Kerzen gesegnet, für die sonstige Segnung von Kerzen ist im Benediktionale ein Ritus vorgesehen. Mit kreuzweise verbundenen Kerzen wird der Blasiussegen erteilt.

Kiborium

Von Säulen getragener Überbau ähnlich einem Baldachin, im Unterschied zu diesem allerdings immer aus festem Material, dennoch oft ebenfalls *Baldachin* genannt.

Kindergottesdienst

Kinder stellen andere Ansprüche an einen Gottesdienst als Erwachsene. Sie begreifen u.a. biblische Geschichten leichter, wenn sie in kindgemäßer Sprache erzählt werden und mit verschiedenen Sinnen erlebbar sind, wenn Bilder oder Figuren zum Einsatz kommen, Bewegungselemente eingebaut werden und so weiter. Des Weiteren haben Kinder im Allgemeinen eine geringere Aufmerksamkeitsspanne als Erwachsene und einen höheren Bewegungsdrang. Dieser besonderen Situation werden Kindergottesdienste gerecht. Solche Gottesdienste sind in der Regel keine Messfeiern, sondern z.B. Andachten mit einer größeren katechetischen Einheit, das Krippenspiel, eine Statio zum Sankt-Martinszug, etc. Sie können als Schul- oder Kindergartengottesdienst, als Krabbelgottesdienst mit den Eltern o.ä. an anderen Tagen der Woche stattfinden. In vielen Pfarreien ist es üblich, im Sonntagsgottesdienst zeitgleich zum Wortgottesdienst der sonntäglichen Gemeindeeucharistie eine kindgerechte Katechese anzubieten. Anpassungsmöglichkeiten bei der Messfeier sind im »Direktorium für Messfeiern mit Kindern« (1973) geregelt und beschrieben. Es gibt liturgische Hilfen zu Kindergottesdiensten in Form von Lektionaren sowie drei Hochgebete für Messfeiern mit Kindern.

Kindersegnung

In den Evangelien wird erzählt, wie Jesus die Kinder segnet. Er sagt über sie sogar: »Menschen wie ihnen gehört das Himmelreich« (Mt

19,13–15). Auch die Kirche kennt die Segnung von Kindern in der Form, ihnen mit dem Daumen ein Kreuz auf die Stirn zu zeichnen: bei der Feier der Taufe durch den Priester, die Eltern und den Paten; in der Eucharistiefeier anstelle des Kommunionempfangs; in der Weihnachtszeit z.B. im Zusammenhang mit dem Fest der Unschuldigen Kinder, zu St. Martin, zum Schulanfang und bei anderen herausragenden Ereignissen des Lebens der Kinder. Auch in vielen Familien ist es üblich, Kinder vor dem Verlassen des Hauses oder vor dem Zubettgehen in erwähnter Weise zu segnen.
Segensworte bietet das neue Benediktionale.

Kindertaufe
Die Taufe eines Kindes als Säugling oder Kleinkind, eine Praxis, die sich seit dem 4.–5. Jh. durchgesetzt hat, setzt ein christliches Elternhaus voraus, damit das Kind in dem christlichen Glauben aufwächst, den es durch die Taufe angenommen hat. Die Eltern und Paten übernehmen die Verantwortung für eine christliche Erziehung des Kindes. Darum werden in der Tauffeier von ihnen das Glaubensbekenntnis und die Absage an das Böse verlangt. Die Tauffeier soll in den ersten Lebenswochen stattfinden, in Todesgefahr des Kindes direkt nach der Geburt, damit auch die Mutter teilnehmen kann. Der Taufe geht ein Taufgespräch voraus. Wenn bei diesem Gespräch Unklarheit darüber besteht, ob die christliche Erziehung des Täuflings gewährleistet ist, kann dies zu einem Aufschub der Taufe führen. In diesem Fall kann eine Segensfeier des Kindes stattfinden, in der der Wunsch ausgedrückt wird, die Taufe zu einem späteren Zeitpunkt nachzuholen. Weil die Taufe ein Sakrament der Eingliederung in die Kirche ist, soll sie in der Pfarrkirche und nach Möglichkeit unter Teilnahme der Gemeinde stattfinden. Traditioneller Tauftermin ist die Osternacht. Die Tauffeier hat folgenden Aufbau:
Eröffnung der Feier am Kircheneingang mit Begrüßung der Gemeinde und Gespräch mit den Eltern (und Paten);
Wortgottesdienst: Lesung(en), Predigt, Bezeichnung des Kindes mit einem Kreuzzeichen auf die Stirn durch den Spender, die Eltern und Paten, Oration (Gebet), evtl. Salbung mit Katechumenenöl;
Spendung des Taufsakramentes: Prozession zum Taufstein, Segnung

des Taufwassers, Glaubensbekenntnis, Taufhandlung: Übergießen des Täuflings mit Wasser oder Eintauchen mit den Worten: »[Name des Kindes], ich taufe dich im Namen des Vaters und des Sohnes und des Heiligen Geistes«; ausdeutende Riten: Salbung mit Chrisam, Anlegen des Taufkleides, Übergabe der Taufkerze, Effata-Ritus, Abschluss: Prozession zum Altar, gemeinsames Gebet des Vaterunsers, Segen und Mariengruß (z.B. in Form eines Marienliedes).
Das Taufsakrament wird in der Regel von einem Priester oder Diakon und im Ausnahmefall (Notfall) von einem Laien gespendet.

Kirche (Gebäude)

In den ersten Jahrhunderten feierten die Christen ihre Gottesdienste in Privathäusern. Nach der so genannten Konstantinischen Wende im 4. Jh., durch die das Christentum zur römischen Staatsreligion wurde, ging die Kirche dazu über, für ihre Gottesdienste eigene Häuser über Märtyrergräbern zu errichten. Im Gegensatz zum Verständnis antiker Tempel sahen die Christen im Kirchengebäude vor allem ein Versammlungs- und Bethaus (vergleichbar der Synagoge) und einen Ort, an dem die Heiligen, die an dieser Stelle ihre letzte Ruhestätte gefunden haben, verehrt werden. Als im Mittelalter die eucharistische Ehrfurcht wuchs und man gleichzeitig anfing, das Allerheiligste im Tabernakel aufzubewahren, änderte sich entsprechend der Umgang mit dem Kirchenbau. Der Altarraum wurde von Laien nicht mehr betreten. Er wurde zeitweise sogar mit einem Lettner abgetrennt. In manchen Kirchen gibt es heute noch Altarschranken. Dennoch bewahrte die Kirche in ihrer Geschichte das Wissen bei, dass Gott, der Schöpfer des Himmels und der Erde, nicht in von Menschen erbauten Häusern wohnt (vgl. Apg. 7,48f.). Die Kirchenarchitektur hat sich im Laufe der Jahrhunderte immer wieder gemäß theologischen Vorstellungen sowie pastoralen Ansprüchen und dem künstlerisch-stilistischem Zeitgeschmack gewandelt. Für die frühe Zeit ist der Bautyp Basilika dominierend. Er findet sich auch noch in den gotischen Kathedralen. Dagegen bevorzugt der Barock Hallen- oder Saalkirchen. Nach den historisierenden Tendenzen des 19. und frühen 20. Jh. ist man heute im Kirchenbau um eine zeitgemäße Architektursprache bemüht. Die Kirchenarchitektur dient der Ausrichtung der Gemeinde und des Einzelnen auf die Begegnung

mit Gott in der Eucharistie, dem verkündeten Wort, dem gemeinsamen und dem individuellen Gebet. Dem dienen neben dem Bau selbst die Lichtführung und Farbigkeit des Lichtes (Anordnung, Größe und farbliche Gestaltung der Fenster), der Stil und die Ausstattung sowie die Ausrichtung der Bestuhlung. Heute werden vorhandene Kirchen umgestaltet, um kleiner werdenden Gemeinden gerecht zu werden. Die Deutsche Bischofskonferenz hat im Jahre 2000 »Leitlinien für den Bau und die Ausgestaltung von gottesdienstlichen Räumen« herausgegeben.
Siehe Orte, liturgische

Kirchenbänke *(Gestühl)*
Sind im deutschsprachigen Gebiet die übliche Form der Sitzgelegenheit für die Gläubigen mit gleichzeitiger Möglichkeit zum Knien. In anderen Regionen der katholischen Kirche werden bewegliche Stühle bevorzugt. Die frühe Kirche kannte nur die stehende Teilnahme am Gottesdienst, wie es in anderen christlichen Kirchen auch heute noch üblich ist. Ob Bänke oder Stühle, entscheidend ist die ungehinderte Teilnahme an der Liturgie (vgl. AEM 273).

Kirchenjahr ↗ Jahreskreis

Kirchenjahr
Der Begriff wurde im 16. Jh. vom ev. Pfarrer Johannes Pomarius geprägt und unterscheidet den durch die kirchlichen Feste geprägten vom weltlichen Jahreslauf. Das Kirchenjahr beginnt am 1. Adventssonntag. Der letzte Sonntag im Kirchenjahr ist das Christkönigsfest, welches den Blick auf die Wiederkunft des Herrn richtet. Das Kirchenjahr setzt sich aus den geprägten Zeiten des Weihnachts- und des Osterfestkreises sowie aus dem so genannten Jahreskreis (mit 33 bzw. 34 Sonntagen) zusammen. Die Mitte des Kirchenjahres ist Ostern als Feier des Todes und der Auferstehung Jesu Christi und somit Zentrum

des christlichen Glaubens. An das jüdische Pascha-Fest angelehnt, wird es seit dem 1. Jh. gefeiert und wurde beim Konzil von Nicäa (325) auf den 1. Sonntag nach dem ersten Frühjahrsvollmond festgelegt. Der Osterfestkreis dauert 50 Tage bis Pfingsten; er beginnt mit der 40-tägigen Fastenzeit. Der Weihnachtsfestkreis umschließt den Advent und die Weihnachtszeit bis zum Fest »Taufe des Herrn«, dem Sonntag nach Epiphanie (Erscheinung des Herrn) am 6. Januar. Das Datum des Weihnachtsfestes schließt an das heidnische Fest der wiederkehrenden Sonne, lat.: *Sol invictus* (= unbesiegte Sonne), an. Zum Kirchenjahr gehören Gedenk- und Festtage der Heiligen und so genannte Ideenfeste, die einen besonderen Aspekt des Glaubens herausstellen (z. B. Fronleichnam). Der Sonntag ist der erste Tag der Woche. An diesem Tag nach dem jüdischen Sabbat ereignete sich nach biblischer Überlieferung die Auferstehung Jesu. Das Kirchenjahr zeichnet nicht das historische Leben Jesu nach, sondern bietet den rituellen Rahmen, um die Heilsgeschichte zu vergegenwärtigen. Das Kirchenjahr der katholischen Kirche weicht in einigen Punkten von denen der übrigen Konfessionen ab (u. a. Termin des Oster- und Weihnachtsfestes, Heiligenfeste in der orthodoxen Kirche; Zählweise der Sonntage ab Trinitatis (1. So. nach Pfingsten), Ewigkeitssonntag statt Christkönigsfest in der ev. Kirche).

Kirchenmusik

Bezeichnung für die Gesamtheit der Musik im Gottesdienst. Sie ist ein fester Bestandteil der Liturgie, nicht nur ein schmückender Rahmen. Dies zeigt sich daran, das die Texte der Liturgie vertont und dadurch selber Musik werden (vgl. Choral). Seit dem frühen Mittelalter galt der einstimmige, unbegleitete (gregorianische) Choral als die der Liturgie angemessene Musik. Im Laufe des Mittelalters fanden die Orgel und andere Instrumente sowie die Mehrstimmigkeit Einzug in die Gottesdienste. Zunächst kamen in den Kirchen der Reformation zusätzlich der Volksgesang und das Kirchenlied auf. Hinzu traten konzertante Messen großer Komponisten. Die Kirchenmusik der Gegenwart ist gekennzeichnet durch viele Experimente, z. B. Jazz- und Rockmessen. Bedeutsam ist das so genannte neue geistliche Lied (NGL), durch das der moderne Mensch in seinem Glauben und religiösen Empfinden in einer zeitgemäßen Sprache und Vertonung angesprochen werden soll. Der lebendige Umgang mit Musik im Gottesdienst bedarf gut ausgebildeter Kirchenmusiker, die in ihrer Gemeinde Laien in Chören, Instrumentalgruppen und als Kantoren schulen und aus dem Schatz der Kirchenmusik Altes und Neues in einer dem konkreten Gottesdienst angemessenen Weise hervorheben. Ein neues Gesangsbuch, welches das Gotteslob ablösen wird, ist zur Zeit in Bearbeitung.

Kirchner ↗ Mesner

Kirchweihe

Seit dem 4. Jh. ist es üblich, eine Kirche in feierlicher Form, zunächst einer feierlichen Eucharistiefeier, ihrer Nutzung zu übergeben.
Heute wird eine neu erbaute oder zwischenzeitlich für weltliche Zwecke genutzte (säkularisierte) Kirche durch den jeweiligen Ortsbischof geweiht. Der Kirch- und Altarweihritus ist im Pontifikale 4 (1994) verzeichnet. Er hat folgenden Ablauf: Nach der Einzugsprozession und der liturgischen Eröffnung wird der Taufstein gesegnet und das Taufbekenntnis erneuert. Die Gemeinde und der Kirchenraum werden mit Weihwasser besprengt. Vor der ersten Lesung (Neh 8) wird der Ambo gesegnet. Dem Evangelium und der Predigt des Bischofs folgt der eigentliche Weiheritus, er wird mit der Litanei eröffnet. Gegebenfalls werden in den Altarunterbau (Stipes) Reliquien eingesetzt. Der Altar wird anschließend mit Weihwasser gereinigt, mit Chrisamöl übergossen. Ebenfalls werden die zwölf Apostelkreuze an den Kirchenwänden mit Chrisamöl gesalbt. Auf den fünf Kreuzen auf der Altarplatte, der Mensa, wird Weihrauch verbrannt, begleitet von einem Gesang der Gemeinde zum Heiligen Geist und dem Weihegebet des Bischofs.
Dem folgt die Eucharistiefeier. Der Tabernakel wird vor seinem ersten Gebrauch nach der Kommunion gesegnet.

Kirchweihfest

Jährliches Fest zum Gedenken an den Tag der Weihe einer Kirche. Für bedeutende Kirchen (z.B. Auferstehungs- und Martyriumskirche in Jerusalem) ab dem 5. Jahrhundert bezeugt. Das Kirchweihfest der Lateranbasilika als Kathedrale der Erzdiözese Rom und somit Bischofskirche des Papstes ist in den römischen Generalkalender aufgenommen und wird somit in der ganzen römisch-katholischen Kirche begangen. Die Weihe der jeweiligen Kathedrale einer Diözese ist für diese von besonderer Bedeutung.

Klage

Ausdruck von Trauer, der Leid und Unrecht ausspricht und nach Verbesserung der Lebenssituation schreit. Die Klage richtet sich nach biblischem Verständnis an Gott selbst, so ausdrücklich in manchen Psalmen, z.B. Ps 22, aus dem die Worte Jesu am Kreuz »Mein Gott, mein Gott, warum hast du mich verlassen« entnommen sind, im Buch Hiob und bei einigen Propheten, besonders Jeremia, dem auch die Klagelieder zugeschrieben werden. Biblische Klagen finden als Psalmen und Schriftlesungen besonders in der Fastenzeit und den Kartagen Eingang in die Liturgie.

Kleine Doxologie ↗ Doxologie

Kleine Horen *(Mittlere Horen)*

Zusammenfassende Bezeichnung für die Gebetszeiten Terz, Sext und Non des Stundengebetes, entstanden aus einem ursprünglich privaten Gebetsrhythmus (Tertullian; Apg 3,1; vgl. AES 74 und AES 75) entsprechend dem antiken Tagesrhythmus zur 3., 6. und 9. Stunde. Später auch biblisch begründet (Dan 6,11) und im Zuge der Entstehung des coenobitischen Mönchtums zu verpflichtenden (gemeinsamen) Horen des Chorgebetes entwickelt. Laut SC 89e sollen die kleinen Horen im Chorgebet beibehalten werden, außerhalb des Chorgebets ist nur die verpflichtend, die der Tageszeit am ehesten entspricht. Die im Laufe der Jahrhunderte als Morgengebet zusätzlich zu den Laudes hinzugekommene kleine Hore Prim wurde nach dem Zweiten Vatikanischen Konzil wieder abgeschafft.

Klerus

(Griech.). Kleriker sind die durch Weihe zum besonderen Dienst (Diakon, Priester oder Bischof) in der katholischen Kirche berufene Männer. Die Aufnahme in den Stand des Klerus erfolgt durch die Weihe zum Diakon. Mit dem Stand ist der Gehorsam gegenüber der katholischen Kirche, vertreten durch den jeweiligen Diözesanbischof, und – mit Ausnahme des Ständigen Diakons – der Zölibat verbunden. Die Berufung in den Klerus ist eine Berufung zum Dienst. Besonders deutlich wird dies am Titel des Papstes, Diener der Diener Gottes, der im Lateinischen den Begriff Servus = Sklave benutzt.

Klingelbeutel
Gerät zum Einsammeln der Geldspenden, heute weitgehend nicht mehr in Gebrauch, sondern durch Sammelkörbchen ersetzt.

Knien *(Kniebeuge)*
Haltung der Demut und des Bewusstseins der eigenen Sündigkeit vor allem beim persönlichen Gebet, während der Messfeier vor allem während der Einsetzungsworte im Hochgebet vorgesehen (SC 21), dem ansonsten aber das ehrfürchtige Stehen dem österlichen Charakter der Eucharistie besser entspricht. Schließlich ist der Mensch durch die Heilstaten Christi, deren in der Eucharistie anamnetisch gedacht wird, von der Knechtschaft und der Last der Sünde erlöst.

Kollekte
Die Sammlung der (Geld)Spenden der Gläubigen während der Messe. Die Verbindung von Gaben für die Armen mit der Eucharistiefeier ist bereits im Urchristentum bezeugt, angefangen von den Sammlungen für die Urgemeinde in Jerusalem, die Paulus persönlich durchführte und überbrachte. Innerhalb der Messe soll die Kollekte während der Gabenbereitung gesammelt und noch vor der Präfation abgeschlossen werden.
Kollekte ist auch Fachbegriff für das Tagesgebet, da in ihm das stille Gebet der Gläubigen zusammengefasst wird.

Kommemoration
Lat. *commemorare* (= sich oder andere an etwas erinnern). Wird ein Gedenktag dadurch verdrängt, dass er auf ein Fest oder einen Werktag der

Weihnachtsfestzeit oder der Fastenzeit fällt, so kann dennoch in der Messfeier das zum Gedenktag gehörige Tagesgebet genommen werden. Im Stundengebet können in der Lesehore eine Lesung aus Texten des Gedenktages und in den Laudes und der Vesper Antiphon und Oration (Gebet) entsprechend gewählt werden.

Kommunion *(Kommunionausteilung)*

Lat. *communio* (= Gemeinschaft), Empfang der eucharistischen Gabe. Durch den Empfang der hl. Kommunion gewinnt der Einzelne Gemeinschaft mit dem dreifaltigen Gott und mit der Kirche. Der Apostel Paulus drückt es folgendermaßen aus: »Ist der Kelch des Segens, über den wir den Segen sprechen, nicht Teilhabe am Blut Christi? Ist das Brot, das wir brechen, nicht Teilhabe am Leib Christi? Ein Brot ist es. Darum sind wir viele ein Leib; denn wir alle haben teil an dem einen Brot« (1 Kor 10,16 f.). Während im Mittelalter die Teilnahme der Laien an der Kommunion durch Ehrfurcht bedingt einer Schaufrömmigkeit gewichen ist und sie nur noch wenige Male oder sogar nur einmal im Jahr die Kommunion empfingen (s. Osterkommunion), forderte Papst Pius X. 1905 wieder den häufigen Kommunionempfang der Gläubigen. Zur aktiven Teilnahme an einer Eucharistiefeier gehört in der Regel auch der Kommunionempfang. Die Liturgiekonstitution des Zweiten Vatikanischen Konzils empfiehlt darüber hinaus, dass die Gläubigen »aus derselben Opferfeier den Herrenleib entgegennehmen« (SC 55). Es sollen also in einer Eucharistiefeier die Hostien für die gemeinsame Kommunion des Priesters und der Gläubigen konsekriert und letztere nicht mit Vorräten aus dem Tabernakel versorgt werden. Die Liturgiekonstitution eröffnet neu die Möglichkeit, den jahrhundertelang für Laien verbotenen Empfang der Kommunion unter beiden Gestalten, also auch die Kelchkommunion. Durch die Kommunion wird die Einheit der Kirche dargestellt. Darum ist es umso schmerzhafter, dass zwischen den verschiedenen Konfessionen nicht grundsätzlich eucharistische Mahlgemeinschaft besteht. Da die Kommunion Gemeinschaft mit Gott schafft, löst sie den Empfangenden aus Schuld, wenngleich sie das Bußsakrament nicht ersetzt. Bei schwerer Schuld ist die persönliche Beichte vielmehr die Voraussetzung für die Teilnahme an der Kommunion. Die Kommunion kann im Notfall außerhalb der Eucharistie-

feier ausgeteilt werden, beispielsweise als Krankenkommunion oder in einer Wort-Gottes-Feier.
Siehe auch Eucharistie, Kommunionteil der Messfeier

Kommuniongesang

Gesang während des Kommunionempfangs in einer möglichst einfach singbaren Form, damit die Gläubigen nicht an das Gesangbuch gebunden sind. Geeignet ist beispielsweise ein Psalm oder ein Gesang, der sich auf das Evangelium bezieht, mit einem Kehrvers. Der Kommuniongesang als Volksgesang drückt einerseits die Freude aus, den Leib und das Blut Christi empfangen zu dürfen. Andererseits betont er die Gemeinschaft der Kommunizierenden untereinander. An den Gesang zum Kommunionempfang sollte eine Zeit der Stille anschließen, in der der Einzelne persönlich beten kann. Der Gesang zur Danksagung im Anschluss an die Kommunion beginnt erst, wenn alle Gläubigen wieder Platz genommen und Gelegenheit zu stillem Dankgebet gehabt haben.

Kommunionhelfer

Dienst des Akolythen zum Reichen der (Kranken-)Kommunion oder zur Aussetzung des Allerheiligsten zur Anbetung. Die Beauftragung zum Akolythen wird aber in der Regel nur als verpflichtende Vorbereitung zum Amt des Diakons und Priesters durchgeführt und stattdessen meist auf die Möglichkeit der Bestellung von Männern und Frauen als Kommunionhelfer zurückgegriffen.

Kommunionteil der Messfeier

Innerhalb der Eucharistiefeier findet die Vorbereitung auf die Kommunion nach dem Hochgebet besonders durch das gemeinsame Sprechen oder Singen des Herrengebetes und durch die Friedenszusage verbunden mit dem Friedensgruß statt. Das Vaterunser ist vor allem wegen der Bitte um die Schuldvergebung wichtig. Durch das Brechen des Brotes wird die gemeinsame Teilhabe an dem einem Leib zum Ausdruck gebracht. Der Begleitgesang dazu, das Agnus Dei, verweist auf die Befreiung von Schuld und die Friedenszusage. Vor dem Empfang der Kommunion zeigt der Priester die Hostie der versammelten

Gemeinde mit den Worten: »Seht, der Leib Christi«, worauf diese antwortet: »Herr, ich bin nicht würdig, dass du eingehst unter mein Dach, sondern sprich nur ein Wort, so wird meine Seele gesund.« (Lk 10,6–7) Diese Worte des Hauptmanns, der Jesus um die Heilung seines Knechtes bittet, zeigen zugleich festes Vertrauen und Ehrfurcht vor der Größe Gottes. Wenn der Priester oder ein Kommunionhelfer die Kommunion übergibt, spricht er: »Der Leib Christi«. Der Empfangende antwortet: »Amen« (d.h. »So ist es«). Ebenso bei der Kelchkommunion: »Das Blut Christi« – »Amen«. Die Hostie kann als Hand- oder Mundkommunion empfangen werden. Nach der Kommunion folgt eine Zeit der Stille zum persönlichen Gebet und evtl. ein Danklied, dem das Schlussgebet folgt.

Siehe auch Eucharistie, Kommunion

Komplet

Lat. *completum* (= erfüllt, vollendet), letztes Gebet des Tages im Rahmen des Stundengebetes. Es beinhaltet eine Gewissenserforschung mit Schuldbekenntnis, Psalmen (traditionell sind dies Ps 4, 91 und 134), eine Kurzlesung aus der Heiligen Schrift mit Antwortgesang (Responsorium), den Lobpreis des greisen Simeon, als er das Kind Jesus im Tempel als den Messias erkennt (»Nunc dimittis«, Lk 2,29–32), mit Kehrvers (Antiphon), ein Gebet (Oration) sowie den Segen. Dem folgt eine marianische Antiphon, also ein kurzes Marienlied. Außerhalb des Weihnachts- und Osterfestkreises ist dies in der Regel »Salve regina«. Responsorium und Antiphon zum »Nunc dimittis« sowie der Schlusssegen sind stets gleichbleibend. So besteht die Möglichkeit, die Komplet – abgesehen von der Kurzlesung und der Oration – auswendig zu sprechen. Die Komplet übt ein in das vertrauensvolle Loslassen des Tages, aber auch des Lebens, wie besonders der Lobpreis und der Segen verdeutlichen.

Responsorium: Herr, auf dich vertraue ich, in deine Hände lege ich mein Leben. Lass leuchten über deinem Knecht dein Antlitz, hilf mir in deiner Güte. In deine Hände lege ich mein Leben. Ehre sei dem Vater und dem Sohn und dem Heiligen Geist. Herr, auf dich vertraue ich, in deine Hände lege ich mein Leben.

»Nunc dimittis« mit Antiphon:
(Ant.) Sei unser Heil, o Herr, wenn wir wachen und unser Schutz, wenn wir schlafen, damit wir wachen mit Christus und ruhen in seinem Frieden.
(Nun dimittis) Nun lässt du, Herr, deinen Knecht, wie du gesagt hast, in Frieden scheiden. Denn meine Augen haben das Heil gesehen, das du vor allen Völkern bereitet hast, ein Licht, das die Heiden erleuchtet, und Herrlichkeit für dein Volk Israel.

Segen: Eine ruhige Nacht und ein gutes Ende gewähre uns der allmächtige Herr.

Kongregation für den Gottesdienst und die Sakramentenordnung *(Ritenkongregation)*
Frühere Bezeichnung für die römische Behörde, die heute in zwei Kongregationen für den Gottesdienst und die Sakramentenordnung und für die Heiligsprechungsprozesse weiter besteht. Hauptsorge der Kongregation für den Gottesdienst ist die Einheitlichkeit des Ritus, d.h. aller liturgischen Feiern, in der gesamten römisch-katholischen Kirche des Westens (also mit Ausnahme der unierten Kirchen mit eigenen Riten bzw. einiger alter Sonderriten wie der Mailänder Liturgie oder des mozarabischen Ritus). Dies wird erreicht durch die vorgeschriebene Überprüfung und Bestätigung (Rekogniszierung), d.h. Genehmigung aller liturgischen Bücher in den jeweiligen Muttersprachen durch die Gottesdienstkongregation.

Konsekration
Von lat. *consecrare* (= heiligen, weihen), Bezeichnung sowohl für die Wandlung von Brot und Wein in Leib und Blut Christi in der Messe, als auch für besondere Weihungen und Segnungen, die dem Bischof vorbehalten sind und die Verwendung des Chrisams beinhalten, wie z.B. die Weihe von Kirchen und Altären.

Konventmesse
Tägliche, gemeinsame Messe einer Ordensgemeinschaft (eines *Konventes*), gehört bei Gemeinschaften mit Chorpflicht zum Offizium und ist möglichst mit Gesang zu feiern.

Konversion
Aufnahme eines Nichtkatholiken, der gültig getauft ist, in die katholische Kirche, gefeiert in einem eigenen Ritus innerhalb einer Messe, eventuell verbunden mit der Firmung. Für die deutschsprachigen Bistümer ist der Ritus veröffentlicht in: »Die Feier der Aufnahme gültig Getaufter in die volle Gemeinschaft der katholischen Kirche«.

Konzelebration
Gemeinsame Feier der Eucharistie durch mehrere Priester unter Leitung eines Hauptzelebranten. Sie drückt die Gemeinschaft der Priester mit dem Bischof aus. Anlässe sind beispielsweise die Visitation einer Gemeinde oder die Chrisammesse oder wenn mehrere Priester gemeinsam die Messe feiern, z. B. in einer priesterlichen Mönchsgemeinschaft, in der Messfeier eines Domkapitels, bei Besuchen etc. Die Konzelebranten sprechen Teile des Hochgebetes abwechselnd laut und die Einsetzungsworte gemeinsam leise mit. Die Allgemeine Einführung in das Messbuch bietet eine genaue Darstellung des Ablaufs der Konzelebration (AEM 157–208). Seit dem Mittelalter zugunsten der Zelebration des einzelnen Priesters, gegebenenfalls ohne Gemeinde, weitgehend untergegangen, wurde die Konzelebration vom Zweiten Vatikanischen Konzil (SC 57 f.) neu ermöglicht.

Konzil
Lat. *concilium* (= Versammlung), Versammlung der Oberhäupter der gesamten katholischen Kirche, also mit dem Papst in Gemeinschaft stehende Kardinäle und Bischöfe. Auf einem Konzil werden Fragen erörtert, die von großer Tragweite für die gesamte Kirche sind. Für die heutige Liturgie ist das Zweite Vatikanische Konzil von großer Bedeutung, da es die umfassendste Liturgiereform der gesamten Kirchengeschichte eingeleitet hat. Konzilien werden nach dem Ort benannt, an dem sie stattgefunden haben.

Kooperator ↗ Kaplan

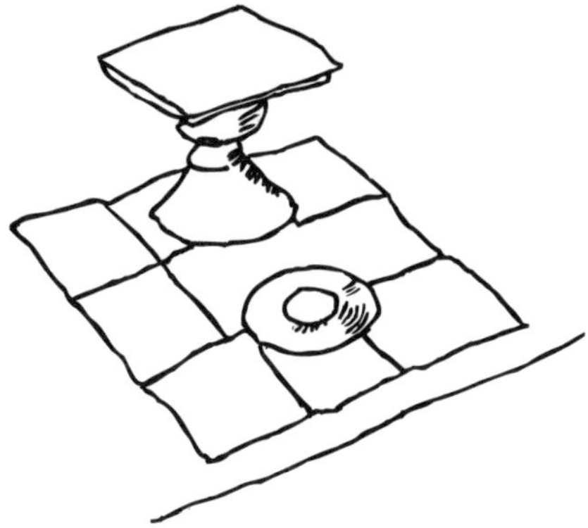

Korporale

Quadratisches Tuch aus Leinen, das während der Gabenbereitung aufgelegt (»Die Altardiener bringen Korporale, Purifikatorium, Kelch und Messbuch zum Altar.« AEM 100) und nach der Kommunion wieder weggenommen wird. Die Bezeichnung kommt von lat. *corpus* (= Leib) und rührt daher, dass die eucharistischen Gaben Brot und Wein daraufgestellt werden (vgl. AEM 100–102). Vom Korporale ist das Altartuch zu unterscheiden, das zusätzlich vorgeschrieben ist, auch wenn das Korporale historisch aus dem obersten von mehreren Altartüchern entstanden ist.

Krankenkommunion

Kann ein Katholik aus gesundheitlichen Gründen nicht an der sonntäglichen Eucharistiefeier teilnehmen und dort die Kommunion empfangen, so kann sie ihm von einem Kleriker oder einem dazu beauftragten Laien an seinem Aufenthaltsort gespendet werden. Durch die Krankenkommunion wird die sakramentale Verbindung des Kranken mit der Gemeinde gepflegt. Sind Familienangehörige anwesend, können sie mitkommunizieren. Eine besondere Form der Krankenkommunion ist die Kommunion eines Sterbenden, die so genannte Wegzehrung (lat. *viaticum*). Die Spendung der Krankenkommunion ist in einen kurzen Wortgottesdienst mit Schuldbekenntnis und Taufgedächtnis, Fürbitten, Vaterunser vor und Schlussgebet mit Schlusssegen nach der Kommunion eingebunden. Der genaue Ablauf des Ritus ist im Krankenrituale im Ritualeteil »Die Feier der Krankensakramente« verzeichnet.

Krankensalbung *(Ölung, Letzte)*

Sakrament, bei dem ein Kranker mit geweihtem Öl gesalbt wird. In der Antike wurde Öl als Mittel eingesetzt, von dem man sich körperliche

Stärkung versprach. Das Sakrament der Krankensalbung geht auf den Jakobusbrief zurück, in dem es heißt: »Die Ältesten ... sollen Gebete über ihn (den Kranken) sprechen und ihn im Namen des Herrn mit Öl salben« (Jak 5,14). Das Gebet und die Salbung waren auf die Genesung ausgerichtet. Seit dem frühen Mittelalter wurde die Krankensalbung vor allem als Bestandteil der Krankenbuße gesehen und möglichst kurz vor Eintreten des Todes gespendet. Im 12. Jh. erhielt sie daher die Bezeichnung »letzte Ölung«. Die Liturgiekonstitution des Zweiten Vatikanischen Konzils hält dagegen fest, dass die Krankensalbung nicht nur das Sakrament derer ist, die sich in äußerster Lebensgefahr befinden (SC 73). Nach dem Zweiten Vatikanischen Konzil wurde ein neuer Ritus der Krankensalbung entwickelt (»Die Feier der Krankensakramente«, 2. deutschsprachige Auflage, 1994). Das Sakrament der Krankensalbung kann im Falle einer schweren Erkrankung gespendet werden. Wenn der Krankheitsverlauf sich verschlechtert, kann es wiederholt werden. Auch kann im Zweifelsfall die Krankensalbung gespendet werden, wenn der Kranke sich nicht mehr im Besitz seiner geistigen Kräfte befindet. Das Sakrament der Krankensalbung wird von einem Priester gespendet. Dass sie ein Handeln der kirchlichen Gemeinschaft ist, kommt besser zum Ausdruck, wenn weitere Gläubige an der Feier teilnehmen.

Kräuterweihe

Segnung von Kräutern am Hochfest der Aufnahme Mariens in den Himmel (15. August). Die Kräuterweihe greift die Tatsache auf, dass viele Gewächse wohltuende oder heilende Wirkstoffe besitzen, und spricht so zugleich Personen an, die die Kräuter zu sich nehmen. Das entsprechende Segensformular befindet sich im Benediktionale.

Kredenz

Kleiner Tisch seitlich im Altarraum, auf dem Patene, Hostienschalen, Kelch, Kännchen mit Wein und Wasser, Korporale, Purifikatorium und Messbuch vor der Eucharistiefeier bereitgestellt werden (vgl. AEM 80c). Auf der Kredenz kann auch die Bereitung des Kelches (AEM 49) und die Purifikation von Kelch und Hostienschale (AEM 120) erfolgen.

Kreuz
Wichtigstes christliches Symbol, da Jesus Christus am Kreuz gestorben ist und es so zu dem Zeichen der Erlösung wurde. Die Kreuzigung als Todesstrafe übernahmen die Römer von den Persern, vollzogen sie wegen der Grausamkeit aber nur an Nichtrömern und an Sklaven. Sie galt als eine der schändlichsten Todesformen. Die Christen bekannten sich jedoch seit der ersten Generation zu diesem Zeichen (Gal 3, 1). Das Kreuz wird in Zusammenhang mit dem Sündenfall Adams (Gen 3) als Baum des Lebens gedeutet. In der Kirchengeschichte wurde das Kreuz unterschiedlich dargestellt: zunächst in der Regel ohne Christus, in der Romanik (11.–13. Jh.) mit Christus als König, ab der Gotik (13.–15. Jh.) auch mit dem leidenden Christus. In der österlichen Bußzeit wird das Kreuz in den beiden letzten Wochen vor Ostern verhüllt, um in der Karfreitagsliturgie enthüllt und verehrt zu werden. In der Osterzeit und darüber hinaus wird es mit Buchsbaum geschmückt, um auszudrücken, dass es durch die Auferstehung Christi zum Zeichen des neuen Lebens wurde.

Kreuzaltar *(Laienaltar)*
Wegen der weiten Entfernung des Hauptschiffes vom Hochaltar in großen Kirchen und vor allem durch die Versperrung der Sicht durch den später eingeführten Lettner, wurde im Mittelalter beim Übergang vom Hauptschiff zum Chor ein Altar für den Volksgottesdienst aufgestellt, während Chorherren und Angehörige des Adels die Messe vor dem Hochalter feierten. Darum auch Laienaltar genannt, der immer dem Heiligen Kreuz geweiht war.

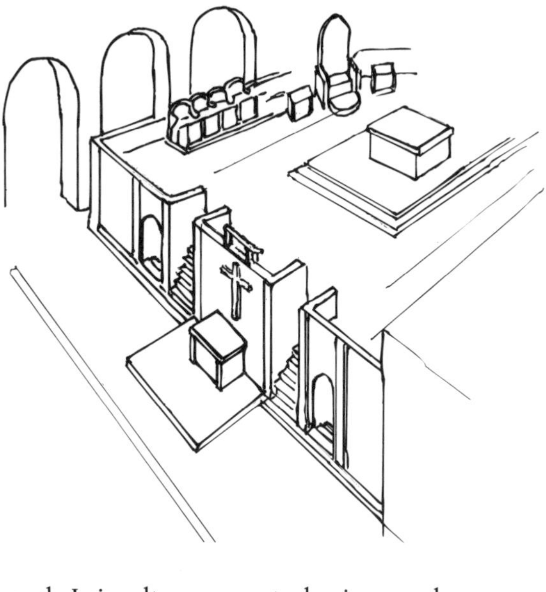

Kreuzerhöhung, Fest

Fest am 14. September zur Verehrung des Kreuzes, dessen Ursprung im Jerusalemer Brauch liegt, am Tag nach dem Jahrestag des Weihefestes der Auferstehungskirche (geweiht am 13. September 335) dem Volk das wiedergefundene Holz des Kreuzes hochgehalten *(erhöht)* vorzuzeigen. Aus der Verehrung für diese Reliquie entwickelte sich das Fest der Kreuzerhöhung: »Wir rühmen uns des Kreuzes unseres Herrn Jesus Christus. In ihm ist uns Heil geworden und Auferstehung und Leben. Durch ihn sind wir erlöst und befreit.« (Eröffnungsvers)

Allmächtiger Gott,
deinem Willen gehorsam,
hat dein geliebter Sohn
den Tod am Kreuz auf sich genommen,
um alle Menschen zu erlösen.
Gib, dass wir in der Torheit des Kreuzes
deine Macht und Weisheit erkennen
und in Ewigkeit teilhaben
an der Frucht der Erlösung. (Tagesgebet)

Kreuzgang

Umgang neben Kirchen um einen rechteckigen Hof oder Garten mit Arkaden, wo im Mittelalter Prozessionen mit vorangetragenem Kreuz stattfanden.

Kreuzverehrung

In der Liturgie des Karfreitags wird das unter einem violetten Tuch verborgene Kreuz mit dem dreimaligen lateinischen Ruf »Ecce lignum crucis« = »Seht das Holz des Kreuzes« vom Diakon oder Priester enthüllt. Im Anschluss daran treten die Gläubigen einzeln vor das Kreuz und bringen ihre Verehrung mit einer passenden Geste, einer Verneigung, Kniebeuge, einem Kuss, o.ä. zum Ausdruck. Die Kreuzverehrung wird von Gesängen begleitet.

Kreuzweg

Entstanden ist der Kreuzweg in seiner Ausgestaltung als Nachbildung von Umgängen in Jerusalem, wo man die Heiligen Stätten besucht(e). Ursprünglich im Freien an geigneten Orten (Hügel), wird seit ca. 1700 der Kreuzweg auch in der Kirche angelegt. Dient als Andachtsform dem bildhaften Gedenken an den Leidensweg Jesu. Beim Abschreiten der heute meist 14 Stationen (z.T. erweitert um eine 15. Station der Auferstehung) wird die Forderung Jesu zu seiner Nachfolge in Erinnerung gebracht: »Er rief die Volksmenge und seine Jünger zu sich und sagte: Wer mein Jünger sein will, der verleugne sich selbst, nehme sein Kreuz auf sich und folge mir nach« (Mk 8, 34).

Kreuzwegstationen:

1. Jesus wird von Pilatus zum Tode verurteilt
2. Jesus nimmt das Kreuz auf sich
3. Jesus fällt zum ersten Mal unter der Last des Kreuzes
4. Jesus begegnet seiner Mutter
5. Simon von Zyrene hilft Jesus das Kreuz tragen
6. Veronika reicht Jesus das Schweißtuch
7. Jesus fällt zum zweiten Mal unter der Last des Kreuzes
8. Jesus trifft die weinenden Frauen
9. Jesus fällt zum dritten Mal unter der Last des Kreuzes
10. Jesus werden die Kleider vom Leib gerissen
11. Jesus wird ans Kreuz geschlagen
12. Jesus stirbt am Kreuz
13. Jesus wird vom Kreuz genommen
14. Jesus wird ins Grab gelegt

(15. Auferstehung Jesu)

Kreuzzeichen

Segenszeichen, das die beiden Kreuzbalken nachbildet und das man über sich selbst oder andere oder auch über einen Gegenstand zeichnet. Das Kreuzzeichen bringt die Zugehörigkeit des so Gesegneten zu Jesus Christus zum Ausdruck. Gegenstände werden durch das Kreuzzeichen Gott geweiht. Man unterscheidet zwischen dem großen Kreuz-

zeichen, welches von der Stirn zur Brust und von der linken zur rechten Schulter geschlagen wird und dem älteren kleinen Kreuzzeichen, das mit dem Daumen auf Stirn, Mund und Herz als Körperteile für das Denken, Reden und Handeln gezeichnet wird. Die Verbundenheit mit dem dreifaltigen Gott wird besonders durch die Begleitworte »Im Namen des Vaters und des Sohnes und des Heiligen Geistes« deutlich. Beim Bekreuzigen mit Weihwasser, z.B. beim Betreten einer Kirche, wird zudem an die Taufe erinnert. Die Zugehörigkeit zu Christus aufgrund der Taufe über den Tod hinaus wird im Kreuzzeichen mit Weihwasser bei der Segnung des Sarges bei der Beerdigung oder bei der Gräbersegnung an Allerseelen ausgedrückt. In der Liturgie spielt das Kreuzzeichen eine große Rolle: Unter anderem wird es zur Eröffnung eines Gottesdienstes vollzogen und bildet den Abschluss des Segens zum Ende. Vor der Verkündigung des Evangeliums bekreuzigen sich die Gottesdienstteilnehmer mit dem kleinen Kreuzzeichen.
Obwohl das Kreuzzeichen noch von Martin Luther gutgeheißen wurde, ist es in der ev. Kirche wenig üblich.

Krypta

Von griech. *kryptein* (= verbergen), begehbarer Raum unter einer Kirche. Seit der Spätantike wurden Kirchen über den Gräbern von Heiligen, insbesondere Märtyrern, errichtet, die zunächst durch Gänge (so genannte Stollenkrypten) zugänglich waren. Ab der Jahrtausendwende nahmen die Krypten Ausmaße von Hallen an. Da sich das Grab oder im Mittelalter der Reliquienschrein unmittelbar unter dem Altar befinden sollte, wurden die Krypten bis auf wenige Ausnahmen der Romanik (11.–13. Jh.) im Osten einer Kirche angelegt. Heute bieten Krypten oft Raum für Nebenkapellen, die zu Gruppenmessen und -andachten, zum stillen Gebet u.ä. genutzt werden können.

Kuppel

In katholischen Kirchenbauten zur Hervorhebung des Altarraumes meist als Halbkuppel über der Apsis angelegt.

Kuss

Zeichen der Ehrfurcht und Verbundenheit. Es werden bei Beginn und Ende der Messfeier bzw. zur Inzens während Vesper und Laudes der Altar, nach dem Verlesen des Evangeliums das Evangeliar und am Karfreitag das Kreuz geküsst. Der Kuss kann aber durch den Beschluss der Bischofskonferenzen durch ein anderes Zeichen ersetzt werden (siehe AEM 232), wenn er entsprechend der Tradition eines Kulturkreises als unpassend empfunden wird. Der Kuss ist auch vorgesehen beim Friedensgruß, in vielen Ländern allerdings nur leicht angedeutet, eingedenk der Ermahnung des Apostels Paulus: »Grüßt einander mit dem heiligen Kuss« (z.B. Röm 16,16a; 1 Kor 16,20).

Küster ↗ Mesner

Kyrie-Rufe

Mit dem griechischen Ruf »Kyrie eleison« – »Herr, erbarme dich«, verbunden mit Preisungen, wurde in der Antike Herrschern gehuldigt. In den Paulusbriefen wird Jesus Christus als der Kyrios, der Herr, bezeichnet. Die Aufnahme des Rufes in die Messfeier erfolgte in Rom wahrscheinlich um das Jahr 500 nach byzantinischem Vorbild. Papst Gregor der Große beschränkte um das Jahr 600 die Anzahl der Akklamationen auf insgesamt neun. Der Ruf wurde immer vom Volk mitgetragen und auf vielfältige Weise vertont. Zwischen die Rufe wurden Tropen, also kurze Sätze, eingeschoben. Im Mittelalter deutete man vereinzelt die Kyrie-Rufe trinitarisch, d.h. bezogen auf die Dreifaltigkeit, jedoch ist mit Kyrios immer Christus gemeint. Das mit der Aufklärung aufgekommene Verständnis als Bußruf verdeckt den lobpreisenden Charakter; dagegen wird heute der ursprüngliche Sinn als Huldigung des in der Gemeinde gegenwärtigen Christus zu Beginn der Messfeier neu betont. Die Tropen verstehen sich dementsprechend als Erweiterung dieses ehrenden Grußes durch Titel für Christus, nicht aber als Ausdruck der Buße oder als Bitten.

L

Laetare

Erstes Wort des Eröffnungsverses am 4. Fastensonntag im Römischen Graduale, mit dem dieser früher oft bezeichnet wurde, in der ev. Kirche bis heute: »Laetare Ierusalem! Et conventum facite omnes, qui diligitis eam! Gaudete cum laetitia, qui in tristitia fuistis, ut exsultetis. Et satiemini ab uberibus consolationis vestrae.«

Der Vers stammt aus Jes 66, 10–11: »Freut euch mit Jerusalem! Jubelt in der Stadt, alle, die ihr sie liebt. Seid fröhlich mit ihr, alle, die ihr über sie traurig wart. Saugt euch satt an ihrer tröstenden Brust, (trinkt und labt euch an ihrem mütterlichen Reichtum!).«

An Laetare kann statt dem Violett der Fastenzeit Rosa wie am 3. Adventssonntag (Gaudete) genommen werden.

Laien ↗ Volk (Gottes)

Laienaltar ↗ Kreuzaltar

Laiendienste

Durch das allgemeine Priestertum aufgrund von Taufe und Firmung sind Laien zu bestimmten Aufgaben in der Liturgie berufen. Nachdem lange die Laien aus den liturgischen Diensten verdrängt waren, betont die Liturgiekonstitution des 2. Vatikanums ihre Bedeutung bei der Ausführung liturgischer Aufgaben. SC 28 stellt deutlich heraus: »Bei den liturgischen Feiern soll jeder, sei er Liturge oder Gläubiger, in der Ausübung seiner Aufgabe nur das und all das tun, was ihm aus der Natur der Sache und gemäß den liturgischen Regeln zukommt.« SC 29 benennt Dienste der Laien: Minstranten, Lektoren, Kommentatoren, Mitglieder der Kirchenchöre. Sie »vollziehen einen wahrhaft liturgischen Dienst«. Zu ergänzen sind Kantoren und Organisten.

Laienverkündigung

Laien sind als Volk Gottes, griech. *laos* (= Volk), und als Teilhabende des allgemeinen Priestertums Christi (1 Petr 2,9) aufgrund von Taufe und Firmung zur Verkündigung des Evangeliums durch das Beispiel ihres Handelns und Redens berufen. Auch in der Liturgie können sie verkündend tätig sein: Als Lektoren, als Leiter von Wort-Gottes-Feiern, bei Katechesen in Kindergottesdiensten, durch Meditationen nach der Kommunion. Einzig die Homilie, also die Predigt zur Auslegung des Evangeliums in der Messfeier, ist dem Priester oder Diakon vorbehalten. Zu ihr kann gegebenenfalls das Glaubenszeugnis eines Laien hinzukommen. In Ausnahmefällen darf die Homilie durch eine Verkündigung durch einen Laien zu Beginn des Gottesdienstes ersetzt werden.

Latein

Die Sprache der Römer löste ab dem 3. Jh. Griechisch als Sprache der Liturgie in der westlichen Kirche ab. In der zweiten Hälfte des 4. Jh. schuf der hl. Hieronymus die so genannte Vulgata, die Übersetzung der Bibel ins Lateinische. Mit der Missionierung Mittel- und Nordeuropas verbreitete sich Latein und wurde zur verbindenden Sprache der Theologie und der Wissenschaft allgemein im europäischen Mittelalter bis in die Neuzeit. Als Sprache der Messliturgie war Latein bis zur Liturgiereform verbindlich. Seit dem Zweiten Vatikanischen Konzil wird die Eucharistie in der Regel in der jeweiligen Landessprache gefeiert, doch bleibt Latein die verbindende Sprache in der römisch-katholischen Kirche. So werden die Enzykliken und übrigen Apostolischen Schreiben des Papstes sowie die Dokumente der verschiedenen römischen Kongregationen in der Regel auf Latein geschrieben. Gleiches gilt für die liturgischen Bücher. Die Aufgabe der Übersetzung obliegt den Bischofskonferenzen.

Lateinische Liturgien

In Unterscheidung zu den orientalischen die Liturgien der abendländischen Kirche. Seit der Karolingerzeit (9. Jh.) hat sich die römische Liturgie durchgesetzt. Daneben hat sich die mailändische Liturgie, die auf den hl. Ambrosius, Bischof von Mailand im 4. Jh., zurückgeht, behaupten können. Im ersten Jahrtausend gab es weitere Liturgien, die unter dem Begriff »fränkisch-gallische« Liturgie gefasst werden und zu der die »nordafrikanische«, die »altspanische« (auch »westgotisch« oder »mozarabisch« genannt) und die »keltische« Liturgie gehörten.

Laudes (matutinae)

Plural von lat. *laus* (= Lob) *matutinae* (= morgendlich). Morgenlob als Teil des Stundengebetes. Nach der Liturgiekonstitution des Zweiten Vatikanischen Konzils bilden die Laudes zusammen mit der Vesper den Angelpunkt des Stundengebetes (SC 89). Der Name lehnt an die Lobpsalmen 148–150 an, die die Mönche in den frühen Morgenstunden beteten. Der Aufbau der Laudes entspricht im Wesentlichen dem der Vesper. Der Eröffnung »O Gott komm mir zur Hilfe, Herr, eile mir zu helfen. Ehre sei dem Vater …« folgt ein Morgenhymnus. An diesen schließen zwei Psalmen und ein alttestamentliches Canticum an. An Feiertagen werden Ps 63, Ps 150 (bzw. Ps 149) sowie der »Lobgesang der drei Jünglinge im Feuerofen« (Dan 3, 57–88) genommen. Ps 51 wird an Bußtagen eingesetzt. Im Übrigen sind die Psalmen entsprechend der Morgenzeit ausgewählt und werden im vierwöchigen Rhythmus wiederholt. Den Psalmen folgt eine kurze Lesung mit Antwortgesang (Responsorium), an diese schließt als Evangelium der Lobgesang des Zacharias (»Benedictus«, Lk 1, 68–79) an, gefolgt von Fürbitten, Herrengebet, Schlussgebet und Schlusssegen. Sind die Laudes die erste Gebetseinheit eines Tages, geht ihnen das Invitatorium, lat. *invitare* (= einladen), mit der Eröffnung »Herr, öffne meine Lippen, damit mein Mund dein Lob verkünde, Ehre sei dem Vater …« (vgl. Ps 51, 17) und dem Psalm 95 mit dem zentralen Satz »Wenn ihr heute Seine Stimme hört, verhärtet eure Herzen nicht« (Ps 95, 7–8) voraus. Für Kleriker sowie Angehörige von Klostergemeinschaften ist das Stundengebet verpflichtend, den Laien wird es empfohlen (SC 100). Nach Möglichkeit sollen die Laudes ebenso wie die Vesper in Gemeinschaft gefeiert werden. Ihr feierlicher Charakter kommt durch die gesungenen Elemente, das sind Hymnus, wenn möglich Psalmen/Canticum und Benedictus, besonders zum Tragen.

Lavabo *(Handwaschung; Waschung)*
Die Handwaschung des Priesters als Teil der Gabenbereitung, stammt von der lateinischen Fassung von Versen des Psalms 26 »Lavabo inter innocentes manus meas … / Ich wasche meine Hände in Unschuld …«, die der Priester früher dazu sprechen musste. Heute lautet das Gebet: »Herr, wasche ab meine Schuld, von meinen Sünden mache mich rein.« Die konkrete Handlung des Waschens symbolisiert die Bitte um innere Reinheit: »… es soll dies ein Ausdruck des Verlangens nach innerer Reinigung sein« (AEM 52).

lectio ↗ Lesung

lectio continua ↗ Bahnlesung

Leitung von Gottesdiensten
Die Leitung, lat. *praesidere* (= vorsitzen), *praesidium* (= Vorsitz), eines Gottesdienstes geschieht durch dazu beauftragte Personen.
Die Eucharistie muss von einem Priester oder Bischof geleitet werden. Häufig wird für den Vorsteherdienst des Priesters das Wort »Zelebrant«, lat. *celebrare* (= feiern), verwendet. Der Eucharistiefeier können auch mehrere Bischöfe und/oder Priester vorstehen, die in diesem Fall »Konzelebranten« genannt werden.
Den Vorsitz bei der Spendung des Taufsakramentes und bei der Trauung können auch Diakone übernehmen. Andere sakramentale Feiern und Sakramentalien wie Beerdigungen können auch von beauftragten Laien (z. B. Pastoral- und GemeindereferentInnen) geleitet werden. Feiern der Tagzeitenliturgie, also des Stundengebetes, sowie Andachten können gegebenenfalls ohne beauftragten Leiter stattfinden. Laien nehmen bei der Leitung von Gottesdiensten nicht auf dem Priestersitz Platz. Wohl aber wird für den Vortrag von Schriftlesungen der Ambo verwendet.
Für Laien, die einen Gemeindegottesdienst, z. B. eine Wort-Gottes-Feier oder eine Beerdigung leiten, ist es sinnvoll, liturgische Kleidung zu tragen, um dadurch die Feierlichkeit des Gottesdienstes zu unterstreichen. Die liturgische Kleidung muss sich vom Gewand des Priesters und des Diakons unterscheiden.

Lektionar *(Messlektionar)*
Enthält alle Abschnitte (Perikopen) der Bibel für die Lesungen der Messfeier einschließlich Evangelium als 2. Lesung an Wochentagen bzw. 3. Lesung an Sonn- und Festtagen, den Antwortpsalm nach der 1. Lesung und den Ruf vor dem Evangelium. Einen besonderen Auszug aus dem Messlektionar bildet das Evangeliar.
Für das Stundengebet gibt es ein eigenes Lektionar.

Lektionstöne ↗ Lesetöne

Lektor
Liturgischer Dienst des Vorlesens der Schriftlesungen (außer dem Evangelium) sowie der Anliegen der Fürbitten; schon früh ein eigenes Amt, das bei der Ausdifferenzierung der einzelnen Dienste des Klerus entstand. Es wurde eine der *Niederen Weihen* des Klerus, die 1972 durch die Beauftragung zum »Dienst« (ministerium) des Lektoren oder Akolythen ersetzt wurden. Die Beauftragung geschieht durch den Bischof oder Ordensoberen, normalerweise im Rahmen einer Messfeier (Pontifikale III). Für angehende Priester und Diakone ist die Beauftragung verpflichtend, ansonsten wird diese Möglichkeit (in Deutschland) wenig genutzt, sondern stattdessen meist auf die Möglichkeit der Bestellung von Männern und Frauen ohne besondere Beauftragung als Lektoren zurückgegriffen.

Lesehore *(Officium lectionis)*
Im heutigen römischen Stundengebet an Stelle der früheren Matutin (SC 89c). Die veränderte Gestaltung legt den Schwerpunkt durch Kürzung der Psalmodie und Erweiterung der Lesungen gegenüber der Matutin auf die geistliche Betrachtung. Das Lektionar zum Stundenbuch bietet für jeden Tag des Jahres neben der Schriftlesung mit Responsorium so genannte Väterlesungen (AES 160 und AES 161). Zusätzlich können regional bedeutende Texte herangezogen werden (AES 162). Das rein formale Auswahlkriterium des vorbildlichen Lebens und der überragenden Lehre des Autors wird (AES 163) dahingehend ergänzt, dass insbesondere Texte genommen werden sollen, die der Auslegung der Heiligen Schrift dienen. Die Lesehore kann prinzipiell zu jeder Ta-

geszeit gehalten werden, soll aber »im Chor den Charakter als nächtliches Gotteslob« beibehalten (SC 89c) und kann insbesondere vor Festen zu einer Vigil mit Cantica, Evangelium, Te Deum und Oration erweitert werden (AES 73).

Leseordnung

Die Schriftlesungen in den Eucharistiefeiern am Sonntag und an den Werktagen sowie die des Stundengebetes werden in Leseordnungen festgelegt.

Die Leseordnung für die **Sonntage und Hochfeste** sieht die erste Lesung aus dem Alten Testament, die zweite aus den neutestamentlichen Briefen und eine Evangelienperikope (Perikope = Leseabschnitt aus der Heiligen Schrift) vor. Es sind also für jeden Sonn- und Festtag drei Lesungen vorgesehen. Aus schwerwiegenden pastoralen Gründen kann entweder die alttestamentliche oder die Brieflesung entfallen. Das Grundprinzip der Leseordnung ist jedoch, einen möglichst großen Teil der Bibel regelmäßig zu lesen und so den Gottesdienstteilnehmern vertraut zu machen. Die Lesungen der Sonntage im Jahreskreis kehren im dreijährigen Rhythmus wieder. So werden im Lesejahr A Perikopen aus dem Matthäusevangelium gelesen, im Lesejahr B aus dem Markus- und dem Johannesevangelium und im Lesejahr C aus dem Lukasevangelium. Die Lesungen werden in Auswahl in der Reihenfolge übernommen, in der sie in der Bibel stehen (lectio continua – fortlaufende Lesung [in Auswahl]). Gleiches gilt für die Lesungen aus den neutestamentlichen Briefen. Dagegen werden die Lesungen aus dem Alten Testament thematisch passend zum Evangelium gewählt. An den Sonntagen des Weihnachts- und des Osterfestkreises werden thematisch passende Evangelienperikopen ausgewählt, so in der Adventszeit u. a. Lesungen über Johannes den Täufer als den Vorboten Jesu Christi.

An **Werktagen** wird vor dem Evangelium eine Lesung gelesen. Während die Lesungen aus dem Evangelium sich jedes Jahr wiederholen, gilt für die erste Lesung ein zweijähriger Rhythmus. In beiden Lesungen werden die biblischen Bücher oder Briefe fortlaufend in Auswahl gelesen.

Für **Heiligenfeste** gibt es eigene Lesungen, die passend zum Leben des Heiligen ausgewählt sind.

Die Lesungen von Laudes und Vesper im **Stundenbuch** wiederholen sich in Angleichung an den Vierwochenpsalter im vierwöchigen Rhythmus, Heiligen- und Festtage ausgenommen.

Lesepult ↗ Ambo

Lesetöne *(Lektionstöne)*

Auch *Lektionstöne.* Dienen als Vertonungsmodelle der Kantillation der Lesungen, insbesondere des Evangeliums in der Liturgie zum Zwecke einer feierlich gehobenen Vortragsweise.

Lesung *(lectio)*

In Gottesdiensten die Verkündigung eines Abschnitts aus der Heiligen Schrift (Perikope). Während die Lesung aus dem Evangelium vom Priester oder Diakon vorgetragen wird, steht der Vortrag der übrigen Lesungen Laien (Lektoren, lat. *lector* = Leser) zu. Im Stundengebet gibt es außer den biblischen Lesungen so genannte Väterlesungen. Mit »Vätern« sind die Männer und auch Frauen gemeint, die als Heilige und/oder als hervorragende Theologen für die Kirche prägendes Schriftgut hinterlassen haben.

Lettner

Einbau im Hoch- und Spätmittelalter in Kirchen zwischen Chorraum und Hauptschiff zum Vortrag der Lesungen und der Predigt (lat. *lectorium* = Leseort) und für andere Funktionen (Sängerchor), trennte stark zwischen Kleriker und Laien und wurde im 16. Jahrhundert fast allerorten wieder abgerissen.

Leuchter

Meistens metallene Halterungen für Kerzen. Man unterscheidet sie entsprechend ihrer verschiedenen Bedeutungen: Altarleuchter, die vor, neben oder auf dem Altar stehen; Akolythenleuchter, d.h. die tragbaren Leuchter, die die Messdiener beim Ein- und Auszug sowie bei der Verkündigung des Evangeliums halten, sie werden zu den übrigen Zeiten des Gottesdienstes beim Altar oder auf dem Kredenztisch abgestellt; die Wandhalter der zwölf Apostelkerzen; Leuchter auf Seitenaltären und vor Heiligendarstellungen; der große, schmuckvolle Ständer für die Osterkerze; der dreieckige Leuchter (Triangel), der in den Trauermetten der Karwoche Verwendung findet, außerdem bis zur Erfindung des elektrischen Lichtes die Hänge- und Wandleuchter, die der Beleuchtung der Kirche dienten.

Libera nos

Anfangsworte der lateinischen Fassung des Embolismus nach dem Vaterunser in der Messe.

Erlöse uns, Herr, allmächtiger Vater, von allem Bösen und gib Frieden in unseren Tagen. Komm uns zu Hilfe mit deinem Erbarmen und bewahre uns vor Verwirrung und Sünde, damit wir voll Zuversicht das Kommen unseres Erlösers Jesus Christus erwarten.

Licht

Licht steht als Symbol für Christus. Im Johannesevangelium bezeichnet er sich selbst als das Licht der Welt (Joh 8,12). Licht ist Ausdruck des Lebens, welches nur durch die Sonne gedeihen kann. Entsprechend wird Christus als die wahre Sonne bezeichnet. Und von Gott heißt es, er wohne im unzugänglichen Lichte. Das Licht verbindet die Menschen, neben dem Klang, mit ihrer Umgebung. Durch das Licht wird der Raum und werden Farben erfahrbar. Wegen seines starken Symbolgehaltes wurde beim Kirchenbau immer wieder auf eine gute Lichtführung geachtet. In gotischen Kirchen tauchen die großen Fensterflächen mit ihren farbigen Glasmalereien die Kirche in ein mystisch wirkendes Licht ein. Die lichtdurchfluteten barocken Kirchen dagegen

drücken die Freude auf den Himmel aus. Kunstvoll werden in ihnen oft besondere Bereiche durch Licht inszeniert.
Welch einen Einfluss das Licht auf die Liturgie hat, ist besonders in der Feier der Osternacht beim Einzug mit der Osterkerze in die dunkle Kirche zu beobachten. Als Ausdruck, dass durch die Auferstehung Christi neues Licht, d.h. neues unvergängliches Leben gekommen ist, ruft der Priester oder Diakon der Gemeinde beim Einzug in die Kirche »Lumen Christi«, d.h. »Licht von Christus« zu.
Die Gegenwart Christi im eucharistischen Sakrament wird in einer Kirche durch das Ewige Licht angezeigt. Auf Gräbern wird ein Licht als Ausdruck der Auferstehungshoffnung angezündet.

Lichtmess ↗ Darstellung des Herrn

Lied
Gesang, dessen Text in Strophen gegliedert ist. Die Melodie der einzelnen Strophen kann gleich sein oder variieren. Der Text entfaltet sich in den einzelnen Strophen. Die ältesten deutschsprachigen Kirchenlieder sind die so genannten Leisen. Der Name ist von dem Ruf »Kyrieleis«, mit dem diese Lieder schließen, abgeleitet. Zu ihnen gehört u.a. das Osterlied »Christ ist erstanden« (GL 213). Sie wurden vom Volk im Wechsel zur Sequenz des jeweiligen Festes gesungen. Ein frühes Kirchenlied aus dem 14. Jh. ist das Weihnachtslied »In dulci jubilo« (GL 142). An ihm kann man den Übergang vom Latein in die Volkssprache beobachten. Das deutschsprachige Kirchenlied wurde von den Reformatoren, darunter besonders Martin Luther, verbreitet. Aus dieser Zeit finden sich noch viele Lieder im evangelischen Gesangbuch. Auch die Zeit des Barocks hat viele Kirchenlieder hervorgebracht, die zum Teil eine sehr persönliche, fast mystische Beziehung zu Jesus Christus vermitteln, z.B. die Lieder von Angelus Silesius (Johannes Scheffler) und Paul Gerhardt. Von beiden sind mehrere Lieder in das Gotteslob eingegangen. Diese und spätere Kirchenlieder wurden zur Andacht der Gemeinde während der Messfeier gesungen, waren aber kein eigentlicher Bestandteil der Liturgie. Das hat sich erst mit der Liturgiereform im Zuge des Zweiten Vatikanischen Konzils geändert. Seit der Musikinstruktion von 1967 dürfen anstelle der Gesänge des Ordinariums

Lieder mit entsprechenden Texten gesungen werden, so genannte Messgesänge, beispielsweise als Glorialied GL 486 »Preis und Ehre …«. Seit den 60er-Jahren des vergangenen Jh. gibt es außerdem starke Bestrebungen, moderne musikalische Stilrichtungen aufzugreifen. Zusammenfassend ist hierfür die Bezeichnung »Neues geistliches Lied« (NGL) geprägt worden.
Für die Erneuerung der Gesangbücher der katholischen, evangelischen und altkatholischen Kirche stellt die »Arbeitsgemeinschaft für Ökumenisches Liedgut (AÖL)« ökumenisch erarbeitete Textfassungen zur Verfügung.

Lied des Mose

Alttestamentliches Canticum Ex 15,1–18, das in der Ostervigil nach der dritten Lesung (Exodus 14,15–15,1) gesungen wird. Die Rettung der Israeliten vor den nachrückenden Ägyptern am Schilfmeer wurde schon im frühen Christentum mit der Errettung vom Tode durch das österliche Ereignis der Auferstehung verbunden. Das *Lied des Mose* und der Lobgesang der drei Jünglinge im Feuerofen Dan 3,52ff. sind die ältesten bezeugten Cantica in der Liturgie der Kirche. Das Lied des Mose wird aber bereits in der Offenbarung des Johannes (15,3) als (österliches) Siegeslied angestimmt.

Ich singe dem Herrn ein Lied, *
denn er ist hoch und erhaben. *
Rosse und Wagen warf er ins Meer.
Meine Stärke und mein Lied ist der Herr, *
er ist für mich zum Retter geworden. *
Er ist mein Gott, ihn will ich preisen; *
den Gott meines Vaters will ich rühmen.
Der Herr ist ein Krieger, *
Jahwe ist sein Name.
Pharaos Wagen und seine Streitmacht *
warf er ins Meer. *
(Seine besten Kämpfer versanken im Schilfmeer.
Fluten deckten sie zu, *
sie sanken in die Tiefe wie Steine.

Deine Rechte, Herr, ist herrlich an Stärke; *
deine Rechte, Herr, zerschmettert den Feind.
In deiner erhabenen Größe *
wirfst du die Gegner zu Boden. *
Du sendest deinen Zorn; *
er frisst sie wie Stoppeln.)
Du schnaubtest vor Zorn, *
da türmte sich Wasser, *
da standen Wogen als Wall, *
Fluten erstarrten im Herzen des Meeres.
Da sagte der Feind: Ich jage nach, hole ein. *
Ich teile die Beute, ich stille die Gier. *
Ich zücke mein Schwert, meine Hand jagt sie davon.
Da schnaubtest du Sturm. Das Meer deckte sie zu. *
Sie sanken wie Blei ins tosende Wasser.
Wer ist wie du unter den Göttern, o Herr? *
Wer ist wie du gewaltig und heilig, *
gepriesen als furchtbar, Wunder vollbringend?
Du strecktest deine Rechte aus, *
da verschlang sie die Erde.
Du lenktest in deiner Güte *
das Volk, das du erlöst hast, *
du führtest sie machtvoll *
zu deiner heiligen Wohnung.
(Als die Völker das hörten, erzitterten sie, *
die Philister packte das Schütteln.
Damals erschraken die Häuptlinge Edoms, *
die Mächtigen von Moab packte das Zittern, *
Kanaans Bewohner, sie alle verzagten.
Schrecken und Furcht überfiel sie, *
sie erstarrten zu Stein *
vor der Macht deines Arms, *
bis hindurchzog, o Herr, dein Volk, *
bis hindurchzog das Volk, das du erschufst.)
Du brachtest sie hin *
und pflanztest sie ein *

auf dem Berg deines Erbes. *
Einen Ort, wo du thronst, Herr, *
hast du gemacht; *
ein Heiligtum, Herr, haben deine Hände gegründet.
Der Herr ist König für immer und ewig.

Litanei

Bezeichnung aus dem Lateinischen von litania für »Bittgebete«, in denen die Gemeinde auf die Bitten oder Anrufungen des Vorbeters mit gleichbleibenden Bittrufen antwortet. Rom übernahm diese Gebetsform im 5. Jh. aus der Ostkirche, die sie als Kyrie-Litanei kannte, also als Anrufung Christi, und schuf als ältesten Typ die Allerheiligenlitanei. Ebenfalls sehr früh entstand die Lauretanische Litanei mit ihren Marienanrufungen. Litaneien erfreuten sich im Mittelalter z. B. bei Prozessionen großer Beliebtheit. Heute wird besonders die Allerheiligenlitanei bei Weihungen und Segnungen sowie bei Bittprozessionen gesungen, beispielsweise in der Osterliturgie zur Segnung des Taufwassers oder bei der Priester- oder Bischofsweihe. Im Gotteslob sind acht Litaneien verzeichnet, darunter neben den genannten auch moderne wie die »Namen-Gottes-Litanei« (GL 763) und die »Litanei von der Gegenwart Gottes« (GL 764).

Liturgie

Aus dem Griechischen stammend, bedeutet Liturgie soviel wie »öffentliches Werk«, »Dienst des Volkes und für das Volk« (Katechismus 1069). Durch die Liturgie hat die Kirche aktiv Anteil am Erlösungswerk Gottes. Das ist vor allem das Pascha-Mysterium Christi, sein Opfer durch seinen Tod am Kreuz. Durch die Eucharistiefeier ist die Kirche an diesem beteiligt. Die Liturgie ist die lobpreisende Antwort auf das, was Gott den Menschen Gutes getan hat, vor allem dadurch, dass er uns seinen Sohn und den Heiligen Geist gesandt hat. Sie ist Gebet der Kirche durch Jesus Christus im Heiligen Geist zum Vater. So drückt es die Schlussformel der Orationen aus. Durch die Liturgie hat die Kirche also Anteil am Geheimnis der göttlichen Dreifaltigkeit. Liturgie ist immer öffentlich, da sie Ausdruck der Beziehung zwischen Gott und der Kirche in ihrer Ganzheit ist, auch wenn ein Gottesdienst in sehr kleinem

Kreis stattfindet. Dem entsprechen einheitliche Rituale der liturgischen Feiern. Neben der Eucharistiefeier gehören zur Liturgie das Stundengebet, die Feier der Sakramente, Weihen und Segnungen. Religiöse Andachtsformen, die sich als Ausdruck der Volksfrömmigkeit entwickelt haben (z.B. Rosenkranzandacht), sind nicht Liturgie im eigentlichen Sinn. Liturgische Feiern können katechetische Elemente haben, z.B. in der Homilie. Dies ist aber nur eine Nebenaufgabe der Liturgie. Die Liturgie ist von großer katechetischer Bedeutung, da sie in den Verkündigungselementen die Gläubigen im Glauben unterweist und sie in den Gebeten beten lehrt. Ihrem Wesen widerspricht es jedoch, wenn sie zu katechetischen Zwecken verändert wird. Das kirchliche Leben erschöpft sich nicht in der Liturgie. Hinzu kommt die christliche Lebensform, die den Glauben bezeugt und von ihm durchdrungen ist (Martyrium = Zeugnis) und ihren Ausdruck im Dienst an den Mitmenschen findet (Diakonie). Sie wird in der Liturgie angeregt und gestärkt. Der Liturgie geht die Verkündigung der Frohen Botschaft (Evangelisierung) voraus und damit verbunden die Bekehrung der Angesprochenen und das Glaubensbekenntnis.

Liturgiefähigkeit

Wenn man an einer liturgischen Feier teilnehmen möchte, muss man bestimmte Voraussetzungen mitbringen, um nicht nur äußerlich anwesend, sondern auch innerlich beteiligt zu sein. Dazu gehört in erster Linie der christliche Glaube; zur vollen Teilnahme muss man getauft sein. Man muss sich auf Stille und Besinnung, auf Konzentration einlassen können. Man sollte zuhören und sich auf die Sprache der Liturgie und der Bibel konzentrieren können. Diese Anforderungen bedürfen einer gewissen Übung, und auch gläubigen Christen fällt die aufmerksame Teilnahme an Gottesdiensten nicht immer leicht. Andererseits kann Liturgie so gestaltet werden, dass der Zugang leichter fällt, indem eine zeitgemäße Sprache und musikalische Gestaltung gewählt und Zeichenhandlungen und Symbole in kurzen Einführungen erschlossen werden. Besonders bei Gottesdiensten mit Besuchern, die keine regelmäßigen Kirchgänger sind, z.B. bei Trauungen oder Beerdigungen, muss mit mangelnder Liturgiefähigkeit mancher Mitfeiernden gerechnet werden.

Liturgie-Konstitution *(LK; Sacrosanctum Concilium [SC])*
Konstitution über die heilige Liturgie (Constitutio de Sacra Liturgia), das erste Dokument des Zweiten Vatikanischen Konzils, das am 4. 12. 1963 mit 2147 zu 4 Stimmen verabschiedet wurde und als Ausgangspunkt der folgenden Erneuerung der Liturgie gilt. Zitiert wird das Dokument meist als *LK* oder *SC*, Letzteres von den lateinischen Anfangsworten: »Das Heilige Konzil *(Sacrosanctum Concilium)* hat sich zum Ziel gesetzt, das christliche Leben unter den Gläubigen mehr und mehr zu vertiefen, die dem Wechsel unterworfenen Einrichtungen den Notwendigkeiten unseres Zeitalters besser anzupassen, zu fördern, was immer zur Einheit aller, die an Christus glauben, beitragen kann, und zu stärken, was immer helfen kann, alle in den Schoß der Kirche zu rufen. Darum hält es das Konzil auch in besonderer Weise für seine Aufgabe, sich um Erneuerung und Pflege der Liturgie zu sorgen« (SC 1).

Liturgiereform
Bemühen in der Kirche, Inhalt und Struktur der liturgischen Feiern, insbesondere der Eucharistiefeier, in Einklang mit dem Auftrag Jesu Christi zu bringen. Dazu wurde die Liturgie immer wieder von kulturell- und zeitbedingten Nebensächlichkeiten befreit, um das Eigentliche, die Versammlung der Gläubigen zum Hören des Wortes Gottes und zur Feier der Eucharistie deutlich hervorzuheben. Während es im ausgehenden ersten Jahrtausend besonders um eine Vereinheitlichung mit der Liturgie in der Stadt Rom ging, war die Reformation um ein Zurückfinden zur biblisch überlieferten Liturgie bemüht, gleichzeitig aber auch um die Verständlichkeit des Gottesdienstes für die Gläubigen. Es entstanden eine neue deutsche Bibelübersetzung (Lutherbibel) und deutsche Gesänge. Auf katholischer Seite suchte das Konzil von Trient (Mitte 16. Jh.) Orientierung an der überlieferten Form und bezog sich dabei stark auf den so genannten Rheinischen Messordo (s. Ordo Missae). Im 20. Jh. gab es durch das Zweite Vatikanischen Konzil (1962–1965) eine grundlegende und umfassende Liturgiereform. Wegbereitend dazu war die Liturgische Bewegung. Die Liturgiereform des Zweiten Vatikanischen Konzils basierte auf der wissenschaftlichen Auseinandersetzung mit frühchristlichen Quellen zur Liturgie und somit dem Liturgieverständnis der frühen Kirche einerseits, andererseits

auf dem Willen, die Gläubigen zu einer tätigen Teilnahme zu führen (SC 50). Wesentliche Änderungen sind der Vollzug der Liturgie in den Landessprachen, die Ausrichtung des Altares zur Gemeinde hin (versus populum), so dass diese mit dem Priester um den Altar versammelt ist, und der Wegfall von Verdoppelungen und von Privatgebeten des Priesters. Schon in den 50er-Jahren hatte unter Papst Pius XII. eine grundlegende Neustrukturierung der Osternachtfeier stattgefunden, die vom Karsamstagmorgen wieder auf die eigentliche Osternacht zurückverlegt wurde.

Liturgiesprache

Wir sind es heute gewohnt, Gottesdienste in unserer Landessprache zu feiern. In der Kirchengeschichte war dies jedoch keinesfalls selbstverständlich. In der frühen Kirche war Griechisch die gängige Sprache, in der auch das Neue Testament geschrieben wurde. Ab dem 3. Jh. setzte sich im Westen Latein durch, während in der Ostkirche die Liturgie weiterhin auf Griechisch gefeiert wurde. Aus dem Griechischen ist uns bis heute das »Kyrie eleison« erhalten. Weitere Sprachen wie Arabisch, Aramäisch, Assyrisch, Äthiopisch und nach der Slavenmission im 9. Jh. auch Slawisch wurden als liturgische Sprachen anerkannt. In der Westkirche setzte sich jedoch Latein durch, da es von den missionierten Germanen als Liturgiesprache übernommen wurde. In der Folgezeit des Konzils von Trient (Mitte 16. Jh.) galten Volkssprachen in der Liturgie als verboten, wenngleich dies vom Konzil gar nicht festgelegt worden war. Daher wurde die hl. Messe bis zur Liturgiereform des Zweiten Vatikanischen Konzils fast ausschließlich auf Latein gefeiert. Ähnliches galt für das Stundengebet. Das Zweite Vatikanischen Konzils sieht zwar den Gebrauch der lateinischen Sprache in der Liturgie vor, gesteht jedoch den Bischofskonferenzen der einzelnen Sprachgebiete zu, selber zu bestimmen, inwieweit die jeweilige Landessprache eingesetzt wird (SC 36). Von diesem Angebot ist in der Folgezeit auf der ganzen Welt Gebrauch gemacht worden, so dass die Messe wie auch das Stundengebet praktisch in jedem Land in der jeweiligen Volks- oder Amtssprache gefeiert werden. Die Übersetzungen der liturgischen Texte seitens der Bischofskonferenzen der Länder müssen vom Heiligen Stuhl anerkannt (rekognosziert) werden. Bei der Übersetzung der liturgischen Texte geht es einerseits um sprachliche Genauigkeit und andererseits um die Vermittlung der geistigen Inhalte mit den treffenden Ausdrücken der jeweiligen Sprache. Die Übersetzungen der Liturgie in die Volkssprachen sollen als »authentische Stimme der Kirche Gottes verlässlich sein« (Liturgiam authenticam, 7). Eine neue Hilfestellung hat die Kongregation für den Gottesdienst und die Sakramentenordnung im Jahre 2001 herausgegeben: »Liturgiam authenticam. Der Gebrauch der Volkssprachen bei der Herausgabe der Bücher der römischen Liturgie. Fünfte Instruktion zur ordnungsgemäßen Ausführung der Konstitution des Zweiten Vatikanischen Konzils über die heilige Liturgie« (Zu Art. 36 der Konstitution).

Liturgiewissenschaft *(Liturgik)*
Wissenschaftliche Disziplin innerhalb der Theologie, die sich mit dem Themenfeld Gottesdienst beschäftigt. Dabei werden unter anderem die geschichtliche Entwicklung der Liturgie mit ihren verschiedenen Gottesdienstformen, die theologischen Grundlagen, die spirituelle und die lebendige Umsetzung in Gottesdiensten in Gemeinden der Kirche von heute erforscht. Seit dem Zweiten Vatikanischen Konzil ist die Liturgiewissenschaft ein Hauptfach der katholischen Theologie. Die Liturgiewissenschaft hat enge Beziehungen zu allen anderen Fächern der Theologie und ist auf vielfältige Weise für diese eine Erkenntnisquelle; sie steht darüber hinaus mit nicht-theologischen Humanwissenschaften in engem Austausch.

Liturgik ↗ Liturgiewissenschaft

Liturgische Bewegung
In der Kirche gibt es immer wieder liturgische Aufbrüche und Reformbestrebungen mit dem Ziel, Liturgie, insbesondere die sonntägliche Eucharistiefeier, als Zentrum des Gemeindelebens und der persönlichen Spiritualität erfahrbar zu machen und die Gläubigen zur tätigen Teilnahme zu motivieren. Sie werden als Liturgische Bewegung bezeichnet. Für unsere Zeit ist die Liturgische Bewegung der 1. Hälfte des 20. Jh. von großer Bedeutung, da ihre Ideen direkten Einfluss auf die Liturgiereform des Zweiten Vatikanischen Konzils hatten. Als ihr

Auslöser gilt die Rede von Lambert Beauduin OSB auf dem Katholikentag von Mecheln 1909 – das sog. Mechelner Ereignis. Wenige Jahre vorher (1905) hatte Papst Pius X. den häufigen Kommunionempfang gefordert und 1910 in einem weiteren Dekret die Erstkommunion ab dem 7. Lebensjahr ermöglicht. Er bot somit einen Rahmen für den Zugang der Gemeinde zur Messfeier. Die Liturgische Bewegung wurde im deutschsprachigen Gebiet u. a. vom Kloster Maria Laach und von Pius Parsch in Klosterneuburg/Österreich sowie von der Jugendbewegung Quickborn (Burg Rothenfels, Romano Guardini) und weiterer Jugendverbände getragen. Das Leipziger Oratorium und die Innsbrucker Theologische Fakultät trugen zur Entfaltung der Bewegung bei. Viele Bereiche der Liturgie, die uns heute selbstverständlich erscheinen, sind auf das Engagement der Liturgischen Bewegung zurückzuführen: Vor allem ist die Wertschätzung der Gemeinde für die Feier der Eucharistie zu nennen. Sie drückt sich in der Neugestaltung der Kirchen mit freistehendem Altar aus, um den sich die Feiernden versammeln. Die Feier der Osternacht wurde neu geordnet und vom Vormittag des Karsamstag auf die eigentliche Nacht zurückverlegt. Der Zugang zur Kommunion, auch unter beiden Gestalten, wurde erleichtert: Die Forderung nach Nüchternheit wurde praktisch aufgehoben.
Siehe auch Mediator Dei

Liturgische Kommission

Beratungsgremium einer nationalen Bischofskonferenz für liturgische Fragen. Von der Liturgiekommission werden Arbeitsgruppen gebildet, die sich mit bestimmten Aspekten der Liturgie, z. B. der Musik oder der sakralen Kunst und Architektur beschäftigen.

Liturgischer Arbeitskreis

Meist Sachausschuss von Pfarrgemeinderäten für die Regelung der konkreten Fragen, die die liturgischen Feiern in der Gemeinde betreffen, angesichts der Situation, dass ein- und derselbe Seelsorger heute oft für mehrere Gemeinden gleichzeitig zuständig ist, eine notwendige Einrichtung für die Vorbereitung der einzelnen Gottesdienste. In der Regel trifft sich solch ein Arbeitskreis 4- bis 5-mal im Jahr und bemüht sich um die Planung und Durchführung liturgischer Feiern, die Einbindung des traditionellen Brauchtums, die Einteilung verschiedener Dienste, die Organisation von Seminaren und Aus- bzw. Fortbildungen für die Diensttuenden (Organist, Kantor, Chorleiter, Lektoren, Kommunionhelfer, Ministranten).

LK ↗ Liturgie-Konstitution

Lob Gottes

»Das Lob ist die Gebetsform, die am unmittelbarsten Gott als Gott anerkennt. Es ist völlig uneigennützig: Es besingt Gott um seiner selbst willen und erweist ihm Ehre, weil er ist« (Katechismus der Katholischen Kirche, Kompendium). Lob kann in diesem Sinne eine Antwort des Menschen auf das erfahrene Wirken Gottes sein, wie es viele Psalmen zeigen, kann aber auch dann aus dem Glauben heraus Gott entgegengebracht werden, wenn der Mensch ihn als fremd erfährt (Ijob 1, 21). Die Liturgie der Messfeier ist voll des Lobes, explizit kommt dies im Hochgebet, mit dem Sanctus sowie im Gloria zum Ausdruck. Das Wort Eucharistie (griech. = Danksagung) selber bezeugt dies. Das Stundengebet richtet sich lobend an Gott, wie es besonders im Namen des Morgengebetes »Laudes« = Bezeichnung für die Lobpsalmen 148–150 zum Ausdruck kommt. Man spricht auch von Morgen- (= Laudes) und Abendlob (= Vesper).

Lobgesang der drei Jünglinge im Feuerofen

(Canticum trium puerorum)

Alttestamentliches Canticum (Daniel 3, 52 ff.), das am Sonntag in die Psalmodie der Laudes – aufgeteilt in Dan 3, 57–88 und 52–57 – einfügt wird (AES 136). (Anstelle Vers 88b–90 wird die trinitarische Doxologie »Lasst uns preisen den Vater und den Sohn mit dem Heiligen Geist, ihn loben und rühmen in Ewigkeit« angestimmt.) Die Errettung der drei Jünglinge aus dem Feuerofen wurde schon im frühen Christentum mit der Errettung vom Tode durch das österliche Ereignis der Auferstehung verbunden.

Gepriesen bist du, Herr, du Gott unserer Väter, *
gelobt und gerühmt in Ewigkeit.

Gepriesen ist dein heiliger, herrlicher Name, *
hoch gelobt und verherrlicht in Ewigkeit.
Gepriesen bist du im Tempel deiner heiligen Herrlichkeit, *
hoch gerühmt und verherrlicht in Ewigkeit.
Gepriesen bist du, der in die Tiefen schaut und auf Kerubim thront, *
gelobt und gerühmt in Ewigkeit.
Gepriesen bist du auf dem Thron deiner Herrschaft, *
hoch gerühmt und gefeiert in Ewigkeit.
Gepriesen bist du am Gewölbe des Himmels, *
gerühmt und verherrlicht in Ewigkeit.
Preist den Herrn, all ihr Werke des Herrn; *
lobt und rühmt ihn in Ewigkeit!

Preist den Herrn, ihr Himmel; *
lobt und rühmt ihn in Ewigkeit!
Preist den Herrn, ihr Engel des Herrn; *
lobt und rühmt ihn in Ewigkeit!
Preist den Herrn, all ihr Wasser über dem Himmel; *
lobt und rühmt ihn in Ewigkeit!
Preist den Herrn, all ihr Mächte des Herrn; *
lobt und rühmt ihn in Ewigkeit!
Preist den Herrn, Sonne und Mond; *

lobt und rühmt ihn in Ewigkeit!
Preist den Herrn, ihr Sterne am Himmel; *
lobt und rühmt ihn in Ewigkeit!
Preist den Herrn, aller Regen und Tau; *
lobt und rühmt ihn in Ewigkeit!
Preist den Herrn, all ihr Winde; *
lobt und rühmt ihn in Ewigkeit!
Preist den Herrn, Feuer und Glut; *
lobt und rühmt ihn in Ewigkeit!
Preist den Herrn, Frost und Hitze; *
lobt und rühmt ihn in Ewigkeit!
Preist den Herrn, Tau und Schnee; *
lobt und rühmt ihn in Ewigkeit!
Preist den Herrn, Eis und Kälte; *
lobt und rühmt ihn in Ewigkeit!
Preist den Herrn, Raureif und Schnee; *
lobt und rühmt ihn in Ewigkeit!
Preist den Herrn, ihr Nächte und Tage; *
lobt und rühmt ihn in Ewigkeit!
Preist den Herrn, Licht und Dunkel; *
lobt und rühmt ihn in Ewigkeit!
Preist den Herrn, ihr Blitze und Wolken; *
lobt und rühmt ihn in Ewigkeit!
Die Erde preise den Herrn; *
sie lobe und rühme ihn in Ewigkeit.
Preist den Herrn, ihr Berge und Hügel; *
lobt und rühmt ihn in Ewigkeit!
Preist den Herrn, all ihr Gewächse auf Erden; *
lobt und rühmt ihn in Ewigkeit!
Preist den Herrn, ihr Quellen; *
lobt und rühmt ihn in Ewigkeit!
Preist den Herrn, ihr Meere und Flüsse; *
lobt und rühmt ihn in Ewigkeit!
Preist den Herrn, ihr Tiere des Meeres *
und alles, was sich regt im Wasser; *
lobt und rühmt ihn in Ewigkeit!

Preist den Herrn, all ihr Vögel am Himmel; *
lobt und rühmt ihn in Ewigkeit!
Preist den Herrn, all ihr Tiere, wilde und zahme; *
lobt und rühmt ihn in Ewigkeit!
Preist den Herrn, ihr Menschen; *
lobt und rühmt ihn in Ewigkeit!
Preist den Herrn, ihr Israeliten;*
lobt und rühmt ihn in Ewigkeit!
Preist den Herrn, ihr seine Priester; *
lobt und rühmt ihn in Ewigkeit!
Preist den Herrn, ihr seine Knechte; *
lobt und rühmt ihn in Ewigkeit!
Preist den Herrn, ihr Geister und Seelen der Gerechten; *
lobt und rühmt ihn in Ewigkeit!
Preist den Herrn, ihr Demütigen und Frommen; *
lobt und rühmt ihn in Ewigkeit!
Preist den Herrn, Hananja, Asarja und Mischaël; *
lobt und rühmt ihn in Ewigkeit!

Lobgesang des Simeon *(Nunc dimittis)*
Neutestamentliches Canticum (Lk 2,29–32), das laut AES 89 den Höhepunkt der Komplet bilden soll. Ist im römischen Stundenbuch fester Bestandteil der Komplet, aber nicht in den monastischen Stundenbüchern, wo nur auf die Möglichkeit verwiesen wird, dass das Anstimmen des Canticums nach dem Responsorium erfolgen kann. Nach AES 138 wird dem *Nunc dimittis* dieselbe Feierlichkeit und Ehre erwiesen wie dem Evangelium, zumindest indem sich jeder zu Beginn des Canticums mit dem »großen« Kreuzzeichen bezeichnet (AES 266).
Die Bezeichnung *Nunc dimittis* stammt von den ersten beiden Worten der lateinischen Fassung: »Nunc dimittis servum tuum Domine …«.

Nun lässt du, Herr, deinen Knecht, *
wie du gesagt hast, in Frieden scheiden.
Denn meine Augen haben das Heil gesehen, *
das du vor allen Völkern bereitet hast,
ein Licht, das die Heiden erleuchtet, *

und Herrlichkeit für dein Volk Israel.
Ehre sei dem Vater und dem Sohn *
und dem Heiligen Geist.
Wie im Anfang so auch jetzt und alle Zeit *
und in Ewigkeit. Amen.

Lucernar *(Lucernarium; Luzernar)*

Von lat. *lux* (= Licht), Lichtfeier zu Beginn des Abends. Die Menschen haben die Möglichkeit, die Nacht unabhängig vom Tageslicht durch Feuer erhellen zu können, seit jeher als göttliches Geschenk, bzw. als eine den Göttern geraubte Gabe (so in der griechischen Antike) erfahren. Seit der Antike begrüßen und verteilen Christen das Licht in einem eigenen Ritus zu Beginn des Abendlobes, der Vesper. Dieser Ritus besteht neben der Weitergabe des Lichtes aus einem Hymnus über das Licht und einem Dankgebet. Dabei bekennt man sich zu Christus als dem wahren Licht. In der römischen Liturgie hat sich dieser Ritus bis heute nur am Beginn der Feier der Osternacht erhalten. Nach dem Verteilen des Lichtes ausgehend von der Osterkerze, erklingt hier der besonders festliche Gesang des Exsultet, des österlichen Lobpreises auf das Licht.

Lumen Christi

Lateinischer Ruf während der Lichtfeier zu Beginn der Osternacht. Wird beim Einzug mit der neu entzündeten Osterkerze in die Kirche vom Diakon oder Priester dreimal gesungen. Wörtlich übersetzt bedeutet der Ruf *Licht Christi*, gesungen wird »Christus, das Licht« worauf die Gemeinde mit »Dank sei Gott« (»Deo gratias«) antwortet. Vom Licht der Osterkerze wird jedes Jahr auch das Ewige Licht neu angezündet, das das ganze Jahr über auf die leibliche Gegenwart Christi als das Licht der Welt in Gestalt des eucharistischen Brotes im Tabernakel hinweist: »Ich bin das Licht der Welt« (Johannes 8,12).

Lustration

Wahrscheinlich von lat. *lucere* (= leuchten). Kultische Reinigung zum Vertreiben von vorhandenem oder zum Schutz vor kommendem Unheil. In der römischen Antike durch mehrmaliges Umschreiten der

Personen oder des Ortes mit Sühnegaben oder/und Leuchtern erwirkt. In der römischen Liturgie in den Bittprozessionen vor Christi Himmelfahrt und der Prozession zur Darstellung des Herrn (Mariä Lichtmess) noch lebendig.

M

Magie

Die Magie oder Zauberei versucht, überirdische Mächte mit Formeln und Zeichenhandlungen zu bezwingen und für eigene Zwecke dienstbar zu machen. Im Gegensatz zu Gebet und Gottesdienst, vertraut sie nicht auf die freie Liebe Gottes und versucht, sich nicht seinem Willen unterzuordnen, sondern im Gegenteil das Wirken Gottes dem menschlichen Willen anzupassen. Auch wenn die Kirche magische Vorstellungen ablehnt, treten solche im Bereich des Volksglaubens immer wieder auf.

Magnificat

Lobgesang Mariens während ihres Besuchs bei Elisabet (Lk 1,68–79).
Bildet als Canticum den Höhepunkt der Vesper (AES 50).
Nach AES 138 wird dem *Magnificat* dieselbe Feierlichkeit und Ehre erwiesen wie dem Evangelium, zumindest indem sich jeder zu Beginn des Canticums mit dem »großen« Kreuzzeichen bezeichnet (AES 266), an Festen wird es darüber hinaus mit Inzens verbunden.
Die Bezeichnung *Magnificat* stammt vom ersten Wort der lateinischen Fassung: »Magnificat anima mea Dominum …«

Meine Seele preist die Größe des Herrn, *
und mein Geist jubelt über Gott, meinen Retter.
Denn auf die Niedrigkeit seiner Magd hat er geschaut. *
Sieh, von nun an preisen mich selig alle Geschlechter!
Denn der Mächtige hat Großes an mir getan, *
und sein Name ist heilig.
Er erbarmt sich von Geschlecht zu Geschlecht *
über alle, die ihn fürchten.
Er vollbringt mit seinem Arm machtvolle Taten: *
er zerstreut, die im Herzen voll Hochmut sind;
er stürzt die Mächtigen vom Thron *
und erhöht die Niedrigen.

Die Hungernden beschenkt er mit seinen Gaben *
und lässt die Reichen leer ausgehen.
Er nimmt sich seines Knechtes Israel an *
und denkt an sein Erbarmen,
das er unsern Vätern verheißen hat, *
Abraham und seinen Nachkommen auf ewig.
Ehre sei dem Vater und dem Sohn *
und dem Heiligen Geist.
Wie im Anfang so auch jetzt und alle Zeit *
und in Ewigkeit. Amen.

Mahl

Das Mahl erfüllt über die Nahrungsaufnahme hinaus mehrere Funktionen: Es bedeutet Tischgemeinschaft, ist Ausdruck des Vertrauens und der Zugehörigkeit der Tischgenossen zueinander, es verbindet die Mahlgemeinschaft durch Dankbarkeit mit dem lebenspendenden Gott, ihm wohnt eine feierliche Stimmung inne. Die Einladung zum Mahl ist Zeichen der Integration. Im Judentum hat das Mahl als Opfermahl kultische Bedeutung, als Ausdruck der Versöhnung zwischen Gott und den Menschen. Der Bund Gottes mit dem Volk Israel ist mit dem Pascha-Mahl verbunden, das zum ersten Mal vor dem Auszug Israels aus Ägypten gehalten wurde (Ex 12). Im Neuen Testament greift Jesus die Vorstellung vom Mahl oder Hochzeitsmahl in seinen Gleichnissen als Bild für das Reich Gottes immer wieder auf. Er speist mit »Zöllnern und Sündern« und erweist ihnen dabei Vergebung. Beim Letzten Abendmahl, das nach den synoptischen Evangelien (Mt, Mk, Lk) ein Pascha-Mahl ist, schließt er mit den Jüngern den Neuen Bund und setzt Brot und Wein als seinen Leib und sein Blut ein. Dies feiert die Kirche im eucharistischen Mahl, das zugleich Gedächtnis an das Letzte Abendmahl, Gegenwart Jesu Christi in der eucharistischen Speise und Ausblick auf das Reich Gottes, das himmlische Hochzeitsmahl, ist. Neben der Eucharistie kennt die Kirche die Agape (griech: Liebesmahl). Sie findet außerhalb der Eucharistiefeier z. B. im Anschluss daran statt und dient der Sättigung der Gemeindemitglieder, besonders der Armen, und der Stärkung der Gemeinschaft. Im Gegensatz zum Empfang der Kommunion, der an bestimmte Bedingungen geknüpft ist, sind zur Agapefeier alle eingeladen.

Mailändische Liturgie
Mailand = Stadt in Norditalien. Die mailändische Kirchenprovinz, also die Bistümer Norditaliens, die dem Erzbistum Mailand zugeordnet sind, und darüber hinaus einzelne Gegenden, haben eine eigene Liturgie bewahrt. Sie wird auch nach dem Mailänder Bischof Ambrosius (4. Jh.) als ambrosianisch bezeichnet. Zwar entspricht sie in vielen Teilen der römischen Liturgie, hat jedoch Eigenes bewahrt, z.B. den Verzicht auf die Eucharistie an den Freitagen der Fastenzeit, und den ambrosianischen Gesang. Sie lässt außerdem Einflüsse der Ostkirche erkennen.

mandatum ↗ Fußwaschung

Manipel
Zierband, das als Zeichen eines Amtes (Amtsinsignie) am linken Unterarm befestigt wurde. In der Allgemeinen Einführung in das Messbuch (AEM) nach dem Zweiten Vatikanischem Konzil nicht mehr vorgesehen.

Mantelletta
Knielanger ärmelloser Mantel, der früher von Diözesanbischöfen außerhalb des Amtsgebietes sowie von bestimmten Prälaten innerhalb der römischen Kurie getragen wurde. 1969 abgeschafft.

Maranatha
Aramäischer Gebetsruf der Urgemeinde, von ihr auch im Gottesdienst als Akklamation verwendet, die allgemein als Bitte um baldige Wiederkunft Christi verstanden wird: Unser Herr, komm! (vgl. 1 Kor 16,22 und Offb 22,20). Im heutigen Hochgebet wird die Erwartung des Herrn entsprechend 1 Kor 11,26 ausgedrückt: »... bis du kommst in Herrlichkeit.«

Maria *(Marienverehrung)*
Maria ist die Mutter Jesu Christi. Nach Lk 1,26–38 war sie mit Josef verlobt, als der Engel Gabriel ihr die Botschaft brachte, sie werde als Jungfrau einen Sohn gebären, den Messias. Marias Vertrauen in Gott und sein Wirken an ihr verdeutlicht ihre Antwort: »Ich bin die Magd des Herrn, mir geschehe nach deinem Wort«. In diesem Gehorsam, der sich auch in ihrer Rolle bei der Hochzeit zu Kana (»Was er [Jesus] euch sagt, das tut«, Joh 2,6) abzeichnet, ist sie Vorbild der Kirche. Sie verweist in ihrem ganzen Leben auf Jesus Christus und ist nur in Verbindung mit ihm zu sehen. Die Verehrung Mariens bildet darum keine Alternative oder gar Konkurrenz zur Gottesverehrung, wie manche Extremformen vermuten ließen (und lassen). Maria, die Mutter des Sohnes Gottes, also der 2. Person des dreifaltigen Gottes, wird als Gottesmutter verehrt. In ihr wird die neue Eva gesehen, die frei von der Erbsünde als erster Mensch an der leiblichen Auferstehung ihres Sohnes Jesus teilhat. Dies wird mit dem Hochfest »Aufnahme Mariens in den Himmel« (15. August) gefeiert. Das »Fest der unbefleckten Empfängnis Mariens«, welches auf die oben erläuterte Freiheit Mariens von der Erbsünde Bezug nimmt, wird am 8. Dezember gefeiert. In der Volksfrömmigkeit haben sich besonders im Mittelalter eigene Formen der Marienverehrung herausgebildet: Der Rosenkranz, eine Andachtsform, welche basierend auf dem »Gegrüßet seist du, Maria« (vgl. Lk 1,28) in so genannten Gesätzen das Leben Jesu aus der Perspektive Marias betrachtet. Der »Engel des Herrn« (vgl. Lk 1,28.38; Joh 1,14), welches morgens, mittags und abends gebetet wird, stellt eine kleine Alternative der Laien zum Stundengebet dar. In ihm wird das Geheimnis der Menschwerdung Christi betrachtet. Das Pilgern zu Marienwallfahrtsorten (Lourdes, Fatima) erfreut sich auch heute noch großer Beliebtheit. Auch in Klöstern gibt es eine große Tradition der Marienverehrung. Das kirchliche Stundengebet schließt am Abend mit der Marianischen Antiphon, also einem Anruf Mariens, im Jahreskreis meistens dem »Salve Regina«.

Gegrüßet seist du, Maria
Gegrüßet seist du, Maria, voll der Gnade, der Herr ist mit dir. Du bist

gebenedeit unter den Frauen, und gebenedeit ist die Frucht deines Leibes, Jesus. [Einschub eines Gesätzes im Rosenkranzgebet]
Heilige Maria, Mutter Gottes, bitte für uns Sünder jetzt und in der Stunde unseres Todes.

Der Engel des Herrn
Der Engel des Herrn brachte Maria die Botschaft, und sie empfing vom Heiligen Geist.
Gegrüßet seist du, Maria …
Siehe, ich bin die Magd des Herrn, mir geschehe nach deinem Wort.
Gegrüßet seist du, Maria …
Und das Wort ist Fleisch geworden und hat unter uns gewohnt.
Gegrüßet seist du, Maria …
Bitte für uns, heilige Gottesmutter,
auf dass wir würdig werden der Verheißungen Christi.
Lasset uns beten. Wir bitten dich, o Herr, gieße deine Gnade in unsere Herzen ein. Durch die Botschaft des Engels haben wir die Menschwerdung Christi, deines Sohnes erkannt; führe uns durch sein Leiden und Kreuz zur glorreichen Auferstehung. Durch Christus, unseren Herrn. Amen.

Mariä Aufnahme in den Himmel *(Mariä Himmelfahrt)*
Hochfest am 15. August zum Gedenken an die 1950 zum Dogma erhobene leibliche Aufnahme Marias in den Himmel, vom Volksmund in Analogie zu *Christi Himmelfahrt* etwas missverständlich auch *Mariä Himmelfahrt* genannt.

Allmächtiger, ewiger Gott, du hast die selige Jungfrau Maria, die uns Christus geboren hat, vor aller Sünde bewahrt und sie mit Leib und Seele zur Herrlichkeit des Himmels erhoben. Gib, dass wir auf dieses Zeichen der Hoffnung und des Trostes schauen und auf dem Weg bleiben, der hinführt zu deiner Herrlichkeit. (Tagesgebet)

Mariä Geburt

Fest am 8. September zur Feier der Geburt Marias – neben dem Geburtsfest Christi (Weihnachten) und Johannes des Täufers (24. Juni) das dritte Geburtsfest des Römischen Kalenders.

Barmherziger Gott,
öffne deinen Gläubigen
die Schätze der himmlischen Gnade.
Die Geburt des Erlösers aus Maria
war für uns der Anfang des Heiles;
das Geburtsfest seiner allzeit jungfräulichen Mutter
festige und mehre den Frieden auf Erden. (Tagesgebet)

Mariä Heimsuchung

Fest am 2. Juli (im deutschen Regionalkalender; im Römischen Kalender am 31. Mai). Im Zentrum des Festes steht die Perikope vom Besuch Marias bei ihrer Verwandten Elisabet (Lk 1,39–56), in der auch das Magnifikat enthalten ist.

Allmächtiger, ewiger Gott,
vom Heiligen Geist geführt,
eilte Maria, die deinen Sohn in ihrem Schoß trug,
zu ihrer Verwandten Elisabet.
Hilf auch uns,
den Eingebungen deines Geistes zu folgen,
damit wir vereint mit Maria deine Größe preisen. (Tagesgebet)

Mariä Lichtmess ↗ Darstellung des Herrn

Marianische Antiphonen *(Marianische Schlussantiphonen; Alma Redemptoris Mater; Ave Regina caelorum; Regina caeli; Salve Regina)*

Antiphonen sind Verse, die beim Stundengebet einen Psalm umrahmen, um beim Beter zu dessen christologischem Verständnis und seiner theologischen Einordnung beizutragen. Im Laufe der Zeit wird der Begriff auch auf Chorstücke und Lieder ohne Psalm übertragen. Das Stundengebet wird jeden Tag nach der letzten (abendlichen) Hore, in

der Regel nach der Komplet, gelegentlich auch stattdessen nach der Vesper, mit einer Marianischen Schlussantiphon beendet. AES 92: »Zum Abschluss folgt eine der Marianischen Antiphonen, zur Osterzeit immer das »Regina caeli«. Die Bischofskonferenzen können darüber hinaus andere Antiphonen zulassen.« Dieser Brauch rührt aus der Vorstellung, Maria zur selben Zeit zu grüßen, als der Engel Gabriel sie gegrüßt hatte: »Der Engel trat bei ihr ein und sagte: Sei gegrüßt, du Begnadete, der Herr ist mit dir« (Lk 1,28).
Bis zur Reform des Stundengebets wurde immer das Salve Regina angestimmt, außer zur Weihnachtszeit (Alma Redemptoris Mater), von Lichtmess bis Gründonnerstag (Ave Regina coelorum) und zur Osterzeit (Regina coeli). Gemäß AES 92 (siehe oben) können jetzt außerhalb der Osterzeit auch andere Marianische Antiphonen verwendet werden.

Salve, Regina,
mater misericordiae;
vita, dulcedo et spes nostra, salve.
Ad te clamamus, exsules filii Evae.
Ad te suspiramus,
gementes et flentes in hac lacrimarum valle.
Eia ergo, advocata nostra,
illos tuos misericordes oculos ad nos converte.
Et Iesum, benedictum fructum ventris tui,
nobis post hoc exsilium ostende.
O clemens, o pia, o dulcis Virgo Maria.

Sei gegrüßt, o Königin,
Mutter der Barmherzigkeit,
unser Leben, unsere Wonne und unsere Hoffnung, sei gegrüßt.
Zu dir rufen wir verbannte Kinder Evas;
zu dir seufzen wir
trauernd und weinend in diesem Tal der Tränen.
Wohlan denn, unsere Fürsprecherin,
wende deine barmherzigen Augen uns zu,
und nach diesem Elend zeige uns Jesus,

die gebenedeite Frucht deines Leibes.
O gütige, o milde, o süße Jungfrau Maria!

Marianische Gedenktage

Unsere Liebe Frau in Lourdes (11. 2., nicht geboten)
Unbeflecktes Herz Mariä (Samstag nach Herz-Jesu, geboten)
Unsere Liebe Frau auf dem Berge Karmel (16. 7., nicht geboten)
Maria Königin (22. 8., geboten)
Mariä Namen (12. 9., nur im deutschen Regionalkalender, nicht geboten)
Gedächtnis der Schmerzen Mariens (15. 9., geboten)
Unsere Liebe Frau vom Rosenkranz (7. 10., geboten)
Unsere Liebe Frau in Jerusalem (21. 11., geboten)

Marienfeste

Hochfest der Unbefleckten Empfängnis Mariens (8. 12.)
Hochfest der Gottesmutter Maria (1. 1.)
Fest Mariä Heimsuchung (2. 7.)
Hochfest Mariä Aufnahme in den Himmel (15. 8.)
Fest Mariä Geburt (8. 9.)

Marienmonate

Der »Marienmonat« Mai und der »Rosenkranzmonat« Oktober sind durch besondere Andachten und Wallfahrten (Mai) bzw. das Rosenkranzgebet (Oktober) der Verehrung Mariens gewidmet.
Aus der Volksfrömmigkeit seit dem Mittelalter entwickelt, wurde diese Tradition seitens der Amtskirche immer wieder bestätigt.

Marienverehrung ↗ Maria

Märtyrer

Griech. *martyr* (= Zeuge), ein Mensch, der für seinen Glauben (an Jesus Christus) Zeugnis gibt und dafür sein Leben verliert. In der frühen Kirche wurden die Märtyrer der Christenverfolgungen verehrt und über ihren Gräbern die ersten Kirchen errichtet. Als erster Märtyrer wird der hl. Stephanus verehrt, dessen Fest am 26. Dezember gefeiert

wird (vgl. Apg 7). Märtyrer gibt es bis in unsere Tage; davon zeugen eine Reihe von Selig- und Heiligsprechungen durch Papst Johannes Paul II. Für die Gedenk- und Festtage von Märtyrern gibt es eigene Schriftlesungen und Gebete in der Messfeier sowie im Stundengebet. Die liturgische Farbe an Märtyrerfesten ist rot wie das Blut als Sinnbild des gewaltsamen Todes und gleichzeitig des Lebens.
Von »Bekenner« spricht man, wenn der Betroffene zwar keinen gewaltsamen Tod erlitt, aber sein Leben ganz durch den Glauben geprägt war und für diesen auch Nachteile und Einschränkungen in Kauf genommen wurden.

Martyrologium

In Art eines Kalenders angelegtes Verzeichnis der Heiligen der Kirche, in dem die wichtigsten, bekannten historischen Angaben über Leben und Tod der zu Ehren der Altäre Erhobenen zusammengefasst sind. Anders als der Name »Martyrologium« erwarten lässt, enthält das im November 2001 neu herausgegebene Martyrologium Romanum nicht nur die Blutzeugen (Märtyrer), sondern ist das offizielle Verzeichnis aller Heiligen der römisch-katholischen Kirche.

Matutin

Ursprünglich Bezeichnung des eigentlichen Morgenlobs der Laudes matutinae, dann Bezeichnung für das frühe Morgengebet der Asketen und Mönche vor den Laudes. Bei Benedikt wird zur Vermeidung der mitternächtlichen Unterbrechung des Schlafes die Vigil mit der Matutin verschmolzen und bleibt so eine eigenständige Hore vor den Laudes. Diese ins römische Stundenbuch übernommene Tradition wird nach dem Zweiten Vatikanum ersetzt durch die zeitlich nicht gebundene Lesehore, die vor Festen zu einer Vigil erweitert werden kann.

Mediator Dei

»Mittler zwischen Gott und den Menschen«. Namengebende Anfangsworte der Enzyklika Papst Pius XII. von 1947, die auf die Liturgische Bewegung eingeht, erstmalig ihre Bemühungen anerkennt und gleichzeitig vor Übertreibungen warnt. Die Liturgie wird in ihr als das innerste Leben der Kirche anerkannt.

Medien im Gottesdienst

Medien können der Verkündigung des Wortes Gottes dienen. Ohne Lautsprecheranlagen ist die Ansprache der Gemeinde ohne große Anstrengung oft gar nicht möglich. Früher wurde die Hörbarkeit des Predigers durch die erhöhte Kanzel (teils mit Schalldeckel), also auch durch ein technisches Hilfsmittel, erreicht. Auch die Musik kann im Gottesdienst, wenn erforderlich, elektrisch verstärkt werden. Entscheidend ist, dass der Einsatz akustischer Hilfsmittel eine dienende Funktion einnimmt und nicht zum Selbstzweck wird. Das Abspielen von Tonträgern kann an bestimmten Stellen sinnvoll sein, z. B. als Meditationsmusik. Sie darf aber weder die Musik mit eigenen Instrumenten noch den Gemeindegesang vor Ort ersetzen. Nicht die technische Perfektion der Musik steht im Mittelpunkt, sondern die aktive Teilnahme der Gläubigen. Visuelle Medien zur Projektion von Bildern und Filmsequenzen werden gelegentlich bei Predigten und Meditationen eingesetzt. Auch hier gilt, dass sie den Gläubigen eine Brücke zum verkündigten Wort Gottes anbieten und ihnen helfen sollen, dieses zu verinnerlichen. Insgesamt gilt für den Einsatz visueller Medien der Grundsatz »weniger ist mehr«. In Gottesdiensten, die sich an Kinder richten, werden gelegentlich Gegenstände eingesetzt, die bestimmte Inhalte bei der Predigt oder dem Allgemeinen Gebet im wörtlichen Sinne greifbar machen.

Mehrstimmigkeit

In der Liturgie erst seit dem Mittelalter allmählich eingesetzte Form des Singens. Zuvor galt Einstimmigkeit in Unterscheidung zu den mehrstimmigen Gesängen der heidnischen Antike als Ideal. Zunächst waren die Propriengesänge mehrstimmig, im Laufe der Zeit wurden auch zu den Ordinariumsgesängen mehrstimmige Sätze entwickelt. Die »Messen« klassischer Komponisten bilden darin eine Hochform. Heute gibt es Bestrebungen, die Gemeinde am mehrstimmigen Gesang zu beteiligen. Sie singt beispielsweise die Melodie eines Liedes, während der Chor die Überstimme übernimmt. Es gibt zudem sehr einfache, sich wiederholende Gesänge (z.B. Taizé-Lieder), die mit wenig Übung mehrstimmig gesungen werden können.

Melisma
(Griech. = Gesang). Im Gregorianischen Choral die ausgeschmückte Melodienbildung über einzelnen Silben.

Memento
(Lat. = Gedenke). Bezeichnet im Eucharistischen Hochgebet die Bitten für die Lebenden und die Verstorbenen als Teil der Interzessionen (Einfügungen). Das Gedächtnis der Lebenden als Fürbitte vor dem Hochgebet hat in der römischen Liturgie im 4.–5. Jh. Eingang in dasselbe gefunden, während das Gedächtnis der Toten zunächst nur bei Totenmessen eingefügt und erst spät zum festen Bestandteil des Hochgebetes wurde.

memoria ↗ Gedenktag

Mesner *(Kirchner; Küster; Sakristan)*
Sorgt für die Sicherheit und Sauberkeit der Kirche, für die Ordnung der Gerätschaften, Bücher und Gewänder. Auch für das regelmäßige Läuten zuständig. Mit der modernen Technik sind neue Aufgaben wie die Sorge für Lautsprecheranlage und Heizung erwachsen. Er ist für den passenden Schmuck der Kirche und für das Bereitlegen der aktuell benötigten Geräte, Bücher und Gewänder verantwortlich, in vielen Gemeinden obliegt ihm auch die Leitung der Ministranten. Die Bezeichnung *Mesner* kommt von lat. *mansionarius* (= der [neben der Kirche] wohnt), *mansio* (= Wohnung), *Küster* von lat. *custos* (= Wächter).

Messandacht
Bis zum Zweiten Vatikanischen Konzil Andacht der Laien während der Messfeier, bei der sie in Gebeten das Geschehen am Altar nachzuvollziehen suchten. Die Messandacht ist entstanden, weil der Großteil der Bevölkerung den lateinisch gesprochenen Messtexten und den Handlungen des Priesters nicht folgen konnte.

Messbuch *(Missale)*
Liturgisches Buch, welches alle für die Eucharistiefeier im römischen Ritus benötigten Texte enthält. Das neue Messbuch nach dem Zweiten

Vatikanischen Konzil liegt für die Bistümer des deutschsprachigen Gebietes in der 2. Auflage vor (1988, 1. Aufl. 1975). Vom Messbuch abgetrennt ist der Teil mit den Schriftlesungen; er liegt im 8-bändigen Mess-Lektionar vor.

Messdiener ↗ Ministrant

Messe

Lat. *missa* (= Entlassung). Der Name »Messe« leitet sich vom lateinischen Entlassungsruf nach dem Schlusssegen ab: »Ite, missa est!« Die hl. Messe besteht aus zwei Hauptteilen, dem Wortgottesdienst mit Schriftlesungen und Homilie, Credo und dem Allgemeinen Gebet (Fürbitten) als dem ersten und der Eucharistie, der Feier des Sakramentes, der Wandlung von Brot und Wein in Leib und Blut Christi als dem zweiten. Diesen Hauptteilen ist die Eröffnung vorangestellt. Ihre Elemente sind der Einzug, der liturgische Gruß, das Kyrie und an Sonn- und Festtagen außerhalb von Advent und Fastenzeit das Gloria. Er schließt mit dem Tagesgebet. Die hl. Messe schließt nach der Kommunion mit dem Schlussgebet, dem Schlusssegen sowie dem Auszug, außerdem können ein Danklied nach der Kommunion oder ein Lied zum Auszug gesungen werden. Der Ausdruck Eucharistiefeier wird auch als Synonym für hl. Messe verwendet. Jedoch ist das Sakrament der Eucharistie nicht von der vorhergehenden Verkündigung der frohen Botschaft zu trennen.

Messerklärung

Den Gläubigen dargebotene Erläuterungen zum besseren Verständnis der hl. Messe. Zwar sollen nach dem Zweiten Vatikanischen Konzil (SC 48) die Riten und Gebete so transparent sein, dass die Gläubigen das Geheimnis der Messe verstehen und bewusst und tätig mitfeiern können. Dennoch sind zusätzliche Erläuterungen, die auch weniger geübten Gottesdienstbesuchern den Zugang erleichtern, hilfreich. Sie sollten jedoch nicht in der Messe selbst stattfinden, um ihren Ablauf nicht zu unterbrechen. Dort sind ggf. einführende Worte angebracht.

Messerklärungen wurden in der Geschichte immer wieder gefordert und eingesetzt.

Messformen

Die Form einer Messfeier ist je nach Anlass und Bedeutung unterschiedlich feierlich. Die Grundform ist die Messfeier mit der Gemeinde. In der Messe des Bischofs mit Priestern der Diözese als Konzelebranten wird der Gottesdienst als Versammlung, die die Kirche als Ganze betrifft, am deutlichsten sichtbar. Für das Leben der einzelnen Pfarreien ist der sonntägliche Gemeindegottesdienst prägend. In ihnen wirken neben dem leitenden Priester meistens ein Diakon (wenn in der Pfarrei tätig), Ministranten und Kirchenmusiker (Organist, Kantor) sowie Lektoren mit. Werktagsgottesdienste vermögen über die Sonntagsmesse hinaus die Bindung des Einzelnen an die Gemeinschaft der Kirche und an das Sakrament der Eucharistie zu stärken. Für Hausgemeinschaften von Orden bildet die tägliche Eucharistiefeier – wo möglich in Konzelebration – Quelle und Höhepunkt des geistlichen Lebens. Für kleine Gemeinschaften kann die Form der Messfeier gemäß den »Richtlinien für Messfeiern kleiner Gemeinschaften (Gruppenmessen)« angepasst werden. Diese gelten auch für Hausmessen beispielsweise im Zusammenhang mit einer Krankensalbung oder beim Versehgang. Unter besonderen Umständen kann der Priester die Eucharistie auch ohne Teilnahme einer Gemeinde feiern. Der Ablauf der Messfeier ist dargestellt in der »Allgemeinen Einführung in das Messbuch (AEM)« und der »Feier der Gemeindemesse«.

Messgewand ↗ Kasel

Messhäufigkeit

Der Priester soll in der Regel nicht öfter als einmal pro Tag die hl. Messe feiern. Aus seelsorgerlichen Gründen ist eine zweite Zelebration erlaubt, an Sonntagen eine dritte einschließlich der Vorabendmesse.

Messlektionar ↗ Lektionar

Messstipendium

Geld, das gespendet wird mit der Auflage, eine Messfeier für ein bestimmtes Anliegen zu applizieren (siehe Applikation). Pro Messfeier darf nur ein Stipendium angenommen werden, weitere müssen weitergegeben werden an Priester, die für ihren Unterhalt auf Stipendien angewiesen sind. Der Pfarrer ist am Sonntag zur Applikation einer Messe für seine Gemeinde verpflichtet; für sie darf er kein Stipendium annehmen.

Mette

Von lat. hora matutina (Matutin) abstammender Begriff für das frühe Morgengebet vor den Laudes, das bei den Benediktinern mit der nächtlichen Vigil verschmolzen war; vor allem bekannt als *Christ-Mette,* womit die Messfeier in der Heiligen Nacht bezeichnet wird, und als *Trauer-Metten* zur Bezeichnung der Morgenhoren an den Kartagen. *Mette* steht also für frühmorgendlichen bzw. nächtlichen Gottesdienst bzw. für das Stundengebet zu entsprechend früher Tageszeit.

Ministrant *(Messdiener)*

Ursprünglich Ersatz für nicht vorhandene Kleriker (Akolythen) zur Assistenz des Priesters bei der Messfeier. Bis zur Liturgiereform des Zweiten Vatikanischen Konzils vertraten die Ministranten die Gemeinde in ihrer aktiven Teilnahme. So gaben sie anstelle der Gemeinde die Antwort auf die Zurufe des Priesters. Als Kleriker-Ersatz-Dienst war der Ministrantendienst nur Jungen erlaubt. Weil gemäß der Forderung der tätigen Teilnahme aller Mitfeiernden und der Aufwertung des gemeinsamen Priestertums von Laien und Priestern aufgrund von Taufe und Firmung der Assistenzdienst als eigenständiger Laiendienst verstanden wurde, war die Beschränkung auf Jungen nicht mehr haltbar, sie wurde nach harten Auseinandersetzungen 1992 von Rom aufgehoben und die Zulassung von Mädchen in das Ermessen des Ortsbischofs gestellt.

Ministranten nehmen vielfältige Aufgaben wahr: Tragen von Weihrauch und Kerzen, Schellen während des Hochgebetes, Hilfe am Altar und am Buch. Wenn kein Diakon anwesend ist, übernehmen sie zum Teil auch dessen Aufgaben, z.B. das Zurüsten des Altars oder die Beräucherung der Gemeinde mit Weihrauch. Meist gehört zu ihren Aufgaben auch der Gabengang. Ministranten tragen eigene liturgische Gewänder.

Mischung

Während der Gabenbereitung gießt der Priester etwas Wasser in den Wein. Dadurch wird die Teilhabe der Gemeinde an der Gottheit Jesu symbolisiert, wie das Begleitgebet des Priesters veranschaulicht: »Wie das Wasser sich mit dem Wein verbindet zum heiligen Zeichen, so lasse uns dieser Kelch teilhaben an der Gottheit Christi, der unsere Menschennatur angenommen hat.«

Im Altertum hatte das Beimischen von Wasser zum likörartig dickflüssigen Wein jedoch auch den praktischen Zweck, diesen zu verdünnen.

Bei der Brotbrechung vor der Kommunion senkt der Priester einen Hostienpartikel (Fermentum) in den Kelch. Die Mischung von Leib und Blut Jesu Christi in den Gestalten von Brot und Wein veranschaulicht, dass es sich um den lebendigen, ganzen Christus handelt, auch wenn die Gläubigen die Kommunion nur unter einer Gestalt – der des Brotes – empfangen.

Miserere mei Deus

Anfang der lateinischen Fassung von Psalm 51: »Gott, sei mir gnädig …«, des 4. der so genannten 7 Bußpsalmen, heute fest vorgesehen im Stundengebet als 1. Laudespsalm am Freitag, auch mehrmals als Antwortpsalm im Wortgottesdienst. In manchen (benediktinischen) Ordensgemeinschaften wird er heute noch entsprechend der Benediktusregel täglich wenigstens einmal gebetet.

Gott, sei mir gnädig nach deiner Huld, *
tilge meine Frevel nach deinem reichen Erbarmen!
Wasch meine Schuld von mir ab *
und mach mich rein von meiner Sünde!
Denn ich erkenne meine bösen Taten, *
meine Sünde steht mir immer vor Augen.
Gegen dich allein habe ich gesündigt, *

ich habe getan, was dir missfällt.
So behältst du recht mit deinem Urteil, *
rein stehst du da als Richter.
Denn ich bin in Schuld geboren; *
in Sünde hat mich meine Mutter empfangen.
Lauterer Sinn im Verborgenen gefällt dir, *
im Geheimen lehrst du mich Weisheit.
Entsündige mich mit Ysop, dann werde ich rein; *
wasche mich, dann werde ich weißer als Schnee.
Sättige mich mit Entzücken und Freude! *
Jubeln sollen die Glieder, die du zerschlagen hast.
Verbirg dein Gesicht vor meinen Sünden, *
tilge all meine Frevel!
Erschaffe mir, Gott, ein reines Herz *
und gib mir einen neuen, beständigen Geist!
Verwirf mich nicht von deinem Angesicht *
und nimm deinen heiligen Geist nicht von mir!
Mach mich wieder froh mit deinem Heil *
mit einem willigen Geist rüste mich aus!
Dann lehre ich Abtrünnige deine Wege *
und die Sünder kehren um zu dir.
Befrei mich von Blutschuld, Herr, du Gott meines Heiles, *
dann wird meine Zunge jubeln über deine Gerechtigkeit.
Herr, öffne mir die Lippen, *
und mein Mund wird deinen Ruhm verkünden.
Schlachtopfer willst du nicht, ich würde sie dir geben; *
an Brandopfern hast du kein Gefallen.
Das Opfer, das Gott gefällt, ist ein zerknirschter Geist, *
ein zerbrochenes und zerschlagenes Herz wirst du, Gott, nicht verschmähen.
In deiner Huld tu Gutes an Zion; *
bau die Mauern Jerusalems wieder auf!
Dann hast du Freude an rechten Opfern, *
an Brandopfern und Ganzopfern, *
dann opfert man Stiere auf deinem Altar.

Missale ↗ Messbuch

Mitra

Kopfbedeckung der Bischöfe und Äbte mit zwei hornförmigen Schilden und zwei auf der Nackenseite herunterhängenden Bändern. Diese entwickelten sich aus den freien Enden des Saumbandes, das die Stirn umfasste. Die Mitra war zunächst Kopfbedeckung des Papstes, wurde jedoch seit dem 11. Jh. auch anderen Bischöfen sowie Äbten zugestanden.

Mittlere Horen ↗ Kleine Horen

Monastische Liturgie

Lat. *monasterium* (= Kloster). Im Stundengebet haben sich Klöster gegenüber der römischen Liturgie verschiedene Eigenheiten bewahrt. Es ist in der Regel des heiligen Benedikt detailliert beschrieben und mit Abwandlungen bis heute für die Orden maßgeblich, die nach dieser Regel leben (Benediktiner, Zisterzienser und Trappisten). Der Messordo in Klöstern entspricht dem der römisch-katholischen Kirche. Da jedoch die Orden den Gedenktagen ihrer Heiligen einen höheren Stellenwert beimessen, kann es vorkommen, dass sie an einem Werktag die Messfeier nach dem Heiligenproprium (vgl. Proprium) feiern, während ansonsten das Messformular vom Tage genommen wird. Sonderregeln zur Liturgie in den Klöstern werden von ihnen in eigenen Büchern (Liber Ordinarius) festgehalten. Die Feier der Profess, d.h. das Versprechen der Ordensgelübde, und die Abtsweihe haben je einen eigenen Ritus. Die Abtsweihe wird vom Diözesanbischof vorgenommen.

Mönche *(Asketen)*

Griech. *monachos* (= Einsiedler), Mann, der, zumeist in einer Klostergemeinschaft, sein Leben Gott geweiht hat, das er in Gebet, Meditation, geistlichen Studien und bestimmten Arbeiten verbringt. Der Tagesablauf der Mönche ist durch das Stundengebet und die Messfeier gegliedert. Die ersten christlichen Mönche lebten im 3.–4. Jh. in den Wüsten Ägyptens und Syriens als Einsiedler. Sie schlossen sich aber bald zu Gemeinschaften zusammen. Ein Mönch durchläuft mehrjährige Stufen der Einführung und Prüfung (Postulat, Noviziat, zeitliche Profess), bis er sich mit der Ewigen Profess für immer an eine Gemeinschaft bindet. Dabei legt er Gelübde ab, insbesondere die der Armut, des Gehorsams und der Keuschheit (die so genannten »Evangelischen Räte« – nach dem Evangelium für die Nachfolge Christi geeignete Lebensformen), hinzu kommt beispielsweise bei den Benediktinern die so genannte »Stabilitas loci« (lat. = Beständigkeit des Ortes), die Verpflichtung, an einem Ort, das heißt in einem bestimmten Kloster zu bleiben. Neben diesen Gelübden verfügen die einzelnen Gemeinschaften über Statuten, die das konkrete Zusammenleben regeln, und auf bestimmte Aufgaben, z.B. Krankenpflege, eingehen. Die bekannteste Klosterregel, die für die gesamte westliche Kirche prägend war, ist die Regel des hl. Benedikt von Nursia, der im 6. Jh. in Italien (Monte Cassino bei Neapel) wirkte. Sie regelt auch den Ablauf des Stundengebetes und die Reihenfolge der dabei zu betenden Psalmen. So prägte sie wesentlich die Tagzeitenliturgie der Kirche. Viele Klöster haben bis in die Gegenwart hinein die Liturgie stark beeinflusst, z.B. Maria Laach die Liturgische Bewegung.

Monition ↗ Aufforderung

Monstranz *(Ostensorium)*
Wörtlich »Zeigegerät«, von lat. *monstrare* (= zeigen), ursprünglich für Reliquien verwendet, seit dem späteren Mittelalter für die konsekrierte Hostie anlässlich Prozessionen oder für die Aussetzung zur Anbetung eingesetzt. Im eigentlichen Schaubehälter befindet sich eine Halterung für die Hostie, meist in Form einer Sichel – wird deshalb Lunula = »Möndchen, kleiner Mond« genannt – oder gelegentlich auch eine Klammer in Kreisform.

Die Bezeichnung *Ostensorium* von lat. *ostendere* (= zeigen) bedeutet dasselbe.

Morgen

Nach der Nacht, die als Zeit der Kälte und Dunkelheit, des Schlafes, mit dem Tod in Verbindung gebracht wird, ist der Morgen als Zeit des wiederkehrenden Lichtes und der Wärme der Sonne die Tageszeit, die besonders dem Lob Gottes gilt. Im alttestamentlichen Israel wurden am Morgen Opfer dargebracht. Der Morgen wurde in den Psalmen mit der Ankunft Gottes verglichen. »Mehr als der Wächter auf den Morgen harrt meine Seele auf den Herrn.« (Ps 130,6) Im Christentum ist der Ostermorgen, an dem die Auferstehung Jesu den Frauen am Grab verkündet wurde, prägend als Ausdruck für das neue Leben bei Gott. Entsprechend kennt die Liturgie das Morgenlob der Laudes. In vielen Klöstern werden die Laudes am sehr frühen Morgen (Trappisten: vor 3 Uhr) gefeiert. Auch das Gebet »Engel des Herrn« wird am Morgen (gegen 6 Uhr) gebetet. In vielen Kirchen wird zudem die Frühmesse gehalten, um den Tag mit der Eucharistiefeier zu beginnen.

Mozzetta

(Ital. = Abgeschnittener Mantel). Schulterumhang, der bis zu den Ellenbogen reicht und vorne zugeknöpft wird. Er wird von allen Bischöfen, Weihbischöfen und anderen hohen kirchlichen Würdenträgern (z.B. Domkapitularen) über Talar und Chorrock (Rochette) getragen. Seine Farbe richtet sich nach der Amtsfarbe (Kardinal = rot, Bischof = violett).

Münster

Heute nur noch gebräuchlich als Bezeichnung für einige bestimmte Bischofskirchen (Basel, Freiburg) und einige große Stadtpfarrkirchen (Freiburg, Ulm), entstanden aus dem lat. *monasterium*, der ursprünglichen Bezeichnung für Einsiedeleien, später für den ganzen Gebäudekomplex eines Klosters.

Musik, instrumentale

Wie der mehrstimmige Gesang haben sich auch Musikinstrumente in der Liturgie der römisch-katholischen Kirche erst seit dem Mittelalter durchsetzen können. Da das (gesungene) Wort Gottes mit dem Verstand aufgenommen werden sollte, wurde seitens der Kirchenväter alles Ablenkende abgelehnt, wozu auch Musikinstrumente zählten. Für die Liturgie am jüdischen Tempel dagegen sind Instrumente bezeugt. In mehreren Psalmen wird dazu aufgefordert, sie zum Lobpreis einzusetzen (z.B. Ps 150). Ab der 1. Jahrtausendwende n.Chr. fand die Orgel Einzug in die Gotteshäuser. Sie war zuvor ein profanes Instrument. Bis heute gilt sie als das Kircheninstrument schlechthin (siehe Orgel). Andere Instrumente können nach Ermessen der jeweiligen kirchlichen Autorität zugelassen werden (vgl. SC 120). Grundsätzlich ist entscheidend, dass sie die Liturgie unterstützen und die innere Beteiligung der Gläubigen an dieser zu fördern vermögen. Sie sollen also nicht vom eigentlichen Geschehen des Gottesdienstes ablenken und die Musik zu einem selbstständigen Konzert werden lassen. Während der Advents- und der Fastenzeit und bei Totenmessen dürfen Instrumente nur zur Begleitung des Gesanges eingesetzt werden. An einigen Stellen der Messfeier bietet sich reine Instrumentalmusik an, als meditative Musik während der Kommunion und bei der Gabenbereitung, vor dem Einzug, um die Gemeinde auf den Gottesdienst einzustimmen, sowie als Nachspiel beim Auszug.

Muttersegnung

Segnung der Mutter bei ihrem ersten Messbesuch nach der Entbindung. Heute findet eine Segnung der Eltern am Ende der Tauffeier statt und stellt im Wesentlichen ein Dankgebet dar. Obwohl schon im römischen Rituale von 1614 die Idee des Dankes im Vordergrund stand, spielte lange Zeit die alttestamentliche Sicht eine Rolle, die Mutter sei nach der Entbindung unrein und es bedürfe eines eigenen Reinigungsritus'.

Mystagogie

Griech. *mystikos* (= geheimnisvoll), *agein* (= führen), Einführung in das eigentliche Geschehen im Gottesdienst, besonders in der Wandlung von Brot und Wein in Leib und Blut Christi, welches hinter den äußerlichen Handlungen steht und sich nicht von selbst erklärt.
Einleitende Worte zu bestimmten Handlungen und Gebeten haben mystagogischen Charakter. So können die Worte des Priesters nach der liturgischen Eröffnung am Beginn des Gottesdienstes mystago-

gisch sein, wenn sie die Teilnehmer auf das gemeinsame Beten und besonders auf das Handeln Gottes an den Menschen, wie es die Schriftlesungen aufzeigen und wie es in der Eucharistie geschieht, einstimmen. Auch bestimmte vorgegebene Einleitungsformen sind mystagogisch. So z.B. die Einladung zum Vaterunser:
»Wir heißen nicht nur Kinder Gottes, sondern wird sind es. Darum dürfen wir voll Vertrauen beten: Vater unser …«

Mysterium

(Griech.) Geheimnis. Wenn in gottesdienstlichen Gebeten vom Mysterium die Rede ist, dann soll auf die Bedeutung für das Heil der Menschen hingewiesen werden, die allen Handlungen im Gottesdienst zugrunde liegt, aber nicht offensichtlich ist. Besonders deutlich wird die Bedeutung des Wortes Mysterium in der Eucharistie. Während äußerlich betrachtet vom Priester ein Segensgebet über Brot und Wein gesprochen wird, werden diese Speisen durch das Wirken des Heiligen Geistes in Leib und Blut des Herrn gewandelt. Während wir bei der Kommunion für die Augen sichtbar ein Stückchen Brot (und einen Schluck Wein) zu uns nehmen, tritt verborgen Jesus Christus selbst in uns ein. Das Mysterium Gottes bleibt immer verborgen, da es unsere menschliche Erkenntnisfähigkeit weit übersteigt, es kann aber durch den Glauben, das heißt im Vertrauen auf seine Wirklichkeit, angenommen werden.

N

Nacht *(Nachtwache; Vigil)*

Dunkle Tageszeit, die mit Chaos, Tod und dem Wirken böser Mächte in Verbindung gebracht wurde. Gleichzeitig ist sie die Zeit der Stille, in der wenige mit besonderer Aufmerksamkeit wachen. Die Menschen der Bibel erfahren sie als die Zeit, in der sich Gott offenbart: Gottes Bund mit Abraham (Gen 15,5), das Pascha-Mahl und der Auszug Israels aus Ägypten (Ex 12) sowie der Durchzug durch das Rote Meer (Ex 14,15–31), Samuels Berufung (1 Sam 3) im Alten Testament, die Geburt und die Auferstehung Jesu Christi, Erwartung der Wiederkunft des Herrn im Neuen Testament (Gleichnis von den klugen und den törichten Jungfrauen, Mt 25,1–13). Daher ist die Nacht für Christen eine Zeit des Wachens und Betens in Erwartung des Lichtes des neuen Tages geworden. Dies entspricht dem jüdischen Zeitverständnis, nach dem ein Tag mit dem Vorabend beginnt, die Nacht also schon zum neuen Tag gehört. In der Kirche sind Nachtwachen (lat. *Vigil*) in der Osternacht und in der Weihnachtsnacht Brauch. In der Osternacht erwartete die frühe Kirche die Wiederkehr Jesu. In Klöstern wird in größerer Regelmäßigkeit, besonders aber vor Sonntagen und Hochfesten Nachtwache mit Psalmen und Schriftlesungen gehalten. Als Lob auf die vernommene frohe Botschaft in den Lesungen, schließt jede Vigil mit dem »Te Deum« (»Dich Gott loben wir …«), dem frühkirchlichen Lobhymnus.

Name

Der Name eines Menschen ist nach christlich-jüdischem Verständnis nicht nur ein Laut, um ihn zu rufen, sondern steht als Zeichen für die Person als Ganze und für ihre Eigenschaften. So spricht die Offenbarung vom »Buch des Lebens«, in dem die Namen derer aufgeschrieben sind, die Jesus Christus nachgefolgt sind (Offb 3,5). Wenn ein Kind nach einem Heiligen oder nach einer anderen wichtigen Persönlichkeit benannt wird, dann steht dahinter der Wunsch, es möge dessen gute Eigenschaften ebenfalls ausbilden. Nach biblischem Verständnis wird durch das Nennen eines Namens die Person vergegenwärtigt, mit der dieser Name verbunden ist. Dies gilt in besonderem Maße für den Namen Gottes. Wenn wir im Herrengebet sprechen: »Geheiligt werde dein Name«, meinen wir damit, dass Gott selber heilig ist. Im Eucharistischen Hochgebet werden entsprechend dieses Verständnisses Heilige sowie der Papst und der Diözesanbischof als Hirten der Kirche namentlich genannt. Auf diese Weise soll zum Ausdruck gebracht werden, dass die Eucharistiefeier in Gegenwart dieser Menschen, die im Himmel oder auf der Erde stellvertretend für die ganze katholische Kirche stehen, gefeiert wird. Jedoch kann mit dem Namen auch Missbrauch im Sinne von Magie getrieben werden. Dem liegt der Glaube zugrunde, durch Nennen eines Namens könne Macht über den Träger desselben gewonnen werden. Um klarzustellen, dass der Mensch nicht über Gott verfügen kann und darf, heißt es im zweiten der Zehn Gebote »Du sollst den Namen des Herrn, deines Gottes, nicht missbrauchen« (Ex 20,7). Darum darf der Gottesname Jahwe im Judentum nicht ausgesprochen werden. Im Christentum verbinden wir mit Gott den Namen Jesus Christus (Christus ist ein griechischer Titel mit der Bedeutung »Gesalbter«). Diesen Namen tragen wir als Christen.

Namen-Jesu-Fest
In der jetzigen Ordnung des Kirchenjahres gab es bis vor kurzem kein eigenes Namen-Jesu-Fest, sondern es wurde am 1. Januar, der auch Oktavtag der Geburt des Herrn (Weihnachten) ist, beim Hochfest der Gottesmutter Maria zugleich der *Namensgebung des Herrn* gedacht gemäß: Lk 2,21: »Als acht Tage vorüber waren und das Kind beschnitten werden sollte, gab man ihm den Namen Jesus, den der Engel genannt hatte, noch ehe das Kind im Schoß seiner Mutter empfangen wurde.« Jetzt hat das Fest den 3. Januar als eigenen Tag.

Namensgebung (Namenstag)
Der eigene Name macht den Menschen unverwechselbar. Das gilt wie für das bürgerliche Leben auch für das Leben mit Gott. Darum wird jeder, der getauft wird, dabei mit seinem Namen angesprochen und auf diesen Namen getauft. In der katholischen Kirche ist es üblich, als Taufnamen den eines Heiligen zu wählen – gegebenenfalls in abgewandel-

ter Form –, der dann als Namenspatron des Kindes gilt. Der Gedenktag des Heiligen wird als Namenstag gefeiert.

Namenstag ↗ Namensgebung

Namenstagskalender
Auflistung der Namen von Heiligen in der Reihenfolge ihrer Gedenktage im Laufe des Kirchenjahres. Er enthält kurze Biografien und Angaben zu den Heiligen.
»Der große Namenstagskalender« von Jakob Torsy berücksichtigt besonders die Heiligen des Regionalkalenders des deutschen Sprachgebietes und bietet eine Übersicht über die christlichen Namen auch aus neuerer Zeit.

Narthex
Auch als Galiläa oder Paradies bezeichneter Vorhof einer byzantinischen oder mittelalterlichen Basilika. Der griechische Namen bezeichnet eine Schilfpflanze und bezieht sich auf die ursprünglich schmale, gangartige Form quer zum Kirchenschiff. Der Narthex ist oft als Säulenhalle ausgestaltet. Er hatte verschiedene Funktionen. In der byzantinischen Kirche war der Narthex für die Katechumenen und Büßer vorgesehen. In Klöstern wurden hier Teile des Stundengebetes verrichtet. Der Leichnam eines Verstorbenen wurde im Narthex gesegnet, bevor er in die Kirche gebracht wurde.

Nebenaltar ↗ Seitenaltar

Nekrolog
Griech. *nekros* (= der Tote), *logos* (= Wort, Rede), Nachruf auf einen Verstorbenen, schriftlich z. B. in Form einer Todesanzeige oder mündlich z. B. als Grabrede. Im Mittelalter sind Nekrologien Verzeichnisse der Verstorbenen beispielsweise eines Klosters oder einer Pfarrei, an deren Todestagen für sie Fürbitte gehalten wird.

Neophyten
(Griech. Neugeborene). Durch den Empfang der Sakramente der Taufe, der Firmung und der Eucharistie neu in die Gemeinschaft der Kirche aufgenommene Christen. Der Name entspricht der Hoffnung, dass der Christ durch den Empfang der o.g. Sakramente in Christus zu neuem Leben erweckt worden ist. Die Übersetzung »Neugetaufte« greift zu kurz, da auch die übrigen beiden Sakramente von Bedeutung sind.

Neues Testament (NT)
Zweiter Teil der Bibel, der in den letzten Jahrzehnten des 1. Jahrhunderts in griechischer Sprache verfasst und später ins Lateinische (»Vulgata«) übersetzt wurde. Heute liegt das NT in fast allen Sprachen der Welt vor. Im Mittelpunkt des Neuen Testamentes steht das Leben und die Botschaft Jesu Christi.
Das Neue Testament besteht aus den vier Evangelien nach Matthäus (Mt), Markus (Mk), Lukas (Lk) und Johannes (Joh), die das irdische Leben Jesu bis zu seiner Auferstehung bzw. Himmelfahrt schildern, der Apostelgeschichte (Apg), den Paulusbriefen, die dem Apostel Paulus zugeschrieben wurden und zum Teil noch werden (Römer-, 1. u. 2. Korinther-, Galater-, Epheser-, Philipper-, Kolosser- 1. u. 2. Tessalonicher-, 1. u. 2. Timotheus-, Titus-, Philemon-, Hebräerbrief), den Katholischen Briefen (Jakobus-, 1. u. 2. Petrus-, 1.,2. u. 3. Johannes-, Judasbrief) und der Offenbarung des Johannes (Offb). Ein Ausschnitt aus einem Evangelium wird in jedem Wortgottesdienst der hl. Messe vom Priester oder Diakon verkündet. Während an Sonn- und Feiertagen die erste Lesung dem Alten Testament, der Apostelgeschichte oder der Offenbarung entnommen ist, ist als zweite Lesung ein Ausschnitt aus einem der Briefe vorgesehen. Die Einsetzungsworte des Hochgebetes sind ebenfalls dem Neuen Testament, nämlich 1 Kor 11,23–25, entnommen. Im Stundengebet spielen die Lobgesänge aus dem Lukasevangelium (»Benedictus« [Lk 1,68–79], »Magnificat« [Lk 1,46–55] und »Nunc dimittis« [Lk 2,29–32]) als täglich gleichbleibende Elemente eine wichtige Rolle.

Neumen *(Semiologie)*
Der gregorianische Choral war ursprünglich nicht wie heute mit Noten aufgeschrieben, sondern nur der Text, die Tonfolgen und Melodien konnte man auswendig. Für die korrekte ryhthmische Interpretation, die eng dem Sinngehalt des Textes folgt, wurden über dem Text Zeichen notiert. Diese werden Neumen (von griechisch *neuma* = Wink) genannt. Ob sie die Handbewegungen des Dirigenten widerspiegeln oder sich eher aus grammatikalischen Zeichen für Akzente und Interpunktion bildeten, ist umstritten. Es gibt aber Choralscholen und -leiter, die die Neumen als notierte Handbewegungen auffassen und entsprechend beim Dirigieren nachahmen. Die spätere Aufzeichnung der Neumen in verschiedenen (vertikalen) Abständen zur Widergabe der Tonabstände hat mit zur Entwicklung unserer heutigen Notenschrift beigetragen. Die Wissenschaft der Erforschung der Neumen wird *gregorianische Semiologie* genannt.

Niedere Weihen *(ordines minores)*
Folge der Weihen zum Ostiarier, Lektor, Exorzist, Akolyth, die im Laufe der Zeit nur noch Vorbereitungscharakter zur Priesterweihe hatten und 1972 durch die Beauftragung zum »Dienst« (ministerium) der Lektoren oder Akolythen ersetzt wurden (Apostolisches Schreiben »Ministeria quaedam« von Papst Paul VI.). Ursprünglich waren die *niederen Weihen* auch eher Beauftragungen zu bestimmten Diensten ohne Handauflegung im Unterschied zu den *höheren Weihen* (ordines maiores) zum Diakon, Priester oder Bischof. Wegen der damit verbundenen Zölibats- und Brevierpflicht wurde das seit dem Altertum zusätzlich zu den vier genannten bestehende Subdiakonat bis zu seiner Abschaffung 1972 auch zu den *höheren Weihen* gerechnet.

Non
Dritte der heute noch beibehaltenen kleinen Horen (SC 89e) des Stundengebetes, benannt nach lat. *hora nona* (»dritte Stunde« = 15 Uhr nachmittags nach antiker Zeiteinteilung). Mit ihr wird das Gedächtnis an den Tod Jesu am Kreuz (Mk 15, 34) und die Vision des Kornelius (Apg 10, 3) als Beginn der Heidenmission zur neunten Stunde verbunden. Die Non ist bereits sehr früh als private Gebetszeit bezeugt (Apg 3, 1).

Nottaufe

Wenn sich ein Mensch in akuter Lebensgefahr befindet, kann ihm die Taufe von jedem anderen Menschen gespendet werden. Dazu reicht es im Extremfall, mit der entsprechenden Absicht Wasser über das Haupt zu gießen und die Taufworte: »Ich taufe dich im Namen des Vaters und des Sohnes und des Heiligen Geistes« zu sprechen. Wenn möglich, sollte jedoch ein gläubiger Christ die Taufe bei Anwesenheit von ein oder zwei Zeugen nach dem verkürzten Ritus (GL 49) spenden, der außer der Taufformel Fürbitten für den Täufling, seine Angehörigen und Paten, eine Bitte um Lossprechung von allem Bösen (Exorzismus) und das Glaubensbekenntnis beinhaltet. Kann der erwachsene Täufling noch selber Rede und Antwort stehen und folgt der Nottaufe die Firmung und der Eucharistieempfang (Eingliederung in die volle Gemeinschaft der Kirche), so muss er versprechen, bei Genesung den Katechumenat, also die Vorbereitung auf den Empfang der Sakramente, nachzuholen.

Novene

Lat. *novem* (= neun), Bittandachten, die auf neun Tage verteilt sind. Besonders zu nennen ist die Pfingstnovene zwischen Christi Himmelfahrt und dem Pfingstfest mit Gebeten um den Heiligen Geist. Sie bezieht sich auf die Versammlung der Jünger, die nach der Himmelfahrt ihres Herrn gemeinsam im Gebet blieben, bis sie den Heiligen Geist empfingen (Apg 1,12–14). In der Volksfrömmigkeit gibt es Bittnovenen, die sich an bestimmte Heilige als Fürsprecher in Notsituationen wenden.

Nüchternheit, eucharistische

Verzicht auf Speisen und Getränke (ausgenommen Wasser) vor dem Empfang der hl. Eucharistie. Ausdruck der Ehrfurcht dieser gegenüber sowie Zeichen dafür, dass es die Gemeinschaft mit Christus ist, die den Menschen eigentlich sättigt und mit Leben erfüllt. Früher galt sie von Mitternacht an, mittlerweile ist die Vorschrift der Nüchternheit aber auf eine Stunde vor dem Kommunionempfang beschränkt.

Nunc dimittis ↗ Lobgesang des Simeon

O

O-Antiphonen

Die Antiphonen zum Magnifikat in der Vesper der sieben Tage vor Weihnachten, also vom 17.–23. Dezember, verdanken ihren Namen ihrem gleichen Anfang:

O Weisheit, hervorgegangen aus dem Munde des Höchsten – die Welt umspannst du von einem Ende zum andern, in Kraft und Milde ordnest du alles: o komm und offenbare uns den Weg der Weisheit und Einsicht! (17.12.)

O Adonai, Herr und Führer des Hauses Israel – im flammenden Dornbusch bist du dem Mose erschienen und hast ihm auf dem Berg das Gesetz gegeben: o komm und befreie uns mit deinem starken Arm! (18.12.)

O Spross aus Isais Wurzel, gesetzt zum Zeichen für die Völker – vor dir verstummen die Herrscher der Erde, dich flehen an die Völker: o komm und errette uns, erhebe dich, säume nicht länger! (19.12.)

O Schlüssel Davids, Zepter des Hauses Israel – du öffnest, und niemand kann schließen, du schließt, und keine Macht vermag zu öffnen: o komm und öffne den Kerker der Finsternis und die Fessel des Todes! (20.12.)

O Morgenstern, Glanz des unversehrten Lichtes, der Gerechtigkeit strahlende Sonne: o komm und erleuchte, die da sitzen in Finsternis und im Schatten des Todes! (21.12.)

O König aller Völker, ihre Erwartung und Sehnsucht; Schlussstein, der den Bau zusammenhält: o komm und errette den Menschen, den du aus Erde gebildet! (22.12.)

O Immanuel, unser König und Lehrer, du Hoffnung und Heiland der Völker: o komm, eile und schaffe uns Hilfe, du unser Herr und unser Gott! (23.12.)

Der Messias wird hier ausdrucksstark in verschiedenen Bildern des Alten Testamentes gepriesen und sein Kommen erfleht. Diese O-Antiphonen werden seit der Neuordnung des Messlektionars auch als Halleluja-Ruf bei der Messfeier eingesetzt.

Oculi
Erstes Wort des Eröffnungsverses am 3. Fastensonntag im Römischen Graduale, mit dem dieser früher oft bezeichnet wurde, in der ev. Kirche bis heute: Oculi mei semper ad Dominum, quia ipse evellet de laqueo pedes meos. Respice me, et miserere mei, quoniam unicus et pauper sum ego.
Der Vers stammt aus Psalm 25 (24),15–16: Meine Augen schauen stets auf den Herrn; denn er befreit meine Füße aus dem Netz. Wende dich mir zu und sei mir gnädig; denn ich bin einsam und gebeugt.

Ode ↗ Canticum

Offene Schuld
Schuldbekenntnis der Gemeinde im Gottesdienst als Gebetsformel mit Lossprechungsworten des Priesters. Sie entwickelte sich im Frankenreich im 9. Jh. und hatte ihren Platz im Gottesdienst im Anschluss an die Predigt. In der Offenen Schuld können Teilbereiche der Schuld einzeln angesprochen werden. Heute steht ein Allgemeines Schuldbekenntnis der Gemeinde und die Lossprechung am Anfang des Gottesdienstes nach der Begrüßung (siehe Messbuch). Die Offene Schuld und das Allgemeine Schuldbekenntnis ersetzen nicht das Sakrament der Buße. Sie vermögen aber die Gläubigen, die um ihre Verfehlungen wissen, von ihrer Last zu lösen und so für die bewusste Teilnahme an der Eucharistiefeier und für einen würdigen Kommunionempfang zu öffnen.

Officium lectionis ↗ Lesehore

Okkurenz

Bezeichnung für das Zusammenfallen von verschiedenen liturgischen Feiern an einem Tag (Sonn-, Fest-, Gedenk- oder Wochentag des Kirchenjahres), veranlasst durch die jährliche Verschiebung von Ostertermin und Wochentagen. Früher vom einzelnen Priester selber geregelt, geschieht dies heute im Direktorium für die ganze Diözese.

Oktav *(Osteroktav; Weihnachtsoktav)*

Von lat. *[dies] octava* (= der achte Tag), Bezeichnung für die Woche nach Weihnachten und Ostern mit besonderen Messfeiern als Verlängerung des Hauptfestes.

Ökumenische Texte und Lieder

Lieder, die dem gemeinsamen Schatz der katholischen, der evangelischen und der altkatholischen Kirche im deutschsprachigen Gebiet angehören, sind ab 1969 von der »Arbeitsgemeinschaft für Ökumenisches Liedgut« (AÖL) gesammelt und in übereinstimmende Fassungen gebracht worden. Sie wurden mit dem Vermerk »ö« in das Gotteslob aufgenommen. Die Übersetzung der Texte des Ordinariums (s. o.) wurden überkonfessionell angeglichen, ebenso das Apostolische und das große Glaubensbekenntnis, welche als einzigen Unterschied die Formulierung »katholische Kirche«, griech. *katholon* (= allgemein! – meint nicht »römisch-katholisch«) und »christliche Kirche« aufweisen. Zu Beginn der 80er-Jahre erschien die ökumenische »Einheitsübersetzung« der Bibel. Sie ist für die Liturgie der katholischen Kirche verbindlich. In der evangelischen Kirche wird weiterhin die (revidierte) Lutherbibel benutzt. Ökumenische Gesänge werden vor allem bei ökumenischen Gottesdiensten, konfessionsverschiedenen Trauungen und anderen Feiern mit gemischter Beteiligung (z. B. Taufe, Bestattung) ausgewählt.

Ökumenischer Gottesdienst

Ein Gottesdienst, der von Vertretern von zwei oder mehreren Konfessionen gemeinsam geleitet wird. Im deutschsprachigen Gebiet finden ökumenische Gottesdienste meistens mit Vertretern der katholischen und der evangelischen Kirche statt. Sie sind ein Schritt hin zu dem Ziel, die Spaltung zwischen den Konfessionen zu überwinden und die Einheit der Christen wiederherzustellen. Da die evangelische Kirche nicht in voller Gemeinschaft mit Rom steht, ist eine gemeinsame Feier der Eucharistie derzeit noch ausgeschlossen. Wünschenswert sind dagegen gemeinsame Wortgottesdienste und Gebetsandachten. In ihnen kommt zum einen das gemeinsame Erbe zum Ausdruck, zum anderen lernen die Gläubigen die unterschiedlichen Traditionen kennen und erfahren diese als Bereicherung. Da für die katholischen Gläubigen am Sonntag die Teilnahme an einer Eucharistiefeier verpflichtend ist, sind ökumenische Gottesdienste zu den für die Eucharistiefeier üblichen Zeiten nicht erlaubt. Ökumenische Gottesdienste sind besonders dann sinnvoll, wenn die erwarteten Teilnehmer verschiedenen Konfessionen angehören, z. B. Schüler einer öffentlichen Schule, wenn sie sich aus den weiteren ökumenischen Aktivitäten an einem Ort ergeben oder bei Katastrophen. Ökumenische Segensfeiern zur Einweihung einer öffentlichen Einrichtung sind ebenfalls angebracht. Seitens der Vertreter der katholischen Kirche sollte hier zurückhaltend mit von der evangelischen Kirche nicht anerkannten Zeichen umgegangen werden, vor allem dem Gebrauch von Weihrauch und Weihwasser. Bei Trauungen von Ehepartnern verschiedener Konfessionen richtet sich der Ritus nach der Kirche, in deren Gotteshaus die Feier stattfindet. Wegen fehlender Kommuniongemeinschaft wird die Trauung in der Regel im Rahmen eines Wortgottesdienstes gefeiert. Eine ökumenische Tauffeier ist nicht möglich, da der Täufling durch die Taufe als Mitglied in eine konkret verfasste Kirche aufgenommen wird.

Öl, heiliges

Die Salbung mit Öl zeichnete in der Antike Könige aus. Als Brüder und Schwestern des Königs Jesus werden Christen an wesentlichen Schwellen ihres Lebens – zur Aufnahme in die Gemeinschaft der Kirche, bei der Übernahme von Weiheämtern und im Fall einer evtl. tödlich verlaufenden Krankheit – gesalbt. Aber auch Altar und Kirchengebäude, die symbolhaft für die Gegenwart Jesu stehen, werden gesalbt. Heilige Öle finden in der katholischen Kirche bei der Taufe, der Firmung, der

Priester- und Bischofsweihe, bei der Kirch- und Altarweihe als Chrisamöl, zur Krankensalbung als Krankenöl und zur Salbung von Katechumenen als Katechumenenöl Anwendung. Die Grundlage der Öle bildet Olivenöl, Zeichen des Segens und der Lebensenergie, also der Fruchtbarkeit, da es für die Kraft der Sonnenstrahlen in den Oliven steht. Die Öle werden in der Chrisammesse in der Karwoche, meistens am Gründonnerstag, vom Bischof geweiht. Dem Chrisamöl werden bei der Weihe unmittelbar vor dem Segensgebet aromatische Stoffe, darunter Balsam, beigemischt. Während das Krankenöl gegen Ende des Eucharistischen Hochgebetes geweiht wird, ist die Weihe des Katechumenen- und Chrisamöls nach dem Schlussgebet angesetzt.

Ölbergandacht

»Dann [nach dem Letzten Abendmahl] verließ Jesus die Stadt und ging, wie er es gewohnt war, zum Ölberg; seine Jünger folgten ihm. Als er dort war, sagte er zu ihnen: Betet darum, dass ihr nicht in Versuchung geratet! Dann entfernte er sich von ihnen ungefähr einen Steinwurf weit, kniete nieder und betete: Vater, wenn du willst, nimm diesen Kelch von mir! Aber nicht mein, sondern dein Wille soll geschehen« (Lk 22,39–42). In Anlehnung an das Geschehen auf dem Ölberg, bei Mt und Mk im Garten Getsemani, handelt es sich um eine volkstümliche Andacht an den Donnerstagabenden der Fastenzeit, oft im Anschluss an eine Fastenpredigt, zum Gedächtnis an das dreimalige Gebet Jesu.

Ölung, Letzte ↗ Krankensalbung

Opfer

Im Alten Testament wurde unter Opfer die rituelle Opfergabe verstanden, die in Form eines Speise- oder Brandopfers, meistens eines Tieres, Gott von dem dazu berufenen Priester auf dem Altar (vor dem Offenbarungszelt oder später im Tempel) dargebracht wurde. Das Opfer wurde als Sühneopfer stellvertretend für denjenigen dargebracht, der das göttliche Gesetz übertreten hatte. Ganz Israel brachte jährlich zum Paschafest, dem Tag des Auszugs aus Ägypten (Ex 12), Opferlämmer dar. Es konnte aber auch ein Dankopfer zur Ernte sein, mit dem ausgedrückt wurde, dass Gott als Schöpfer und Lenker des Lebens der erste Anteil der eingebrachten Ernte gehört. Im Kontrast zu den rituellen Opfern, die besonders das Buch Levitikus (3. Buch Mose) beschreibt, werden vor allem unter den Propheten Stimmen laut, die vom rituellen Aspekt abkehren und vom Opfer eine moralisch-gesellschaftliche Dimension fordern sowie vom Spender eine innere Umkehrbereitschaft verlangen. In der Zeit des Babylonischen Exils nach der Zerstörung des Jerusalemer Tempels im 6. Jh. vor Chr. wird die innere Dimension der Umkehr sowie das Gebet, besonders das Lob Gottes, als Opfer für das Volk Israel umso wichtiger. An die Bedeutung der inneren Einstellung knüpft auch Jesus in seinen Vorwürfen gegenüber den Schriftgelehrten an. Dies bezieht sich vor allem auf solche Opfergaben, die zugleich Almosen sind. Sie zu geben, ist Dienst an den Menschen, die der Hilfe bedürfen. Die alttestamentliche Form des Sühneopfers dagegen ist durch den Tod Jesu Christi überwunden worden. Er selbst ist das Paschalamm, das die Sünde der Welt hinwegnimmt (vgl. Joh 1,29). Im Gedächtnis an Jesu Opfertod am Kreuz zum Heil aller Menschen (nicht nur der Christen) feiert die Kirche die Eucharistie. Sie wiederholt dieses Opfer nicht und vermehrt es auch nicht, sondern hat durch ihren Vollzug Anteil am Opfertod des Herrn (Pascha-Mysterium). Eng mit dem Opfertod Jesu ist seine Auferstehung verbunden. Auch diese feiert die Kirche in jeder Eucharistie, wie die Akklamation nach den Einsetzungsworten ausdrückt: »Deinen Tod, o Herr, verkünden wir, und deine Auferstehung preisen wir, bis du kommst in Herrlichkeit«.

Siehe auch Eucharistie, Opfermahl, Opfergang

Opfergang

Gabenprozession. Die eucharistischen Gaben von Brot und Wein werden vor der Gabenbereitung zum Altar gebracht. Dort werden sie vom Priester oder, wenn anwesend, vom Diakon in Empfang genommen. Durch die Beteiligung der Laien aus der Gemeinde soll zum Ausdruck gebracht werden, dass die Bereitstellung der Gaben menschlicher Beitrag zur Eucharistie ist, während die Annahme und die Wandlung in Leib und Blut Jesu Christi und somit die Teilnahme am Opfertod des Herrn göttliches Geschenk ist. In der Kirche des 1. Jahrtausends war es

üblich, dass die Gläubigen aus ihren eigenen Vorräten (gesäuertes) Brot und Wein mitbrachten. Die nicht benötigten Reste wurden an Arme verteilt. Als später ungesäuerte Brote für die Kommunion in Gebrauch kamen und die Gläubigenkommunion im Mittelalter nur noch an Hochfesten (siehe Osterkommunion) stattfand, blieb der Brauch, eigene Gaben für caritative Zwecke zum Altar zu bringen, dennoch erhalten. Daraus hat sich die Geldkollekte entwickelt.
Der Opfergang wird seit alters von Gesängen begleitet. Diese wurden meistens von einer Schola gesungen. Heute bietet das Gotteslob eine Reihe von Gemeindeliedern an. Sie haben lobpreisenden Inhalt oder thematisieren das Darbringen von Brot und Wein, betonen jedoch nicht den eucharistischen Opfergedanken. Alternativ zu Gesang ist auch Instrumentalmusik angemessen.

Opfermahl
Mit dem Darbringen eines tierischen oder pflanzlichen Opfers verbindet sich ein anschließendes Mahl. Das Buch Levitikus im Alten Testament gibt dazu genaue Anweisungen, welche Teile des Opfers ausgegossen bzw. verbrannt werden, um somit Gott übergeben zu werden. Dies sind in erster Linie das Blut als Sitz des Leben und das Fett als besonders wertvoller Anteil. Die übrigen Teile werden von den Priestern oder dem Volk beim gemeinsamen Mahl verspeist. Dadurch erhalten sie symbolhaft Mahlgemeinschaft mit Gott und Anteil an seinem Leben, verbunden mit der Vergebung der Sünden. Das wichtigste Opfermahl Israels ist das Pascha-Mahl (Ex 12), das dem Bund zwischen Gott und seinem Volk zugrunde liegt. Dieses nimmt Jesus im Letzten Abendmahl auf, gibt sich als das wahre Paschalamm zu erkennen und begründet so den Neuen Bund. Brot und Wein setzt er dabei als seinen Leib und sein Blut ein. Im Judentum spricht der Hausherr bei jedem Mahl ein Dank- und Segensgebet (hebr. = beraka), so auch Jesus beim Letzten Abendmahl. Daraus ist das eucharistische Hochgebet hervorgegangen. Das Eucharistische Mahl ist darum nicht nur die Austeilung der Kommunion, sondern die Verbindung von Hochgebet und Kommunion. Auch die Gabenbereitung gehört als Vorbereitung des Mahles, als »Decken des Tisches«, mit dazu. Von daher stellt sich die Frage, wie sinnvoll eine von der Eucharistiefeier unabhängige Kommunion ist

(ausgenommen die Krankenkommunion) und warum regelmäßig zur Kommunion Hostien von früheren Eucharistiefeiern aus dem Tabernakel genommen und ausgeteilt werden.

Orate fratres

Gebetsbitte, auf Deutsch »Betet, Brüder«, die vor dem Gabengebet an den Klerus gerichtet wurde. Sie entstand in der Karolingerzeit (ca. 9. Jh.) und wurde in der heutigen Form im Jahre 1570, also durch das Tridentinische Konzil festgelegt. Das heutige Messbuch kennt drei Formen der Einladung zum Gabengebet. Die Form C hat den alten Textlaut übernommen: »Betet, Brüder und Schwestern, dass mein und euer Opfer Gott, dem allmächtigen Vater, gefalle.« Im Gegensatz zu früher antwortet nicht nur der anwesende Klerus, sondern die ganze Gemeinde: »Der Herr nehme das Opfer an …«

Oratio fidelium ↗ Fürbitten

oratio super oblata ↗ Gabengebet

Oration

Lat. *oratio* (= Gebet), vom Leiter eines Gottesdienstes laut vorgetragenes Gebet. Mit ihm werden die stillen Gebete der Gläubigen zusammengefasst und abgeschlossen. Der Oration geht die Aufforderung des Vorstehers an die Gemeinde zum Gebet voraus: »Lasset uns beten.« Darauf folgt eine kurze Stille. Die Oration hat eine festgelegte Struktur, indem sie zunächst auf vergangene Heilstaten Gottes, biblisch oder kirchengeschichtlich (etwa an einem bestimmten Heiligen), verweist und dann um das Wirken Gottes in der Gemeinde bittet. Es richtet sich durch den Sohn Jesus Christus an den Vater und schließt mit einer festen Formulierung: »Darum bitten wir durch Jesus Christus, unseren Herrn (der in der Einheit mit dem Heiligen Geist mit Dir lebt und herrscht in Ewigkeit). Amen.« Der Messordo kennt als Orationen das Tagesgebet zum Abschluss des Eröffnungsteils, das Gabengebet am Ende der Gabenbereitung und das Schlussgebet vor dem Schlusssegen.

Oratorium
Von lat. *orare* (= beten), 1. Gebetsraum, z. B. Kapelle in einem Kloster. 2. Musikalische Gattung, deren Name wahrscheinlich hergeleitet ist von der Gemeinschaft der Oratorianer des Philipp Neri (Rom, 16. Jh.). Zunächst zur Begleitung von Andachten, später als selbstständige musikalische Form mit Ähnlichkeit zu Kantaten und Opern (z. B. Weihnachtsoratorien).

Ordenskalender
So wie Diözesen bzw. Regionen durch in Abstimmung mit Rom vorgenommene Einfügungen von Eigenfeiern die Diözesan- bzw. Regionalkalender bilden können, ist das auch den Ordensgemeinschaften möglich.

Ordinarium
Zusammenfassende Bezeichnung der fünf gleichbleibenden Gesänge, die so genannten Ordinariengesänge, der hl. Messe: Kyrie, Gloria, Sanctus-Benedictus und Agnus Dei. Diese sind traditionell Gesänge des Volkes, können aber besonders in festlichen Gottesdiensten von einem Chor vorgetragen werden. Sie sind schon sehr früh in die Liturgie aufgenommen worden. Bis auf das Kyrie liegen ihnen biblische Texte zugrunde. Im weiteren Sinne wird auch die Gesamtheit der gleichbleibenden Texte der Messfeier als Ordinarium bezeichnet. Das Messbuch bevorzugt aber den Ausdruck Ordo missae (lat. = Messordnung).

Ordination ↗ Weihesakrament

ordines maiores ↗ Höhere Weihen

ordines minores ↗ Niedere Weihen

Ordo Missae
(Lat. = Ordnung, Ablauf der Messe) Im Ordo Missae sind die feststehenden Gebete der Messfeier und kurze Anweisungen bzgl. des rituellen Ablaufes zusammengestellt. Der derzeitige Ordo Missae der römisch-katholischen Kirche ist im Missale Romanum (1969) festgelegt.

Er löste den Tridentinischen Ritus ab (1570), welcher wiederum vom mittelalterlichen Rheinischen Ordo Missae geprägt war. Der Überarbeitung des Messritus, die zum Missale Romanum geführt hat, liegt die wissenschaftliche Auseinandersetzung mit frühchristlichen liturgischen Quellen und Texten der Ostkirchen zugrunde. Der revidierte Ordo Missae enthält im Vergleich zum Ordo nach dem Tridentinischen Konzil weniger Begleitgebete des Priesters und berücksichtigt die Vorgabe des Zweiten Vatikanischen Konzils, die tätige Teilnahme der Gläubigen an der Messfeier zu fördern.

Ordo Romanus

(Lat. = römische Ordnung) Buch, in dem im Mittelalter der Ablauf der römischen Messe beschrieben wurde, da die liturgischen Bücher nur die gottesdienstlichen Texte ohne weitere Angaben enthielten.

Organist

Haupt- oder nebenberuflicher Kirchenmusiker, der an der Orgel den Gottesdienst durch Begleitung des Gemeinde- oder Chorgesanges und solistisches Spiel musikalisch wesentlich mitgestaltet. Er trägt somit in einer besonderen Verantwortung zur feierlichen Gestaltung des Gottesdienstes bei. Die Ausbildung zum Organisten ist in vier Prüfungsstufen aufgeteilt (D, C, B und A). Die D- und C-Prüfung kann von nebenberuflichen Musikern abgelegt werden, während die B- und A-Prüfung ein Hochschulstudium voraussetzen. Neben dem Dienst an der Orgel übernimmt der Organist auch oft die Leitung des Kirchenchors und den Kantorendienst bzw. die Ausbildung von Kantoren.

Orgel

Anspruchsvolles Tasteninstrument, dessen Klang durch Druckluft erzeugt wird, die durch die Pfeifen, die zum Teil so genannte Zungen aus Metall besitzen, geblasen wird. Sie verfügt in der Regel über mehrere Register, so dass unterschiedliche Klangfarben hervorgebracht werden können und sie somit sehr vielfältig eingesetzt werden kann. Die Orgel wurde als Instrument für profane Musik seit der Antike genutzt. Sie wurde im 8. Jh. durch eine Schenkung aus Byzanz im Frankenreich bekannt und hielt ab dem 10. Jh. Einzug in Kirchen des Westens (für

den alten Kölner Dom im Jahre 953 erwähnt). Die Orgel darf während der Fastenzeit und zu Totengottesdiensten nur als Begleitung des Gesanges eingesetzt werden. Während der Drei Österlichen Tage schweigt sie zwischen dem Gloria am Gründonnerstag und dem der Osternacht. Dagegen sorgt sie an Hochfesten und Gottesdiensten zu besonderen Anlässen (Trauung, Weihen) für eine besonders feierliche Atmosphäre.

Ort, liturgischer

Die Liturgie ist an keinen festen Ort gebunden im Sinne eines Tempels, an dem Gott (ausschließlich) gegenwärtig wäre. Die Gläubigen selber sind Gottes Tempel, in dem der Geist Gottes wohnt (1 Kor 3,16). Eigens für gottesdienstliche Zwecke errichtete Gebäude schufen die christlichen Gemeinden in großem Umfang erst nach der Anerkennung des Christentums durch den römischen Kaiser (4. Jh.). Vorher dienten vor allem Privathäuser als gottesdienstliche Versammlungsstätten. Kirchengebäude müssen in erster Linie einen würdigen Raum für die Versammlung der Gemeinde zum Gottesdienst bieten. Als Zeichen der Verehrung der Eucharistie und der übrigen Sakramente sowie des Wortes Gottes werden katholische Kirchen geweiht und in ihnen auch der Altar, der Ambo, als Ort der Verkündigung des Wortes, sowie das Taufbecken, der Beichtstuhl und der Tabernakel (s. Kirchweihe). Insofern ist ein würdiger Umgang mit Kirchen geboten. Wenn für einen Gottesdienst keine Kirche zur Verfügung steht, kann er auch in einem anderen angemessenen Raum oder an einem Platz im Freien stattfinden. Dies gilt besonders für Großgottesdienste (z. B. auf Katholikentagen) und für Gruppenmessen (z. B. bei Messdienerfahrten).

Ostensorium ↗ Monstranz

Osterfestkreis *(Pentekoste)*

Bezeichnung für die Zeit von Aschermittwoch bis Pfingsten, umfasst also die Vorbereitungszeit (Fastenzeit) auf Ostern, die Drei Österlichen Tage, die fünfzigtägige Osterzeit und Pfingsten.

Osterkerze

Als große Kerze, die mit dem Kreuz, dem Alpha und Omega, der Jahreszahl und evtl. weiteren Symbolen geschmückt ist und anteilig aus Bienenwachs bestehen sollte, wird sie zu Beginn der Osternachtfeier gesegnet und am Osterfeuer entzündet, wobei fünf Weihrauchnägel, die für die fünf Wunden Christi stehen, in das Kreuz gesteckt werden. Der Priester spricht bei diesem Ritus:
»Christus, Gestern und Heute
Anfang und Ende
Alpha und Omega
Sein ist die Zeit und die Ewigkeit
Sein ist die Macht und die Herrlichkeit in alle Ewigkeit. Amen.«
Beim Einstechen der Nägel:

»Durch seine heiligen Wunden, die leuchten in Herrlichkeit, behüte uns und bewahre uns Christus, der Herr, Amen.«
Beim Entzünden der Kerze:
»Christus ist glorreich auferstanden vom Tod. Sein Licht vertreibe das Dunkel der Herzen.«
In einer Prozession wird die Osterkerze vom Diakon oder – falls kein Diakon anwesend – vom Priester mit dem dreimaligen Ruf »Lumen Christi« (Licht von Christus), auf das die Gemeinde mit »Deo gratias« (Dank sei Gott) antwortet, in die dunkle Kirche getragen. Nach dem dritten Ruf vor den Altarstufen werden an ihr die übrigen Lichter in der Kirche entzündet. Nachdem sie auf einem Leuchter im Altarraum aufgestellt wurde, wird sie mit Weihrauch inzensiert. Danach singt der Diakon den Lobpreis auf die Osterkerze, das Exsultet. Bei der Taufwasserweihe senkt der Priester die Osterkerze dreimal in das Wasser und singt dabei: »Durch deinen geliebten Sohn steige herab in dieses Wasser die Kraft des Heiligen Geistes.« Symbolhaft steht die Kerze für Christus, dem Licht der Welt. Aber auch auf die Feuersäule, in der Gott den Israeliten bei ihrem Weg durch die Wüste nachts voran zog, spielt sie an.
Während der fünfzig Tage der Osterzeit steht die Osterkerze im Altarraum und wird zu den Gottesdiensten an Sonn- und Werktagen angezündet. Im übrigen Jahr steht sie in der Nähe des Taufsteins bzw. in der Taufkapelle. Sie wird auch bei Begräbnismessen verwendet.

Osterkommunion

Bezeichnung für den Empfang der Kommunion zu Ostern. Als die Teilnahme an der Kommunion für die Laien im Mittelalter unüblich geworden war, blieb das Gebot bestehen, sie zumindest zu Ostern zu empfangen. Erst Papst Pius X. hat zu Beginn des 20. Jh. den häufigen Kommunionempfang der Gläubigen empfohlen. Dieses Anliegen wurde im Zweiten Vatikanischen Konzil bestätigt. Auch der Katechismus (§ 1389) hält daran fest, dass mit der (sonntäglichen) Feier der Eucharistie der Kommunionempfang verbunden sein soll, und nennt als Mindestmaß, dass jeder Katholik, der zur Kommunion zugelassen ist, diese mindestens einmal im Jahr und nach Möglichkeit in der österlichen Zeit (einschließlich der Fastenzeit) empfangen soll. Die Deutsche

Bischofskonferenz schreibt dafür den Zeitraum von Aschermittwoch bis zum Ostersonntag vor. Ostern ist das Fest des Todes und der Auferstehung Christi, der Heilstat also, aus der das Sakrament der Eucharistie hervorgegangen ist.

Österliche Bußzeit ↗ Quadragesima

Osterlob ↗ Exsultet

Ostern *(Osternacht; österliches Triduum)*
Hochfest der Auferstehung unseres Herrn Jesus Christus. Die Liturgie des Ostertages steht mit ihren Lesungen und Gebeten eigenständig neben der Osternacht. Beide Gottesdienste bilden also keine Alternativen zueinander wie die Vorabendmesse zum Sonntagsgottesdienst. Vielmehr wird den Gläubigen im Gottesdienst am Tag nach dem Wachen der Osternacht noch einmal bestätigt: Es stimmt wirklich, der Herr ist tatsächlich auferstanden. Die Osterliturgie hat eine eigene Sequenz, die vor dem Halleluja gesungen wird: »Singt das Lob dem Osterlamme …«. Sie findet sich auf Lateinisch und Deutsch im Gotteslob. Das Osterfest besitzt eine Oktav, lat. *octavus* (= achter), also eine eigene Festwoche. Aus dieser ragt der Ostermontag mit drei Lesungen in der Messfeier heraus. Das Evangelium vom Ostermontag ist die so genannte Emmausgeschichte, die Begegnung der Jünger, die in die Ortschaft Emmaus ziehen mit dem Auferstandenen (Lk 24,13–35). Er ist in Deutschland und in einigen anderen Ländern ein gesetzlicher Feiertag. In der Osteroktav wird jeden Tag das Stundengebet vom Ostersonntag gebetet. Dadurch wird zum Ausdruck gebracht, dass es sich um ein einziges großes Fest handelt.
Siehe auch Osternacht, Osterzeit usw.

Osteroktav ↗ Oktav

Ostertermin
Der Termin des Osterfestes wurde auf dem Konzil von Nicäa (325) auf den ersten Sonntag nach dem Frühjahrsvollmond (der 14. Nisan, auf den nach dem jüdischen Kalender das Pascha-Fest gelegt ist) fest-

gelegt. Nach ihm richten sich alle Termine des Osterfestkreises, also der Beginn der Fastenzeit und die Daten von Christi Himmelfahrt und Pfingsten. Auch die Termine für den Dreifaltigkeitssonntag als 1. Sonntag nach Pfingsten und Fronleichnam (2. Donnerstag nach Pfingsten) sowie das Herz-Jesu-Fest (3. Freitag nach Pfingsten) sind am Ostertermin ausgerichtet.

Osterzeit
Fünfzigtägige Zeit zwischen Ostersonntag und Pfingsten (von griech. Pentecoste = Fünfzigster Tag). Freudenzeit über die Auferstehung Jesu Christi, in der in der Liturgie der Jubelruf des Halleluja besonders feierlich und häufig erklingt. Die Osterkerze brennt während der ganzen Osterzeit im Altarraum. Die biblischen Lesungen der Osterzeit werden alle dem Neuen Testament entnommen, neben den Berichten über die Begegnungen der Jünger mit dem Auferstandenen besonders der Apostelgeschichte, der Offenbarung und den Abschiedsreden aus dem Johannesevangelium (Joh 15–17). Die liturgische Farbe der Osterzeit ist mit Ausnahme von Pfingsten weiß. In der ersten Woche der Osterzeit, der Osteroktav, gingen in der frühen Kirche die Neophyten (die in der Osternacht Neugetauften) täglich zur Eucharistie und behielten ihre weißen Gewänder (Alben, lat. *albus* = weiß) an. Davon hat sich der Name »Weißer Sonntag« für den 2. Sonntag der Osterzeit erhalten. Die Feier der Erstkommunion wird in der Osterzeit, in vielen Pfarreien am Weißen Sonntag, begangen. Die Liturgie der Ostersonntage kann durch kein anderes Fest verdrängt werden. Seit dem 4. Jh. wird das Fest Christi Himmelfahrt am 40. Tag von Ostern gefeiert. Auch das Pfingstfest setzte sich als Hochfest durch.

Ostiarier
Unterste Stufe der früheren *niederen Weihen* (ohne Handauflegung) mit Aufgaben und Funktionen, die heute der Mesner ausübt, wurde – wie alle niederen Weihen – 1972 abgeschafft (Apostolisches Schreiben »Ministeria quaedam« von Papst Paul VI.). Die Bezeichnung stammt aus dem Lateinischen und bedeutet »Pförtner«, lat. *ostium* (= Tür).

Ostung
Ausrichtung eines Kirchengebäudes mit dem Altarraum nach Osten zur aufgehenden Sonne als Symbol für den wiederkommenden Christus.

P

Palla

Gestärktes Leinentuch, mit dem der Kelch während des Hochgebetes zum Schutz abgedeckt wird. Es ist oft mit Kartoneinlagen verstärkt. Heute wird die Palla nur noch selten benutzt.

Pallium

Bezeichnete das Pallium zunächst einen mantelartigen Umhang, der in Rom von Philosophen getragen wurde, führte es der römische Kaiser Theodosus 382 n. Chr. verbindlich in die Kleiderordnung für höhere Beamte am Hof ein. Es wurde vermutlich auch vom Kaiser dem Papst verliehen. Seit dem 9. Jh. verleiht dieser es allen Erzbischöfen, vorher allgemein herausragenden Bischöfen. Heute wird das Pallium als ringförmige Stola aus weißer Wolle vom Papst und von Erzbischöfen über dem Messgewand getragen. Das Pallium ist mit Kreuzen versehen und mit Nadeln am Messgewand befestigt. Die Endstücke hängen mittig oder seitlich vorne und hinten herab. Das Pallium wird bei der Amtseinführung verliehen. In der orthodoxen Kirche tragen alle Bischöfe ein ähnliches Zeichen. Papst Benedikt XVI. bezeichnet das wollene Pallium als »Sinnbild für die Sendung des Hirten«, der »die Menschen liebt, die ihm anvertraut sind, weil und wie er Christus liebt«.

Palmsonntag *(Palmprozession)*

Sonntag vor Ostern und Beginn der Karwoche. Feier des Einzugs Jesu in Jerusalem, bei dem er vom Volk als der erwartete Messias und König Israels begrüßt wurde mit Hosanna-Rufen, Kleidern, die vor ihm auf dem Weg ausgebreitet wurden, und mit dem Schwenken von Palmwedeln (vgl. u.a. Joh 12,12–19). Daher rührt der Name Palm-Sonntag. Mit dem Einzug, besonders dem Ritt auf einem Esel, wird Bezug auf den Propheten Sach 9,9 genommen, der Hosanna-Ruf ist von Ps 118, 25f. übernommen. Der Wortgottesdienst am Palmsonntag hat zwei

Höhepunkte. An seinem Beginn steht die Segnung der Palmzweige, in unseren Breiten in der Regel Buchsbaumzweige, und die Lesung des Evangeliums vom Einzug in Jerusalem. Dem folgt die Prozession in die Kirche, die von Gesängen begleitet wird. In der Kirche folgt nun der gewohnte Ablauf des Gottesdienstes. Als Evangelium wird die Passion nach dem Evangelisten des entsprechenden Lesejahres evtl. mit verteilten Rollen gelesen.
Dadurch wird der Palmsonntag als Eröffnung der Heiligen Woche hervorgehoben. Die liturgische Farbe ist ebenso wie am Karfreitag rot. Vielerorts ist es üblich, dass die Kinder besonders geschmückte Palmbüschel vorbereiten. Die geweihten Zweige werden von den Mitfeiernden mit nach Hause genommen, um dort die Kreuze zu schmücken und auf diese Weise zu verehren.

Papst

Oberhaupt der römisch-katholischen Kirche und Bischof von Rom. Dem Papst, von lat. *papa* (= Vater), ist als Nachfolger des Petrus die Kirche anvertraut: »Jesus sagte zu ihm: Weide meine Schafe« (Joh 21,17). Wie Petrus gilt der Papst somit als Stellvertreter Christi auf der Erde. Im Eucharistischen Hochgebet wird für den Papst gebetet. Auf diese Weise wird verdeutlicht, dass die Gemeinde, die an einem bestimmten Ort zum Gottesdienst zusammenkommt, Teil der Weltkirche ist und auch mit dem Papst als deren Oberhaupt verbunden ist. Der Papst wird von Kardinälen gewählt und behält sein Amt in der Regel bis an sein Lebensende. Er ernennt Kardinäle und Bischöfe, Nachfolger der Apostel, als Mitarbeiter in der Weltkirche. Durch den päpstlichen Segen (»Urbi et Orbi«) wird ein vollkommener Ablass erteilt. Die Gottesdienste mit dem Papst als Hauptzelebranten unterscheiden sich grundsätzlich nicht von anderen Pontifikalämtern, also Gottesdiensten mit einem Bischof. Zeichen des Papstes sind der Fischerring und das Pallium sowie bis zu Paul VI. die dreifache Krone, die Tiara. Unter den vielen Ehrenbezeichnungen des Papstes sind die gebräuchlichsten »Heiliger Vater«, »Pontifex maximus« (lat. Oberster Brückenbauer) und »Diener der Diener Christi«. Die Anerkennung des Papstamtes ist ein wesentlicher Streitpunkt zwischen der römisch-katholischen Kirche und den übrigen christlichen Konfessionen.

Päpstlicher Segen

Der Segen »Urbi et Orbi« – lat. »der Stadt Rom und dem Erdkreise« wird vom Papst unter anderem an Hochfesten (Weihnachten, Ostern, Pfingsten) gespendet. Er bewirkt einen vollkommenen Ablass. Im Zeitalter der Massenmedien gilt er auch für alle, die den Segen in einer Fernseh- oder Rundfunk-Liveübertragung gläubig mitverfolgen. Ortsbischöfe dürfen den päpstlichen Segen bis zu dreimal im Jahr in ihrem Bistum spenden. Ein Priester darf ihn im Rahmen der Kommunionspendung bei einem Sterbenden (Wegzehrung) nach der Beichte erteilen.

Paraliturgie

Bezeichnung für religiöse Feiern, die sich in ihrem Ablauf an die Liturgie anlehnen, ohne in strengem Sinn liturgisch zu sein. Als paraliturgisch können Kindergottesdienste mit Katechese, Liedern und Gebeten bezeichnet werden und auch andachtsähnliche Feiern, wie ein geistliches Konzert mit ergänzender Meditation und Gebet, die der Kirche fernstehenden Menschen einen niedrigschwelligen Zugang bieten können.

Paramente ↗ Gewänder, liturgische

Partikel *(Lat. Teilchen)*

1. Gebrochenes Stück der Hostie. Um den Symbolgehalt des Essens von dem einen Brot als Ausdruck der Gemeinschaft der Gläubigen mit Christus und untereinander aufzuzeigen, soll das eucharistische Brot so beschaffen sein, dass es vom Priester gebrochen und an mehrere Gläubige ausgeteilt werden kann. Eine kleine Partikel wird außerdem in den Kelch mit Wein gegeben (siehe Mischung). Es lässt sich nicht vermeiden, dass kleine Partikel der Hostien beim Brechen oder beim Verzehr zu Boden fallen. Diese sind mit Ehrfurcht zu behandeln und werden, wenn vorhanden, in das Sakrarium gegeben. Die Gegenwart Christi im eucharistischen Sakrament bezieht sich aber nur auf die genießbare Speise, der Umgang mit solchen Partikeln sollte daher nicht angstbesetzt sein.
2. Holzpartikel des hl. Kreuzes, die als Kreuzreliquie verehrt werden.

Parusie
Wiederkunft (griech.) in der Antike eines Würdenträgers oder das Erscheinen einer Gottheit. Im Christentum die Wiederkunft Jesu Christi zum Gericht und zur Vollendung des Heilsgeschehens, welches durch den Tod und die Auferstehung Jesu Christi schon seinen Höhepunkt fand.
Die Parusie wird besonders in den Gleichnissen in Mt 24–25 und Parallelstellen bei Mk und Lk, in Mk 13,24–27 und in Offb 21–22 betrachtet. In der Liturgie findet ihre Erwartung Ausdruck in der Akklamation nach den Einsetzungsworten des Hochgebetes »... bis du kommst in Herrlichkeit« (vgl. 1 Kor 11,26) sowie in den Lesungen des Advents bis zum 16.12. und in der Osternacht.

Pascha *(Pascha-Mysterium)*
Jüdisches Fest am Tag des 1. Frühlingsvollmondes. Es erinnert an die Errettung und Herausführung Israels aus Ägypten (Ex 12) und den Durchzug durch das Rote Meer. Die Feier des Pascha-Festes (gespr. Pascha) ist mit dem Paschaopfer verbunden, einem Lamm, welches am Vorabend geschlachtet und in der Hausgemeinschaft gegessen wird. Das Blut des Lammes wurde in der Nacht der Befreiung aus Ägypten an die Türpfosten der Häuser der Israeliten gestrichen. Es wurde dadurch zum Heilszeichen, da es die Israeliten vor der Plage Gottes, nämlich dem Tod jedes Erstgeborenen in Ägypten, schützte. Nach dem Johannesevangelium stirbt Jesus als »das Lamm Gottes, das die Sünde der Welt hinwegnimmt« (Joh 1,29) zur gleichen Zeit wie die Opfertiere am Vorabend des Pascha-Festes. Der Durchzug durch das Rote Meer, Sinnbild für den Übergang vom Tod in ein neues Leben, wird in der christlichen Überlieferung in der Taufe gesehen. Die alttestamentlichen Texte, die das Pascha-Fest thematisieren, werden in der Messfeier des Gründonnerstags (Ex 12,1–8.11–14) sowie in der Osternacht (Ex 14,15 – 15,1) gelesen.

Passion Christi
Das Evangelium vom Leiden Christi (passio = Leiden) wird am Palmsonntag nach dem Evangelisten des entsprechenden Lesejahres gelesen und in der Karfreitagsliturgie nach dem Evangelisten Johannes. Der

Vortrag erfolgt seit früher Zeit mit verteilten Rollen: Jesus, in der Regel vom Priester gesprochen, dem Erzähler, und übrige Personen. Alternativ zu dieser Aufteilung kann die Passion aber auch abschnittsweise gelesen werden. Wegen der Länge der Perikope sitzt die Gemeinde, erhebt sich aber bei dem Abschnitt über das Sterben Jesu. Danach kniet sie zu einer kurzen Gebetsstille nieder.

Passionszeit

Seit dem 9. Jh. wurden die letzten beiden Wochen vor Ostern vom 5. Sonntag der Fastenzeit bis Karfreitag als Passionszeit bezeichnet. Der 5. Sonntag der Fastenzeit erhielt den Namen Passionssonntag. In dieser Zeit stand die Liturgie im Licht des Leidens Jesu. Als äußerliches Zeichen wurden die im Mittelalter meist prächtigen Kreuze verhüllt. Die Bezeichnungen Passionszeit und Passionssonntag sind heute nicht mehr offiziell im Gebrauch. Doch werden vielerorts in dieser Zeit noch die Kreuze verhüllt. Auch verweist das Tagesgebet des 5. Sonntags der Fastenzeit auf das Leiden Jesu Christi: »Herr, unser Gott, dein Sohn hat sich aus Liebe zur Welt dem Tod überliefert. Lass uns in seiner Liebe bleiben und mit deiner Gnade aus ihr leben. Darum bitten wir durch Jesus Christus.«

Pate

Von lat. *pater* (= Vater), *patrinus* (= Bürge). Der Pate ist Zeuge einer Taufe bzw. Firmung und übernimmt neben den Eltern die Mitverantwortung für die christliche Erziehung des ihm anvertrauten Patenkindes. Um diese Aufgabe ausüben zu können, muss er das 16. Lebensjahr vollendet haben und selbst getauft und gefirmt sein. Außerdem soll er einen nach Maßstäben der katholischen Kirche angemessenen Lebensstil führen. Die Eltern oder – bei der Erwachsenentaufe – der Ehegatte dürfen nicht gleichzeitig zum Paten ernannt werden. Wenn zwei Taufpaten vorgesehen sind, kann einer von ihnen auch einer anderen christlichen Konfession angehören. Er muss aber getauft sein. Seit der Neuordnung des Patenamtes im Rahmen der Neuordnung der Kindertaufe (1969) geben die Eltern in der Tauffeier die Antworten und tragen das Kind. Der Pate legt nur seine rechte Hand auf den Täufling und auch auf die Schulter des Firmlings. Es ist wünschenswert, jedoch nicht zwingend, dass der Tauf- mit dem Firmpaten identisch ist.

Patene

Schüssel (lat.) bzw. Teller für die Hostien. Vor der Liturgiereform wurde zwischen der Hostie für den Priester und denen für die Gläubigen unterschieden. Die Priesterhostie wurde auf der Patene, einem kleinen Teller, der auf die Kelchöffnung passte, dargebracht, während die Hostien für die Gläubigen im Ziborium (siehe unten) aufbewahrt wurden. Heute wird auf eine Priesterpatene verzichtet, alle Hostien werden in die gleiche Schale gelegt.

Pater noster

↗ Vaterunser

Patriarch

Von griech. *patriárches* (= Stammesführer). In der antiken Kirche Bischof einer der vier wichtigsten Diözesen Rom, Antiochien, Alexandrien und Jerusalem. Später kam Konstantinopel (heute = Istanbul) hinzu. Die liturgischen Bestimmungen in jenen Diözesen waren maßgebend für die jeweilige Umgebung. In der Westkirche ist der Papst als Bischof von Rom der einzige Patriarch. Dadurch besteht in der römisch-katholischen Kirche eine einheitliche Liturgie. Die Gemeinschaft der Kirche mit ihrem Patriarchen zeigt sich in der namentlichen Nennung des Papstes im Hochgebet. In der katholischen Kirche tragen heute noch die Bischöfe von Venedig, Lissabon, Goa (P. von Ostindien) und Madrid (P. von Westindien), die Bezeichnung »Patriarch« als Ehrentitel. Damit sind jedoch keine besonderen Rechte verbunden. Auch die mit Rom unierten Ostkirchen haben Patriarchen als Oberhäupter, die von Rom nach ihrer Ernennung anerkannt werden.

Der Verzicht von Papst Benedikt XVI. im Jahr 2006 auf den Titel des abendländischen Patriarchen hat für die Struktur der römisch-katholischen Kirche keine besonderen Konsequenzen, aber bei den nicht unierten Ostkirchen einiges Unverständnis und öffentlichen Ausdruck von Besorgnis über die Zukunft der Ökumene hervorgerufen.

Patron *(Patrozinium)*
Lat. *patronus* (= Schutzherr), *patrocinium* (= Schutz), Bezeichnung für den/die Heilige/n oder Engel, dem/der ein Gotteshaus geweiht ist. Im frühen Christentum wurden Kirchen in der Regel über Gräbern von Märtyrern errichtet, deren Segen sie damit anvertraut wurden (z.B. St. Peter in Rom über dem Grab des hl. Petrus). Später wurden Reliquien des Kirchenpatrons in den Altarfuß eingelassen. Man sagt, eine Kirche stehe unter dem Patrozinium eines bestimmten Heiligen. Der Gedenktag des Heiligen eines Gotteshauses wird als Patronatsfest oder Patrozinium gefeiert. Ist eine Kirche einem Glaubensgeheimnis geweiht, z.B. Herz-Jesu-Kirche, so spricht man vom Titularfest. Auch Länder und Kontinente sind Heiligen oder Engeln als Patronen anvertraut. Der Erzengel Michael beispielsweise gilt seit alters als Patron der Deutschen.

Patrozinium ↗ Patron

Pensum
Im Stundengebet der Klöster festgelegte Psalmenfolge für jede Gebetseinheit. Die Psalmen werden nach dem erneuerten Stundengebet auch nach inhaltlichen Aspekten für die verschiedenen Tageszeiten ausgewählt. Hinter dem Pensum steht aber der Wunsch, im Ablauf eines bestimmten Zeitraumes, einer Woche oder eines Monates, alle 150 Psalmen zu beten. Der Sinn, allen Psalmen somit eine gleichartige Gewichtung beizumessen, ist vertretbar. Bedenklich wird der Pensumsgedanke jedoch, wenn er als Verpflichtung zu einer unflexiblen religiösen Leistung ohne Rücksicht auf den Inhalt angesehen wird.

Pentekoste ↗ Osterfestkreis

Perikopen
Bezeichnung für die zur Verlesung innerhalb liturgischer Feiern nach der festgelegten Leseordnung der Bibel entnommenen Abschnitte der Heiligen Schrift.

Petri Stuhlfeier ↗ Kathedra Petri

Pfarrei *(Pfarre)*
Ein Bistum ist in mehrere Gemeinden unterteilt, die räumlich begrenzt sind und jeweils von einem vom Bischof beauftragten Priester geleitet werden. Diese Einheiten werden als Pfarreien bezeichnet und der leitende Priester als Pfarrer. In ihnen konkretisiert sich das kirchliche Leben im sonntäglichen Pfarrgottesdienst, in seelsorgerischen Tätigkeiten und durch verschiedene gemeinschaftsfördernde Veranstaltungen. Jede Pfarrei ist einem Bistum zugeordnet und dadurch mit der katholischen Kirche in ihrer Gesamtheit verbunden. Dies bringt die Nennung des Papstes und des Diözesanbischofs im Hochgebet der hl. Messe zum Ausdruck. Neben den so genannten Territorialpfarreien, die eine bestimmte räumliche Ausdehnung (Territorium) besitzen, gibt es seltener Personalpfarreien, denen ein bestimmter Personenkreis zugeordnet ist.

Pfarrgottesdienst
Sonntäglicher Gottesdienst in der Pfarrei. In der Regel handelt es sich dabei um die Eucharistiefeier. Aufgrund des Priestermangels finden aber auch in manchen Gemeinden regelmäßig Wort-Gottes-Feiern statt. Der sonntägliche Gottesdienst ist die wichtigste Versammlung der Pfarrei und richtet sich an alle ihre Mitglieder, auch wenn ggf. eine bestimmte Zielgruppe besonders angesprochen wird (z.B. Familiengottesdienst). Darum ist dieser Gottesdienst von privaten Anliegen (Intentionen) freizuhalten. Neben dem Hauptgottesdienst am Sonntagmorgen finden oft Vorabend-, Früh- und Abendmessen statt. Durch diese wird einer größeren Zahl an Gläubigen die Teilnahme am Gottesdienst ermöglicht. Darum sollten sie mit der gleichen Sorgfalt gestaltet und ebenfalls als Versammlung der Pfarrei und nicht nur einer bestimmten Teilgruppe erfahrbar sein.

Pfingsten
Von griech. *pentekoste* (= der Fünfzigste [Tag]). Gemeint ist im Judentum der fünfzigste Tag nach dem Pascha-Fest, der als Erntedankfest und Fest des Bundesschlusses zwischen Gott und Israel am Berg Sinai gefeiert wurde. Im Christentum erinnert das Pfingstfest an die Aussendung des Heiligen Geistes auf die Apostel (Apg 2). Gleichzeitig ist es

die Oktav der Osteroktav (sieben Wochen) und somit der Abschluss und die Vollendung der Osterzeit. Als Hochfest ist Pfingsten Weihnachten und Ostern gleichgestellt. Es besaß früher eine eigene Oktav, von der sich in einigen Ländern der Pfingstmontag als Feiertag gehalten hat. Der Oktavtag war der Dreifaltigkeitssonntag. Der Pfingstsonntag besitzt je ein eigenes Messformular für die Vorabendmesse und die Messe vom Tage. Auch hat es eine eigene Sequenz, die zwischen der 2. Lesung und dem Halleluja-Ruf vor dem Evangelium gesungen wird: »Komm herab, o Heil'ger Geist ...« (»Veni, Sancte Spiritus ...«). Die liturgische Farbe an Pfingsten ist rot, Symbol des Feuers und des Lebens. Am Vorabend von Pfingsten ist eine Nachtwache (Vigil) vorgesehen. In dieser wurde früher das Sakrament der Taufe gespendet. Für den Pfingstmontag sieht das Messbuch eigene Texte vor, jedoch kann auch die Votivmesse vom Heiligen Geist gefeiert werden.

Pfingstnovene
Nach dem Vorbild der Jünger (vgl. Apg 1,13 f.) sind die Wochentage nach Christi Himmelfahrt bis Samstag vor Pfingsten der besonderen Vorbereitung auf die Herabkunft des Heiligen Geistes gewidmet und haben eigene Messformulare (vgl. GOK 26).

Pileolus *(Soli Deo)*
Bezeichnet das kleine kreisrunde Scheitelkäppchen, das von Klerikern in der jeweiligen Farbe ihres Standes getragen werden kann: Papst weiß, Kardinal rot, Bischof violett, Priester schwarz.

Der Name kommt aus dem Lateinischen (Verkleinerungsform von *pil(l)eus* = Kappe).
Der Pileolus ist kein liturgisches Kleidungsstück, sondern wird vom Sanctus bis nach der Kommunion sogar abgelegt, woher auch die gelegentliche Bezeichnung *Soli Deo* rührt, die besagen will, dass das Käppchen *nur für Gott* abgenommen wird.

Pluviale *(Chormantel; Rauchmantel; Vespermantel)*
Bezeichnung aus dem Lateinischen für einen Regenumhang, heute der Umhang, der von allen Diensttuenden bei Gottesdiensten getragen

werden kann, die keine eucharistischen Feiern sind: Andacht mit Aussetzung, Prozession, Tagzeitenliturgie. Insbesondere der Leiter eines festlichen Stundengebetes (Vesper) legt zum Altarinzens das Pluviale

an, woher die alternativen Bezeichnungen *Rauchmantel, Chormantel, Vespermantel* stammen. Der vorne offene, ansonsten die ganze Gestalt einschließende Umhang mit prächtiger Schließe ist in den liturgischen Farben zu halten.
(Vgl. Kasel)

Pontifikalamt
Die feierliche Messe des Bischofs bzw. eines Abtes, in der Bischof oder Abt sich durch den Gebrauch der Pontifikalien als Hirten ihrer Diözese bzw. ihrer Kommunität präsentieren.

Pontifikale
Liturgisches Buch, derzeit in vier Bänden, das die Feiern und Riten der vom Bischof gespendeten Sakramente, Weihen (Konsekrationen) und Segnungen (Benediktionen) beinhaltet:
I: Die Weihe des Bischofs, der Priester und der Diakone
II: Die Weihe des Abtes und der Äbtissin. Die Jungfrauenweihe
III: Die Beauftragung der Lektoren und Akolythen. Die Aufnahme unter die Kandidaten für das Weihesakrament
IV: Die Weihe der Kirche und des Altares. Die Weihe der Öle

Pontifikalien
Dem Bischof (oder Abt) vorbehaltene Zeichen (bischöfliche Insignien, insignia pontificalia) seines Amtes, insbesondere Cathedra, Mitra, Stab, Ring, Pallium, Brustkreuz und violetter Pileolus.

Portal

Bei geosteten (nach Osten ausgerichteten) Kirchen liegt der Haupteingang im Westen. Das Portal hat dabei nicht nur die Funktion des Einganges und des Windschutzes, sondern ist auch gleichzeitig in oft künstlerisch gestalteter Weise Symbol für die Pforte zu Himmel und Paradies (Himmelspforte, Paradiespforte, Pforte zum himmlischen Jerusalem) oder für Christus selbst: »Ich bin die Tür; wer durch mich hineingeht, wird gerettet werden; er wird ein- und ausgehen und Weide finden« (Joh 10,9). Die derzeit aus Angst vor Diebstählen oder Vandalismus oft nur noch zu Gottesdienstzeiten geöffneten und sonst verschlossenen Kirchentüren verkehren diese Symbolik nur allzuleicht in ein Sinnbild der »verschlossenen Kirche(n)«.

praeconium paschale ↗ Exsultet

Präfation
Bezeichnung aus dem Lateinischen mit der wörtlichen Bedeutung *Vor-Rede* für den ersten Teil des Eucharistischen Hochgebetes, der je nach Tag und Anlass ausgewechselt wird. Die Präfation eröffnet das Hochgebet, wobei aber das *Prä* = *Vor-* nicht nur in diesem zeitlichen Sinne des Ablaufs der Liturgie, sondern auch als *vor Gott* verstanden wird.

Präsidialgebete
Oder *Vorstehergebete* oder *Amtsgebete des Priesters* (AEM 10) während der Messfeier. Zu ihnen gehören vor allem das Eucharistische Hochgebet, Tagesgebet, Gabengebet und Schlussgebet. Auch das Abschlussgebet der Fürbitten und die Schlussorationen der Tagzeitenliturgie sind Präsidialgebete.

Preces
Bezeichnung aus dem Lateinischen mit der wörtlichen Bedeutung *Bitten* für die Bitten am Ende von Laudes und die Fürbitten der Vesper im Stundengebet, in denen der Aspekt der Tagzeitenliturgie als (Für-)Bittgebet besonders zum Ausdruck kommt: »Außer dem Gotteslob spricht die Kirche in der Liturgie auch die Wünsche und das Verlangen aller Gläubigen aus. Sie bittet Christus und durch ihn den Vater um das Heil der ganzen Welt« (AES 17).

Predella
Bezeichnung aus dem Italienischen entweder für die oberste Altarstufe bzw. Erhöhung, auf der der Altar steht, oder für den Unterbau des Retabel.

Predigt
Lat. *praedicare* (= laut verkünden), mündliche Verkündigung des Heilswillens Gottes in einer gottesdienstlichen Versammlung. Die Auslegung des Wortes Gottes nach dem Evangelium als integrativer Bestandteil der Messfeier wird als Homilie bezeichnet. Sie ist dem Priester oder Diakon vorbehalten. Ihren Stellenwert innerhalb der hl. Messe hat die Predigt

(Homilie) erst wieder nach dem Zweiten Vatikanischen Konzil erhalten, früher war sie dieser oft vorgelagert. Es gibt daneben gottesdienstliche Feiern, in denen die Predigt im Zentrum steht, z.B. Fastenpredigten. Hauptziel der Predigt ist, den Zuhörern den liebenden Willen Gottes, die Frohe Botschaft, so zu vermitteln, dass diese ihn annehmen können und bereit sind, sich davon formen zu lassen. Auch wenn eine Predigt gut vorbereitet sein und Professionalität aufweisen soll, bewirkt letztlich der Heilige Geist Gottes die Annahme der Botschaft bei den Zuhörern und nicht ausschließlich menschliche Redekunst.

Predigtlied
Lied vor oder nach der Predigt, in ev. Sonntagsgottesdiensten Brauch, in der Messfeier nicht vorgesehen und kaum üblich, aber möglich einerseits – z.B. in reinen Predigtgottesdiensten – als Einstimmung zur Predigt und andererseits auch in Messfeiern als Antwort der Gemeinde auf das Gehörte.

Presbyterium
Bezeichnung sowohl für das Priesterkollegium einer Diözese als auch für den durch Stufen über dem Gemeinderaum erhöhten und in historischen Kirchen durch Chorschranken abgetrennten Chorraum einer Kirche.

Priester
Griech. *presbyter* (= Ältester). Im alttestamentlichen Israel kamen die Priester aus dem Geschlecht Aarons, Moses Bruders, und waren damit beauftragt, den Opferdienst vor dem Offenbarungszelt und später im Tempel stellvertretend für das ganze Volk wahrzunehmen. Als einzige aus dem Volk durften sie sich zu diesem Zweck der göttlichen Gegenwart nähern. Nach neutestamentlichem Verständnis sind alle Christen aufgrund der Taufe in diese Nähe Gottes berufen. Die Christen werden in 1 Petr 2,9 als ausgewählte Priesterschaft bezeichnet. Die darüber hinaus geweihten Priester sind als Mitarbeiter des jeweiligen Diözesanbischofs, der in der Nachfolge der Apostel steht, dazu beauftragt, die ihnen anvertraute Gemeinde zu leiten und zu unterstützen. Dazu haben sie durch die Priesterweihe die Vollmacht erhalten, die Sakramente

zu spenden und das Evangelium in der Eucharistiefeier für die Gemeinde auszulegen (Homilie). In der römisch-katholischen Kirche ist die priesterliche Lebensform mit Verpflichtungen verbunden, die ihn in seinem ständigen Umgang mit dem Heiligen (in der Eucharistiefeier und den übrigen Sakramenten) stärken sollen und sein ganzes Leben vom priesterlichen Dienst her deuten. Dies sind besonders der Zölibat und die tägliche Messfeier sowie das Stundengebet. Diese Verpflichtungen teilen die Priester mit den Ordensleuten. Nach biblischem Vorbild – Jesus hat nur männliche Apostel ernannt – werden ausschließlich Männer zu Priestern geweiht.

Priesterloser Gottesdienst
Gottesdienst ohne den Vorsitz eines Priesters. Im Laufe der Kirchengeschichte hat es priesterlose Gottesdienste an Sonntagen vor allem in Missions- und Diasporagebieten, in schwer zugänglichen Orten (Bergdörfer) sowie in Ländern, in denen Christen verfolgt wurden, gegeben (griech. Diaspora = Zerstreuung, d. h. Gegenden mit einem nur kleinen Prozentsatz von Katholiken an der Gesamtbevölkerung). Sie gewährleisten, dass die Gemeinde zum gemeinsamen Gebet und zum Hören auf Gottes Wort zusammenkommt und sich so auch ohne Priester als Gemeinschaft versteht. Auch erfährt sie sich durch die Lesung der Perikopen (Bibelabschnitte) vom Sonntag als Teil der Gesamtkirche. Sie betet engagiert mit der Kirche und stellvertretend für sie im Tagesgebet, dem Allgemeinen Gebet (Fürbitten) und dem Vaterunser. Zum genauen Aufbau von priesterlosen Gottesdiensten am Sonntag gibt es unter anderen das Werkbuch »Wort-Gottes-Feier« (Trier, 2004). Der priesterlose Gottesdienst kann keine Eucharistiefeier sein. Vielerorts wird jedoch die hl. Kommunion nach dem Vaterunser durch die vorstehenden Laien ausgeteilt. Die Laien, die dem Gottesdienst vorstehen, können ihre besondere Aufgabe durch liturgische Kleidung sichtbar machen. Ihr Platz ist in der Nähe des Ambos, da sie Verkünder des Wortes sind, nicht beim Altar. Laien verzichten bei ihrem Dienst auf Mermale, die für das kirchliche Amt typisch sind, z. B. auf den Gruß »Der Herr sei mit euch«. Sie sprechen ihren Brüdern und Schwestern auch nicht den Segen zu: »Es segne euch …«, sondern sie bitten mit ihnen: »Es segne uns …«

Priesterlose Sonntagsgottesdienste bilden eine Ausnahme aufgrund einer Notsituation, heute meistens aufgrund des Priestermangels.

Priestersitz

Auch *Vorstehersitz, Präsidialsitz*. Für den priesterlichen Leiter der liturgischen Feier. Für den Bischof ist in seiner eigenen Kathedrale (Dom) die Kathedra vorgesehen.
Siehe auch Sedile

Priesterweihe

Die Priesterweihe gehört zu den Weihesakramenten (wie Bischofs- und Diakonenweihe). Durch sie werden Männer dazu beauftragt, den Bischof einer Diözese im Dienst an den ihm anvertrauten Gläubigen in den einzelnen Gemeinden zu unterstützen bzw. als Angehörige einer Ordensgemeinschaft für diese als Priester tätig zu sein. Die Priesterweihe wird vom Bischof im Rahmen einer Eucharistiefeier gespendet. Nach der Homilie legen die Kandidaten ihr Versprechen ab. Die Gemeinde singt die Allerheiligenlitanei. Dann legen der Bischof und alle anwesenden Priester den Kandidaten die Hände auf zum Zeichen der Übertragung der Amtsvollmacht kraft des Heiligen Geistes und als Ausdruck der Aufnahme in das Presbyterium (griech. Gemeinschaft der »Ältesten«). Anschließend wird den Kandidaten das Messgewand (Kasel) angelegt. Der Bischof salbt ihre Hände mit Chrisam als Zeichen ihres Dienstes am Altar und überreicht ihnen Patene (= Hostienschale) und Kelch. Der Weiheritus wird mit dem Friedenskuss, den der Bischof und die Mitbrüder mit den Neugeweihten tauschen, besiegelt. Bei der folgenden Eucharistie konzelebrieren die Neupriester gemeinsam mit dem Bischof. Der genaue Ritus der Priesterweihe ist im Pontifikale I (1994) verzeichnet. Der Termin der Priesterweihe sollte so gelegt sein, dass viele Mitglieder ihrer Gemeinden teilnehmen können.
Siehe auch Priester

Prim

Erste der kleinen Horen des monastischen Stundengebetes, benannt nach lat. *hora prima* (»erste Stunde« = 6 Uhr morgens nach antiker Zeiteinteilung). Vermutlich entstanden als Zwischengebet vor den Laudes im Gefolge des Vorziehens des eigentlichen (frühen) Morgengebets (Matutin) zu den Nachtgebeten (Nokturnen/Vigilien). Bei der erneuten Aufwertung der Matutin als selbstständige Hore frühmorgens in der Benediktusregel (RB 16, 5) wurde die Prim aber nicht mehr abgeschafft, sondern nach dem Vorbild der anderen Horen sogar noch weiter ausgebaut. Die Liturgiekonstitution des Zweiten Vatikanischen Konzils hat die Prim als Verdoppelung der Laudes abgeschafft (SC 89d), wobei der Inhalt teilweise in die Laudes aufgenommen wurde.

Primiz

Die erste selbstständige Messe eines neugeweihten Priesters, vielerorts in der Heimatgemeinde des Primizianten mit hohem Aufwand und Volksfestcharakter gefeiert. Der Primizsegen, »der Erstlingssegen des Priesters steht beim Volk in hohen Ehren« (Benediktionale Nr. 22), was aber eher von einem falschen Verständnis im Sinne besonders magischer Kräfte des Segens eines *Neulings* herrührt. Die theologische Deutung der Primiz als geistliche Hochzeit mit der Kirche wird durch die Primiz-Braut dargestellt.

Privatmesse

Frühere Bezeichnung für die vom Priester alleine oder höchstens mit einem Ministranten zelebrierte Messfeier, abschätzig auch *Winkelmesse* genannt. Das heutige Verständnis sieht in der Feier der Eucharistie immer eine öffentliche Angelegenheit der Gemeinde. Dies widerspricht nicht der Möglichkeit von Messfeiern in kleineren Kreisen oder häuslichen Gemeinschaften. In Ausnahmefällen ist auch die Zelebration eines Priesters ohne anwesende Gemeinde möglich; auch sie wird in der Gemeinschaft der Gesamtkirche gefeiert und hat darum öffentlichen Charakter und soll daher nicht »Privatmesse« genannt werden.

Profess

Die verschiedenen Stufen der Aufnahme in eine klösterliche Gemeinschaft werden jeweils durch ein entsprechend gestuftes Versprechen des Kandidaten, der Kandidatin eingeleitet bzw. die vorausgehende Erprobungszeit abgeschlossen. Während für die Aufnahme ins Noviziat noch eine relativ schlichte liturgische Feier vorgesehen ist, in der die

Willenserklärung des Kandidaten erfolgt, sollen die erste *Zeitliche Profess* und vor allem die feierliche *Ewige Profess* im Rahmen einer Messfeier stattfinden. Die Riten zur Profess finden sich in »Die Feier der Ordensprofess«.

Proprium

(Lat. = das Eigene). Als Proprium werden in der Liturgie der Messfeier und des Stundengebetes Texte bezeichnet, die nicht regelmäßig (vgl. Ordinarium), sondern wechselnd, z. B. in Abhängigkeit von bestimmten Anlässen, gesprochen bzw. gesungen werden. In der Messfeier sind dies einerseits die wechselnden Gesänge zum Einzug (Introitus), der Antwortpsalm, die Sequenz an Hochfesten, der Halleluja-Ruf oder der Ruf vor dem Evangelium (in der Fastenzeit), der Gesang zur Gabenbereitung (Offertorium) und der Kommuniongesang. Auch die Lesungen, das Tagesgebet und die Präfation sind jeweils eigen. Gleiches gilt für die Texte (Hymnus, Psalmen, Lesung etc.) des Stundengebetes. Bei Heiligenfesten spricht man vom Heiligenproprium.

Proprium de Tempore ↗ Temporale

Prozession

Lat. *procedere* (= voranschreiten, hinziehen). Prozessionen dienen dem feierlichen Geleit. Die Betonung liegt dabei auf dem Prozess des Voranschreitens und des Innehaltens an verschiedenen Stationen (z. B. Wegaltären). Es geht nicht darum, möglichst schnell den Zielort zu erreichen. Im öffentlichen Raum stattfindende Prozessionen haben zudem Bekenntnischarakter. Die mitgehenden Gläubigen drücken durch ihre Teilnahme ihre Verbundenheit mit Christus aus. Beispiele sind die Prozession mit dem Allerheiligsten, die heute noch zu Fronleichnam üblich ist, die Palmprozession (die Gemeinde begleitet Jesus) sowie Segensprozessionen, bei denen das Kreuz vorangetragen wird und bestimmte Orte (Felder) mit Weihwasser besprengt werden. Auch das letzte Geleit eines Verstorbenen zum Grab ist eine Prozession. Der bei Kindern beliebte Martinszug stellt ebenfalls eine Prozession dar. In der sonntäglichen Eucharistiefeier können mehrere Prozessionen stattfinden: Der Priester und die Assistenz ziehen mit dem Evangeliar und dem Kreuz durch den Mittelgang in die Kirche ein und am Schluss auf die gleiche Weise wieder aus. Das Evangeliar wird vom Priester oder Diakon, begleitet von Ministranten mit Kerzen und Weihrauch, vom Altar zur Verkündigung zum Ambo getragen. Zur Gabenbereitung bringen Gemeindemitglieder (oder Ministranten) die Gaben aus ihrer Mitte (Kredenztisch im hinteren Teil des Kirchenschiffs) zum Altar. Prozessionen werden mit Gesängen sowie Gebeten an den einzelnen Stationen begleitet.

Prozessionsgesänge

Bezeichnung für die Gesänge zum Einzug, zur Gabenprozession und zum Kommuniongang. Die Prozessionsgesänge sind musikalische Begleitung des liturgischen Geschehens und entfallen, wenn die Handlung weggelassen wird. Wenn die Handlung nur kurz dauert, kann der betreffende Text aus dem Messbuch auch gesprochen werden. Die Evangeliumsprozession wird vom obligatorischen Halleluja begleitet (außer in der Österlichen Bußzeit).

Psalm

Lat. *psalmus* (= Lied, Gesang; urspr. griech.: das Zupfen auf einem Saiteninstrument). Das alttestamentliche Buch der Psalmen (Psalter) bildet eine Sammlung von 150 Liedern. Ihnen gemeinsam ist die Hinwendung des Dichters zu Gott. Ihm bringt er sein Vertrauen entgegen (z.B. Ps 23) und lobt ihn für seine Schöpfung (z.B. Ps 104) und sein Handeln in der Geschichte Israels (z.B. Ps 136). In anderen Psalmen klagt der Beter (z.B. Ps 22) und bittet Gott um Zuwendung (z.B. Ps 130). Jesus und seine Jünger haben als Juden mit den Psalmen gebetet. Daher werden sie im Neuen Testament zitiert und als bekannt vorausgesetzt, etwa Ps 22,1 in Mk 15,34: »Mein Gott, mein Gott, warum hast du mich verlassen.« Entsprechend selbstverständlich übernahmen die Christen die Psalmen in ihren Gottesdiensten. Sie sind wesentlicher Bestandteil des Stundengebetes. Im römischen Stundenbuch werden die Psalmen in einem vierwöchentlichen Rhythmus wiederholt (Vierwochenpsalter), in einigen Klöstern sogar wöchentlich. Das morgendliche Invitatorium, von lat. *invitare* (= einladen), vor den Laudes beginnt täglich mit Psalm 95. In der Eucharistiefeier wird nach der 1. Lesung ein Antwortpsalm gesungen. Während im Stundengebet die Psalmverse im Wechsel zwischen einem Kantor und der Gemeinde oder zwischen zwei Gemeindehälften gesungen werden, ist es üblich, den Antwortpsalm in der Eucharistiefeier responsorial zu singen. Ein Kantor oder eine Schola singen den Psalm vor und die Gemeinde antwortet mit Kehrversen, lat. *respondere* (= antworten). Jeder Psalm in der Liturgie schließt mit der Doxologie (griech., bedeutet Lobruf) »Ehre sei dem Vater und dem Sohn und dem Heiligen Geist. Wie im Anfang so auch jetzt und alle Zeit und in Ewigkeit. Amen.« Die Psalmen des Stundengebetes haben eine Antiphon (griech. = Gegenchor), einen Rahmenvers, der ein zentrales Anliegen des Psalms aufgreift. Einige Psalmen werden zu bestimmten liturgischen Anlässen und Zeiten verwendet, z.B. Ps 51 und Ps 131 als Bußpsalmen, Ps 118 zu Ostern, Ps 96 zu Weihnachten, Ps 104 zu Pfingsten, Ps 63 und Ps 150 als Laudespsalmen an Sonn- und Festtagen.

Psalmodie *(Psalmton)*
Wörtlich »Psalm-Gesang« (aus dem Griechischen), womit man die Art und Weise des Vortrags meint, im spezielleren Sinne die Vertonung der Psalmen im Gregorianischen Choral, dessen Grundprinzipien auch das deutsche Antiphonale folgt. Besonderheit dieser Art des gesungenen Vortrags oder gemeinsamen Singens ist die Rezitation des größten Teils der Texte auf einem bestimmten Ton (Psalmton, Ténor), dem beim ersten Vers nach der Antiphon zur Einleitung (Initium) eine Überleitungsformel vorausgeht und am Ende jeder ersten Psalmvershälfte eine Mittelkadenz (Mediatio) bzw. am Ende eines jeden Psalmverses die Schlusskadenz (Finalis oder Terminatio) folgt. Wenn die erste Psalmvershälfte sehr lange ist, kann sie auch durch eine kleine Melodieformel (Flexa) unterbrochen werden. Je nach Vertonung wird die zweite Psalmvershälfte nach der Mediatio der vorausgehenden nochmals durch eine Re-Intonation neu eingeleitet bzw. bildet die Re-Intonation eine Überleitung von der Schlusskadenz zum nächsten Psalmvers.

Beispiel Psalm 104
Antiphon
1. Psalmvers
[Initium] Lobe den [Tenor] Herrn, meine Seele! [Flexa]
[Tenor] Herr, mein Gott, wie groß bist du! [Mediatio] *
[ggf. Re-Intonation oder Tenor] Du bist [Tenor] mit Hoheit und Pracht bekleidet. [Finalis]
2. Psalmvers
[ggf. Re-Intonation oder Tenor] Du hüllst [Tenor] dich in Licht wie in ein Kleid, [Mediatio] *
[ggf. Re-Intonation oder Tenor] du spannst [Tenor] den Himmel aus wie ein Zelt. [Finalis]

Psalmus responsorius ↗ Antwortpsalm

Psalter *(Psalterium)*
Buch, das für den persönlichen oder liturgischen Gebrauch die 150 Psalmen des AT in der dortigen Reihenfolge enthält, z. T. mit den für die Gebetspraxis nötigen Antiphonen und unterteilt in Tages- und Horenabschnitte. Von Exegeten wird der Begriff *Psalter* auch schlicht für die 150 Psalmen als Teil des AT gebraucht im Wissen darum, dass dieses besondere Buch des AT immer schon auch Gebetbuch der Juden ist.
Heute wird in der Regel das Stundenbuch verwendet, das alle Texte für den Vollzug des Stundengebetes enthält, also auch viele Texte, die nicht aus der Sammlung der Psalmen stammen. In ihm sind die Psalmen nicht in biblischer Reihenfolge, sondern entsprechend ihrem Gebrauch angeordnet.

Pult
Von lat. *pulpitum* (= Brettergerüst, Bühne, Lehrstuhl, Katheder), bezeichnet in der Liturgie nicht wie in der Schule einen ganzen (Schreib)Tisch, sondern nur die kleine Vorrichtung zum Auflegen des Messbuches auf dem Altar. Für das heutige Messbuch ist die Verwendung eines Pultes nicht sinnvoll.
Für das Lektionar (Lesungen, Antwortpsalm, Evangelium) ist das Pult fest mit dem Ambo verbunden.

Purifikation *(Purifikatorium)*
Lateinische Bezeichnung für *Reinigung* von Patene (Hostienschale) und Kelch, normalerweise nach der Austeilung der Kommunion, aber auch erst nach Beendigung der Messe erlaubt und dann sinnvoll, wenn es sich um eine größere Zahl von Gefäßen handelt. Das dazu verwendete Tuch wird Purifikatorium genannt.

Pyxis
Kleine Dose zur Aufbewahrung der eucharistischen Brotsgestalt, d.h. der konsekrierten Hostie, zum Zwecke der Krankenkommunion außerhalb der Kirche, wofür heute meist eher eine besondere Patene mit verschließbarer Kapsel in der Mitte benutzt wird.

Q

Quadragesima *(Fastenzeit; Österliche Bußzeit)*

Lateinisch für *vierzig*, womit die vierzig Tage der Buße (Fastenzeit) gemeint sind, in der sich die Gläubigen, insbesondere die Katechumenen, auf Ostern bzw. die Taufe vorbereiten. Da die Sonntage auch in dieser Zeit nicht als Fastentage gelten – Sonntage sind Tage der Freude und der Feier der Auferstehung des Herrn – gilt bereits der Aschermittwoch als Beginn der *Österlichen Bußzeit*. Als Fasten im liturgischen Sinne gelten in der Messe das Entfallen von Gloria und Halleluja, im Stundengebet das Entfallen des *Te Deum*.

»Die vierzigtägige Fastenzeit hat die doppelte Aufgabe, vor allem einerseits durch Tauferinnerung oder Taufvorbereitung, andererseits durch Buße die Gläubigen, die in dieser Zeit mit größerem Eifer das Wort Gottes hören und dem Gebet obliegen sollen, auf die Feier des Pascha-Mysteriums vorzubereiten« (SC 109).

Die Zahl 40 erinnert an die 40 Jahre, die das Volk Israel in der Wüste wanderte, die 40 Tage, die Moses und der Prophet Elia fasteten, und die 40 Tage, die Jesus vor seinem öffentlichen Wirken in der Wüste verbrachte.

Quam oblationem

Anfang der lateinischen Fassung der Epiklese unmittelbar vor dem Einsetzungsbericht im Ersten Hochgebet (Römischen Messkanon), durch die Gottes Segen und Kraft auf die Gaben erfleht wird. *Quam oblationem* wurde selbst zur Bezeichnung für dieses Gebet.

Schenke, o Gott, diesen Gaben Segen in Fülle
und nimm sie zu eigen an.
Mache sie uns zum wahren Opfer im Geiste,
das dir wohlgefällt:
zum Leib und Blut deines geliebten Sohnes,
unseres Herrn Jesus Christus.

Quatembertage
Viermal im Jahr je drei Tage (Mittwoch, Freitag und Samstag), die ungefähr dem Beginn der Jahreszeiten Winter, Frühling, Sommer und Herbst entsprechen. Diese Tage waren ursprünglich besondere Fasttage und wurden gewissermaßen als eine periodisch wiederkehrende Buße und Läuterung im Jahreslauf begangen. Die Quatembertage fallen auf die erste Adventswoche, die erste Fastenwoche, die Woche vor Pfingsten und die erste Oktoberwoche (in der Schweiz Woche vor dem Eidgenössischen Dank-, Buß- und Bettag). Im Messbuch sind eigene Messformulare für die vier Quatemberwochen enthalten.

R

Rangordnung der Feste
Es gibt drei Festränge: Hochfeste (sollemnitas), Feste (festum) und gebotene bzw. nicht gebotene Gedenktage (memoria).

Rauchmantel ↗ Pluviale

Regina caeli ↗ Marianische Antiphonen

Regionalkalender
Gemäß SC 111 (»Eine beträchtliche Anzahl von ihnen (den Festen der Heiligen) möge der Feier in den einzelnen Teilkirchen, Nationen oder Ordensgemeinschaften überlassen bleiben …«) können Regionen in Abstimmung mit Rom in den allgemeinen römischen Kalender (Generalkalender) Eigenfeiern einfügen. So gilt für die Länder Deutschland, Österreich, Schweiz und die Diözesen Luxemburg, Bozen-Brixen und Lüttich der »Regionalkalender für das deutsche Sprachgebiet«. Darüber hinaus können die Diözesen – mit Zustimmung des Vatikans – eigene Diözesankalender bilden.

Reisegebet *(Itinerarium; Reisesegen)*
Das deutschsprachige Benediktionale kennt nur einen Pilgersegen (Nr. 25) und einen Reisesegen für Urlauber (Nr. 269), weitere einschlägige Segensgebete finden sich bei der *Segnung der Kinder* (»Er gehe vor dir her, dir den Weg zu zeigen.« [Nr. 52]) oder bei der Segnung von Verkehrsmitteln und -einrichtungen. Gerade Letzteres erinnert daran, dass auch heute Reisen einschließlich unserer täglichen Wege keineswegs weniger gefährlich sind als früher. Neuer Beliebtheit erfreut sich der aaronitische (Reise)Segen:
Der Herr segne dich und behüte dich.
Der Herr lasse sein Angesicht über dich leuchten und sei dir gnädig.
Der Herr wende sein Angesicht dir zu und schenke dir Heil.
(Num 6, 24–26)

Rekonziliation

Lateinische Bezeichnung der *Versöhnung* im Bußsakrament, womit die Versöhnung mit Gott und der Kirche durch Sündenbekenntnis und Lossprechung (Absolution) gemeint ist.
Vgl. Bußsakrament

Reliquie

Bezeichnung aus dem Lateinischen für die »Überbleibsel, Überreste« eines Märtyrers oder Heiligen bzw. von Dingen, die mit ihm, seinem Leben oder seinem Tod, in Verbindung und Berührung waren, d.h. auch Kleidung und Gebrauchsgegenstände bis hin zu den Folter- oder Hinrichtungswerkzeugen bei Märtyrern. Von Berührungsreliquien spricht man, wenn Gegenstände mit Reliquien in Berührung gebracht wurden und dadurch eine Art Kraftübertragung von der echten Reliquie stattfinden sollte. Nach den Auswüchsen des Reliquienkultes im Mittelalter und im Barock spielt in den deutschsprachigen Ländern die Reliquienverehrung nur noch in der Form des Reliquiengrabes bei der Kirchweihe und im Zusammenhang mit besonderen Reliquien (z.B. hl. Rock in Trier, Dreikönigsschrein in Köln) eine Rolle.
Die Tradition, Reliquien in einem Altar zu bergen, stammt ursprünglich von der Feier der Eucharistie direkt über den Gräbern von Märtyrern in der frühen Christenheit, vor allem während der Verfolgungszeiten. Eine Reliquie im Altar ist heute nicht mehr zwingend vorgeschrieben, wird aber empfohlen: »Den Brauch, bei der Weihe unter einem Altar Reliquien von Märtyrern oder anderen Heiligen einzufügen, möge man beibehalten. Die Echtheit der Reliquien muss jedoch gesichert sein« (AEM 266).

Reminiscere

Erstes Wort des Eröffnungsverses am 2. Fastensonntag im Römischen Graduale, mit dem dieser früher oft bezeichnet wurde, in der ev. Kirche bis heute: Reminiscere miserationum tuarum, Domine, et misericor-

diae tuae, quae a saeculo sunt. Ne unquam dominentur nobis inimici nostri. Libera nos Deus Israel ex omnibus angustiis nostris.
Der Vers stammt aus Psalm 25 (24), 6.22: Denk an dein Erbarmen, Herr, und an die Taten deiner Huld; denn sie bestehen seit Ewigkeit. (...) O Gott, erlöse Israel aus all seinen Nöten!
Im erneuerten Römischen Graduale gehört dieser Eröffnungsvers zum Mittwoch nach dem ersten Fastensonntag.

Requiem
Frühere Bezeichnung für die Messfeier für Verstorbene von den Anfangsworten des Introitus »Requiem aeternam dona eis Domine, et lux perpetua luceat eis. – Herr, gib ihnen die ewige Ruhe, und das ewige Licht leuchte ihnen« (vgl. Esra 2, 34–35), heute noch vorgesehen als Eröffnungsvers in der Messe am Begräbnistag (außerhalb der Osterzeit) und im zweiten Messformular für Allerseelen.

Responsorium
Besondere Art des Vortrags eines Psalmes oder von Teilen eines Psalms, wobei die Gemeinde nach jedem Vers mit einem Responsum antwortet. Der Antwortpsalm nach der 1. Lesung und der Ruf vor dem Evangelium der Messfeier ist responsorial gestaltet. In Kurzfassung findet sich das Responsorium als Responsorium breve (= kurz) nach den Kurzlesungen in Laudes und Vesper.

Responsum
Bezeichnung aus dem Lateinischen mit der wörtlichen Bedeutung *Antwort* für den Teil eines Responsoriums, Antwortpsalmes (nach der 1. Lesung), Verses (Ruf vor dem Evangelium) oder Versikels, mit dem die Gemeinde auf den Vortrag eines Kantors antwortet, in den liturgischen Büchern mit einem *R* gekennzeichnet.

Retabel
von lat. *retro-tabulum* (Rück-Bild). Bildtafeln bzw. Altaraufbau in traditionellen Kirchenbauten. Die heutige Gestaltung von Kirchenbauten setzt durch den freistehenden Altar wieder die altkirchliche Regel um,

dass der Altar von allem, was nicht unmittelbar mit der Eucharistie zu tun hat, freibleiben müsse.

Reverenz
Von lat. *reverentia* (= Ehrfurcht, Achtung, Ehrerbietung), Geste oder Gebärde der Ehrung durch Verneigung z.B. vor dem Altar, durch Kniebeuge in Richtung der aufbewahrten Eucharistie im Tabernakel oder Kuss wie z.B. zur Kreuzverehrung am Karfreitag oder Kuss auf Reliquien.

Ring
Überreicht während der entsprechenden Feiern als Zeichen der Verbindung und Treue:
1. der Eheleute zueinander: »Segne diese Ringe und verbinde die beiden, die sie tragen, in Liebe und Treue.« *(Die Feier der Trauung)*
2. der Klosterfrauen, Ordensschwestern und Jungfrauen zu Christus: »Tragt den Ring als Zeichen eurer Bindung an Christus.« *(Pontifikale II)*
3. des Bischofs zur Kirche: »Trag diesen Ring als Zeichen deiner Treue.« *(Pontifikale I)*

Ritenkongregation ↗ Kongregation für den Gottesdienst und die Sakramentenordnung

Rituale (Romanum)
Liturgisches Buch der katholischen Kirche mit Texten und Anweisungen für den Vollzug der Riten (gottesdienstlichen Feiern) bei der Spendung der Sakramente und Sakramentalien sowie für die Prozessionen und Exorzismen. Im deutschsprachigen Raum übernehmen diese Funktion *Die Feier der Eingliederung Erwachsener in die Kirche, Die Feier der Kindertaufe, Die Feier der Firmung, Das Benediktionale, Die Feier der Buße, Die Feier der Krankensakramente, Die Feier der Trauung, Die Feier des Begräbnisses* usw.

Ritus
Im weiteren Sinne zusammenfassende Bezeichnung für alle einem festen Schema folgenden Kulthandlungen, im engeren Sinne für die litur-

gischen Formen und Gebräuche der verschiedenen Kirchen, hierbei insbesondere angewandt zur Unterscheidung und Unterteilung der Liturgien: lateinisch, byzantinisch, syrisch, alexandrinisch, armenisch etc.). In der römisch-katholischen Kirche ist – von den unierten Kirchen bzw. einigen alten Sonderriten wie der Mailänder Liturgie oder des mozarabischen Ritus abgesehen – heute fast ausnahmslos der lateinische Ritus Roms als alleiniger Ritus übrig geblieben.

Rorate-Messe

Marianische Votivmesse im Advent von lat. »Rorate, caeli, desuper« (»Tauet, ihr Himmel, von oben«, Jes 45, 8), dem Eröffnungsvers dieser Votivmesse, die im Advent an Wochentagen bis zum 17. Dezember (AEM 333) gefeiert werden darf. Wegen der Verkündigung des Erzengels Gabriel an Maria, die im Evangelium als Perikope verlesen wird, oft auch *Engelamt* genannt: »Im sechsten Monat wurde der Engel Gabriel … gesandt« (Lk 1, 26–38).

Rosenkranz

Name sowohl für die spezielle Form des marianischen Gebetes mit 15 *Gesätzen* als auch für die als Gebetshilfe verwendete Perlenschnur bzw. -kette. Heutige Gestalt des Rosenkranzgebetes:

Eröffnung

Im Namen des Vaters …
Ich glaube an Gott …
Ehre sei dem Vater …
Vater unser …
Gegrüßet seist du, Maria …

Jesus, der in uns den Glauben vermehre
Jesus, der in uns die Hoffnung stärke
Jesus, der in uns die Liebe entzünde

Ehre sei dem Vater …

Jedes Gesätz beginnt mit dem Vaterunser. Es folgt zehnmal das »Gegrüßet seist du, Maria«; nach dem Namen »Jesus« wird jedes Mal das entsprechende Geheimnis eingefügt. Das Gesätz schließt mit dem »Ehre sei dem Vater«.

Die freudenreichen Geheimnisse

Jesus, den du, o Jungfrau, vom Heiligen Geist empfangen hast (Lk 1,26–38 [Mt 1,1–25])
Jesus, den du, o Jungfrau, zu Elisabeth getragen hast (Lk 1,39–56)
Jesus, den du, o Jungfrau, (in Betlehem) geboren hast (Lk 2,1–7 [Mt 2,1–12.13–18])
Jesus, den du, o Jungfrau, im Tempel aufgeopfert hast (Lk 2,21–35 [36–38])
Jesus, den du, o Jungfrau, im Tempel wiedergefunden hast (Lk 2,41–52)

Die lichtreichen Geheimnisse

Jesus, der von Johannes getauft worden ist (Mk 1,9–11 [Mt 3,13–17; Lk 3,21 f.; Joh 1,29–34])
Jesus, der sich bei der Hochzeit in Kana offenbart hat (Joh 2,1–11)
Jesus, der uns das Reich Gottes verkündet hat (Mt 5,1–12 [5,13–7,29; Lk 6,20–49; Mk 1,15; 2,3–13; Lk 7,47–48; Joh 20,22–23])
Jesus, der auf dem Berg verklärt worden ist (Mk 9,2–10 [Mt 17,1–9; Lk 9,28–36])
Jesus, der uns die Eucharistie geschenkt hat (Mk 14,17–25 [Mt 26,20–29; Lk 22,14–23; Joh 6,22–59; 13,2.21–26; 1 Kor 11,23–26])

Die schmerzhaften Geheimnisse

Jesus, der für uns Blut geschwitzt hat (Lk 22,39–44 [Mt 26,30.36–46; Mk 14,26.32–42; Joh 12,23–33; Jes 49,1–6])

Jesus, der für uns gegeißelt worden ist (Mk 15,6–15 [Mt 27,1–2.11–26; Lk 22,66 mit 23,1–5.13–25])
Jesus, der für uns mit Dornen gekrönt worden ist (Mk 15,16–20a [Mt 27,27–31; Joh 19,1–3; Weish 2,1a.12–22; Jes 52,13 – 53,12])
Jesus, der für uns das schwere Kreuz getragen hat (Lk 23,26–32 [Mt 27,31b–32; Mk 15,20b–22; Lk 14,25–27; Jes 42,1–7])
Jesus, der für uns gekreuzigt worden ist (Joh 19,25–30 [Mt 27,35–56; Mk 15,25–41; Lk 23,33–49; Ps 22])

Die glorreichen Geheimnisse
Jesus, der von den Toten auferstanden ist (Mt 28,1–8 [Mk 16,1–8; Lk 24,1–10; Joh 20,1–29; 1 Kor 15,1–22])
Jesus, der in den Himmel aufgefahren ist (Apg 1,9–11 [Lk 24,50–53; Mk 16,19])
Jesus, der uns den Heiligen Geist gesandt hat (Apg 2,1–4 [Joh 7,37–39 mit 14,16f. und 14,26 und 15,26f.])
Jesus, der dich, o Jungfrau, in den Himmel aufgenommen hat (Ps 45,11f.14–16 [1 Kor 15,53–57; Offb 7,13–17])
Jesus, der dich, o Jungfrau, im Himmel gekrönt hat (Offb 11,19–12,6a.10ab [Jes 25,6–10a; 1 Kor 15,35–58; 2 Tim 4,7–8])

Die trostreichen Geheimnisse
Jesus, der als König herrscht (Joh 18,28–37; Phil 2,5–11; Offb 1,1–8; Ps 93)
Jesus, der in seiner Kirche lebt und wirkt (Mt 18,18–20; Mt 28,16–20; Eph 1,17–23; Eph 3,14–21)
Jesus, der wiederkommen wird in Herrlichkeit (1 Petr 1,3–10; 2 Petr 3,1–13; Ps 96)
Jesus, der richten wird die Lebenden und die Toten (2 Tim 4,1–8; Tit 2,11–14; Ps 98; Ps 139)
Jesus, der alles vollenden wird (Joh 17,1–8.21–24; Eph 1,3–14; Kol 1,12–20; Ps 23; Ps 36,6–10;)

Rubrik

Von lat. *ruber* (= rot), Bezeichnung für die rot gedruckten Hinweise und Anweisungen in den liturgischen Büchern für Ablauf und Vollzug der

Feiern. Vom eigentlichen Text der liturgischen Feier, in schwarz gedruckt, wird entsprechend gelegentlich auch als *Nigrik,* von lat. *niger* (= schwarz), gesprochen.

Ruf vor dem Evangelium

Außer in der Fastenzeit (Quadragesima, Traktus) das Halleluja, erweitert um Verse aus den Psalmen, den Schriften des Neuen Testamentes oder auch Glaubenswahrheiten (z.B. *Mariä Aufnahme in den Himmel*).

S

Sacrosanctum Concilium (SC) ↗ Liturgie-Konstitution

Sakrament

Lat. *sacramentum* (= urspr. Fahneneid, später benutzt für den bibl. Begriff »Mysterium« = Geheimnis, Verborgenes). Sakramente sind Zeichen der Gegenwart und des Wirkens Gottes in der Kirche und am Einzelnen. Seit dem Mittelalter kennt die Kirche die sieben Sakramente: Taufe, Firmung, Eucharistie, Buße, Krankensalbung, Weihesakrament (Diakonen-, Priester- und Bischofsweihe) und Ehe. Diese Zahl ist in der Mitte des 12. Jh. festgelegt worden. Die Sakramente dienen der Einführung des Einzelnen in die Gemeinschaft der Kirche (Initiationssakramente: Taufe, Firmung und Eucharistie), der Heilung (Buße, Krankensalbung) und der Beauftragung zu einem besonderen Dienst (Weihesakrament), bzw. zur Ehe, die Zeichen der Beziehung Gottes zu seiner Kirche ist (Eph 5,21–32). Alle Sakramente gründen in der Menschwerdung Gottes in Jesus Christus, seinem Tod und seiner Auferstehung. Jesus Christus ist das eigentliche Zeichen der Gegenwart Gottes in der Welt für die Menschen. In ihm ist das Himmelreich Gottes, das Jesus in den Evangelien verkündet, schon Gegenwart. Er hat der Kirche den Heiligen Geist gesandt und seinen Jüngern versprochen, durch diesen bei seiner Kirche zu bleiben, alle Tage bis an das Ende der Zeit (Mt 28,20). Alle Sakramente sind letztlich auf die Eucharistie hingeordnet. Sakramente wirken nicht automatisch, sondern als ein Geschenk, eine Gnadengabe Gottes. Auch wenn der Empfänger eines Sakramentes zunächst einmal Beschenkter ist, hängt es von ihm ab, wie dieses wirkt. Wer als Spender infrage kommt, hängt vom einzelnen Sakrament ab. Die Taufe darf im Notfall jeder Mensch spenden, in der Regel jemand, der ein Weihesakrament empfangen hat (Bischof, Priester, Diakon). Das Sakrament der Ehe spenden sich die Brautleute gegenseitig, der Priester oder Diakon assistiert dabei und segnet sie. Die Weihesakramente und die Firmung (mit Ausnahmen) werden vom Bischof gespendet. Die Eucharistie wird vom Bischof oder Priester konsekriert. Die Spendung der Krankensalbung ist Aufgabe des Priesters und des Diakons.

Sakramentale *(Sakramentalien)*
Über die sieben Sakramente hinaus gibt es eine große Anzahl von Zeichen in der Liturgie und darüber hinaus. Sie verweisen ebenso wie Sakramente auf das Wirken Gottes in der Welt, sind aber nicht von der gleichen Heilsbedeutung. Diese Zeichen heißen Sakramentale. Mehr als die Sakramente sind die Sakramentalien in den »kleinen Dingen des Alltags« beheimatet. Segnungen beispielsweise wollen den Menschen in seiner konkreten Lebenssituation stärken. In ländlichen Gebieten wird der »Wettersegen« heute noch manchmal am Schluss einer Messfeier erteilt. Einige Sakramentale stehen in inhaltlicher Verbindung zu den Sakramenten, wie z.B. das Weihwasser in Anlehnung an die Taufe. Andere wirken vorbereitend auf ein Sakrament, beispielsweise eine Agapefeier, zu der auch Menschen eingeladen sind, die (noch) nicht zur Kommunion zugelassen sind, oder das Salz, das früher wegen seiner reinigenden Wirkung Katechumenen in Vorbereitung auf die Taufe gereicht wurde. Ebenso wie die Sakramente, wirken auch die Sakramentalien nicht in einem magischen Sinne (vgl. Magie). Durch sie wird vielmehr die Zuneigung Gottes zu den Menschen erfahrbar.

Sakramentar
Liturgisches Buch, welches bis zum hohen Mittelalter Verwendung fand und später dem Missale wich. Es enthielt die Gebete des Vorstehers in der Eucharistiefeier (Präsidialgebete) und oft eine kurze Beschreibung des gesamten Ablaufes der hl. Messe.

Sakrarium
Öffnung im Boden in der Sakristei oder hinter dem Altar, mit einer Steinplatte verschließbar, zur Aufnahme des Purifikationswassers und anderer geweihter oder gesegneter Dinge, die nicht mehr gebraucht werden sollen, wie z.B. heilige Öle, Asche oder auch Taufwasser, wenn man Letzteres nicht in ein Weihwasserbecken geben kann.

Sakristan ↗ Mesner

Sakristei

Nebenraum der Kirche für die Vorbereitung der liturgischen Dienste, insbesondere des/der Zelebranten und der Ministranten vor der Messfeier, und daher auch für die Aufbewahrung der liturgischen Bücher, Gewänder, Gefäße usw. Je nach Lage kann die Sakristei auch Begegnungsort der Gläubigen mit ihrem Seelsorger sein. Für eine entsprechend würdige Form der Vorbereitung, insbesondere des Anlegens der liturgischen Gewänder waren früher entsprechende »Rüstgebete« gebräuchlich.

Salbung

In der Antike diente Salbe der Körperpflege, der Heilkunst und der Weihe von Königen. Die Salbe auf Basis von Olivenöl war Sinnbild göttlicher Lebensenergie. Das aus dem Hebräischen stammende Wort »Messias« bedeutet »der Gesalbte«. In der Liturgie ist die Salbung mit Chrisamöl Teil des Ritus der Taufe und Firmung. Die Salbung bringt die Stellung des Täuflings bzw. Firmlings zum Ausdruck, der durch diese Sakramente Anteil hat am königlichen Priestertum Jesu Christi (1 Petr 2,9). Bei der Priesterweihe werden die Hände des Weihekandidaten mit Chrisamöl gesalbt. Die Krankensalbung soll den Kranken stärken. Die Bedeutung der Stärkung und Heilung hat auch die Salbung des Taufbewerbers mit Katechumenenöl.

Salve Regina ↗ Marianische Antiphonen

Salz

Früher sehr kostbares mineralisches Gewürz, welches außerdem reinigt (bekanntes Beispiel: Rotweinflecken) und die Haltbarkeit von Lebensmitteln verlängert (Einlegen in Salzlauge). Jesus benutzt es im Gleichnis für die Rolle der Jünger in der Welt: Ihr seid das Salz der Erde (Mt 5,13).

Salz zusammen mit Brot war früher ein Gastgeschenk. Katechumenen wurde es als Zeichen der inneren Reinigung (Exorzismus) gereicht. Dies ist nach dem neuen Taufritus nicht mehr üblich. Nach dem neuen

Benediktionale kann Salz bei der Segnung von Weihwasser und »Dreikönigswasser« diesem beigemischt werden.

sanctum Chrisma ↗ Chrisam

Sanctus

Akklamation im Eucharistischen Hochgebet zum Schluss der Präfation, von lat. *sanctus* (»heilig«). Der Ruf entstammt der Berufungsvision des Propheten Jesaja, wo die Seraphim einander zurufen: »Heilig, heilig, heilig ist der Herr der Heere. / Von seiner Herrlichkeit ist die ganze Erde erfüllt.« (Jes 6, 3; vgl. auch Offb 4, 8) Dieser Jubelruf wurde schon früh in das Gebet der christlichen Gemeinde übernommen, zunächst ins Morgengebet, später in die eucharistische Liturgie, und um das Benedictus (2) erweitert (Psalm 118, 26), das vom Ruf Hosanna (Mk 11, 9–10; Ps 118, 25) begleitet wird. Nach AEM 55b soll die ganze Gemeinde das Sanctus möglichst singend anstimmen, wobei der Wortlaut nur durch ein Lied ersetzt werden darf, das mit dem dreimaligen *Heilig* beginnt.
Den Ruf der Seraphim finden wir auch im Te Deum.

Heilig, heilig, heilig
Gott, Herr aller Mächte und Gewalten.
Erfüllt sind Himmel und Erde von deiner Herrlichkeit.
Hosanna in der Höhe.
Hochgelobt sei, der da kommt im Namen des Herrn.
Hosanna in der Höhe.

Sänger

Im Unterschied zum Kantor »nur« Mitglied einer Schola oder des Chores, im allgemeinen Sprachgebrauch aber oft mit diesem gleichgesetzt. Laut SC 29 »vollziehen auch die … Mitglieder der Kirchenchöre einen wahrhaft liturgischen Dienst« und sollen besonders gefördert werden (vgl. SC 114), ohne dass damit der Gesang der ganzen Gemeinde vernachlässigt wird.

Sanktorale ↗ Temporale

Schlussgebet

Als Präsidialgebet vom Priester mit ausgebreiteten Händen vorgetragene Oration zum Abschluss des Eucharistieteiles der Messe *(Oratio post communionem),* von der Gemeinde mit *Amen* bekräftigt. Es ist nicht Dankgebet für die empfangene Eucharistie, sondern Bittgebet: »Im Schlussgebet bittet der Priester, dass die Feier des Mysteriums Frucht bringe. Das Volk macht sich dieses Gebet durch die Akklamation ›Amen‹ zu eigen« (AEM 56k).

Schola

Heute allgemeine Bezeichnung von lat. *schola cantorum* (= Schule der Sänger) für Sängerensembles, die einstimmige liturgische Gesänge vortragen, insbesondere den so genannten Gregorianischen Choral. Ursprünglich wurden die Lehreinrichtungen damit bezeichnet, in denen der liturgische Gesang gelehrt wurde. Mit der Zeit ist die Bezeichnung auf die Sängergruppe selbst übergegangen.

Schott

Vor allem bis zur Liturgiereform nach dem Zweiten Vatikanischen Konzil bekanntes, von Pater Anselm Schott (1843–1896) ins Deutsche übersetztes Volks-Messbuch, das viele zum Mitbeten der lateinischen Messe benutzt haben. Seit der Liturgiereform noch sinnvoll zur Vorbereitung der Eucharistiefeier; in der volkssprachlich vollzogenen Feier hat das Volks-Messbuch keine Funktion mehr.

Schriftlesung

Das (Vor-)lesen von Perikopen, d.h. Textabschnitten, aus der Heiligen Schrift mit dem Ziel der Verkündigung und der Stärkung des Glaubens und der Bereitschaft, nach christlichen Maßstäben zu leben. Im Wortgottesdienst der Messfeier sind sonntags drei und werktags zwei Schriftlesungen vorgesehen. Nach der Vorstellung des Zweiten Vatikanischen Konzils soll der »Tisch des Wortes reich gedeckt sein«, also ein möglichst großer Abschnitt der Heiligen Schrift gelesen werden. Um dieses Ziel zu erreichen, wurden drei Lesejahre (A, B, C) für die Eucharistiefeier an Sonn- und Feiertagen eingeführt. Das Stundengebet kennt über die biblischen Schriftlesungen hinaus so genannte Väterlesungen, Ausschnitte von Schriften, die, zumeist von Heiligen verfasst, den Leser oder Zuhörer ebenfalls in oben beschriebener Weise stärken sollen. Diese Lesungen sind Teil der so genannten Lesehore, lat. *hora* (= Stunde), die in Klöstern täglich gehalten wird, und der Vigil (nächtliche Lesestunde, s. u.) vor Sonn- und Festtagen.

Schuldbekenntnis

»Schon rein menschlich gesehen befreit uns das Bekenntnis oder Geständnis der Sünden und erleichtert unsere Versöhnung mit anderen« (Katechismus 1455). Im Rahmen der Liturgie findet es im Allgemeinen Schuldbekenntnis (Confiteor) zu Beginn der Messfeier und im Tagesrückblick der Komplet einen Ort. Im Sakrament der Buße (Beichte) bekennt darüber hinaus der Einzelne seine persönliche Schuld, indem er sie gegenüber einem Priester konkret benennt, der ihn davon losspricht. In Bußfeiern wird dem Einzelnen Zeit und Anregungen gewährt, seine Schuld zu reflektieren. Das Bekenntnis erfolgt dann nicht individuell, sondern im gemeinsamen Sprechen des Allgemeinen Schuldbekenntnisses.
Siehe auch Confiteor, Beichte, Bußgottesdienst, Bußsakrament

Schweigen ↗ Stille

Sedile

Lat. Bezeichnung für *Sitz, Sessel*. In der Liturgie für die Sitze der Teilnehmer, die einen besonderen Dienst innehaben. Der Sitz des Priesters soll nicht durch eine ausgefallene Form, sondern durch seine Aufstellung an vorrangiger Stelle die Funktion des Zelebranten als Leiter der Liturgie verdeutlichen, ohne dass der Kontakt zur Gemeinde verlorengeht (vgl. AEM 271).

Segen

Lat. *signare* (= bezeichnen, mit dem Kreuz). Durch den Segen spricht Gott Leben in seiner ganzen Fülle zu. Im Buch Genesis segnet er z. B. Abraham, indem er ihn zum Stammvater Israels und vieler anderer

Völker macht. Als priesterlicher Segen ist aus dem Alten Testament der so genannte aaronitische Segen (zu Aaron siehe Priester) überliefert (Num 6,24–26). Der göttliche Segen kann durch Menschen vermittelt werden. Dies geschieht zunächst durch ihr Verhalten und ihr Handeln. So sagt man, ein Mensch ist ein Segen für seine Mitmenschen. Davon zu unterscheiden ist der Segenszuspruch, der zusammen mit dem Kreuzzeichen mitgeteilt wird. Laien können einzelne, ihnen anvertraute Menschen mit einem auf die Stirn gezeichneten Kreuz segnen, z.B. die Mutter ihre Kinder. Der kirchliche Segen im Rahmen der Liturgie wird vom Vorsteher des Gottesdienstes, in der Regel dem Priester, den ihm anvertrauten Gläubigen gespendet, so beim Schlusssegen der Messfeier. An Hochfesten sieht das Messbuch einen feierlichen Schlusssegen vor, in dem das Geheimnis des Festes aufgegriffen wird. Wenn ein Laie einem Gottesdienst vorsteht, ersetzt er »euch« in den Segensworten durch »uns« und bekreuzigt sich selber. Segnet der Bischof, so spricht er vor dem eigentlichen Segen die Worte: »Unsere Hilfe ist im Namen des Herrn«, auf die die Gemeinde antwortet: »Der Himmel und Erde erschaffen hat.« Mit dem Amt des Papstes ist der Segen »Urbi et Orbi« (lat. »Der Stadt Rom und dem Erdkreis«) verbunden. Er gilt gemäß seiner Bezeichnung der Stadt Rom und der ganzen Erde und wird an Hochfesten erteilt. Mit ihm ist ein vollkommener Ablass verbunden.

Segensmesse

Früher Bezeichnung für Messen vor dem ausgesetzten Allerheiligsten mit entsprechendem sakramentalen Schlusssegen. Inzwischen ausdrücklich verboten.

Seitenaltar *(Nebenaltar)*

Ursprünglich hatte jede Kirche nur einen Altar. Als im frühen Mittelalter die Messfeier zur alleinigen Sache des Priesters geworden war und jeder Priester täglich zelebrieren wollte, wurden weitere Altäre errichtet und dafür eigene Seitenkapellen oder sogar Nebenkirchen angebaut. Je nach Bedarf wurden Seitenaltäre in den Seitenschiffen der Kirchen eingefügt, an denen auch gleichzeitig Messen *gelesen* wurden. Bei heutigen Neubauten ist dies nicht mehr erlaubt.

Seligsprechung ↗ Heiligsprechung

Semiologie ↗ Neumen

Sequenz
Ausweitung des Rufes vor dem Evangelium im Wortgottesdienstteil der Messe an bestimmten Tagen. Das Graduale Romanum kennt 5 Sequenzen, davon sind aber nur die ersten beiden an Ostern und Pfingsten vorgeschrieben (AEM 40):

Ostersonntag
Victimae paschali laudes … (Singt das Lob dem Osterlamme …)

Pfingstsonntag
Veni Sancte Spiritus … (Komm herab, o Heil'ger Geist …)

Fronleichnam
Lauda Sion Salvatorem … (Deinem Heiland … Sion, stimm ein Loblied an)

Gedächtnis der Schmerzen Mariens (15.09.)
Stabat Mater dolorosa … (Christi Mutter stand mit Schmerzen …)

11. Juli hl. Benedikt
Laeta dies magni ducis … (Froher Tag des hehren Meisters [Benedikt])

Sext
Zweite der kleinen Horen (SC 89e) des Stundengebetes, benannt nach lat. *hora sexta* (»dritte Stunde« = 12 Uhr mittags nach antiker Zeiteinteilung). Mit ihr wird das Gedächtnis an das Leiden Jesu am Kreuz (Mk 15, 33) zur sechsten Stunde verbunden.

Sitzen
In der heutigen Liturgie, sozusagen als aufnehmende, empfangende Körperhaltung, vorgesehen für das Anhören der Lesungen einschließlich Responsorien, während der Predigt, der Gabenbereitung und nach

dem Kommunionempfang (AEM 21). Zum Evangelium ist das ehrfürchtige Stehen angebracht. Früher war es üblich, dass der Bischof auf seiner Kathedra sitzend gepredigt hat, dies als Zeichen seiner Lehr- und Amtsgewalt.

Soli Deo ↗ Pileolus

sollemnitas ↗ Hochfest

Sonderriten

Wenn Regionen (Diözesen) oder Ordensgemeinschaften innerhalb der römischen Liturgie eigene Traditionen in der Ausformung haben, spricht man von Sonderriten (Diözesanliturgien).

Sonntag

Im romanischen Sprachgebiet als Herrentag bezeichnet (z. B. spanisch »domingo« von lat. *dies dominus* = Tag des Herrn), ist der Sonntag christlichem Verständnis zufolge der erste Tag der Woche. Nach biblischer Überlieferung ist er der Tag der Auferstehung Christi (vgl. Joh 20, 1). Daher kommt am Sonntag die christliche Gemeinde zur Eucharistiefeier zusammen, in der sie des Osterereignisses gedenkt. Darum wird dieser Tag auch als wöchentliches Osterfest bezeichnet, deshalb sind die Sonntage der Fastenzeit vom Fasten ausgenommen. Der Sonntagsgottesdienst ist dementsprechend die wichtigste Versammlung einer Pfarrei. Auch wenn de facto nur noch ein kleiner Prozentsatz der Katholiken sonntags regelmäßig den Gottesdienst besucht, gilt nach wie vor die so genannte Sonntagspflicht (zur Teilnahme an der hl. Messe, siehe Katechismus 2181). Als Ruhetag ist der Sonntag im Christentum an die Stelle des jüdischen Sabbats getreten. Dieser ist im Schöpfungsbericht grundgelegt: »Am siebten Tag ruhte Gott, nachdem er sein ganzes Werk vollbracht hatte« (Gen 2, 2). Die Sonntagsruhe ist ein Geschenk an den Menschen, um sich zu erholen. »Die Einsetzung des Tages des Herrn trägt dazu bei, dass alle über genügend Zeit der Ruhe und der Muße verfügen, um ihr familiäres, kulturelles, gesellschaftliches und religiöses Leben zu pflegen« (Katechismus 2184). Die Eucharistiefeier am Sonntag zeichnet sich gegenüber den so genannten

Werktagsmessen durch einen größeren Reichtum an Elementen aus: das Gloria (außer in der Fastenzeit), drei biblische Lesungen einschließlich Evangelium, die Homilie (sonntags verpflichtend), das Glaubensbekenntnis. Durch den Sonntag wird das Gedenken der Heiligen, außer an Hochfesten, verdrängt.

Sonntagsnamen
Für einige Sonntage des Kirchenjahres haben sich im Laufe der Zeit Namen eingebürgert, von denen heute in der katholischen Kirche nur noch zwei gebraucht werden und die vom ersten Wort des lateinischen Eröffnungsverses genommen wurden:
Gaudete: 3. Adventssonntag
Laetare: 4. Fastensonntag

Soutane ↗ Talar

Speisenweihe
Als man noch strengeres Fasten in der Österlichen Bußzeit, d.h. von Aschermittwoch bis Ostern (mit Ausnahme der Sonntage) einhielt und in dieser Zeit gänzlich auf Fleisch, Eier und Käse verzichtete, wollte man für das erste Ostermahl diese Speisen besonders segnen. Hierzu entwickelte sich der Brauch der Speisenweihe an Ostern, im Benediktionale als »Speisesegnung an Ostern« enthalten. Die heutige Anwendung zielt auf die Fortsetzung der österlichen Feier des Auferstandenen in einer Art Agape im häuslichen Bereich ab. Der Anfang des Segensgebetes mit dem traditionell als Tischgebet verwendeten Psalmvers »Aller Augen warten auf dich, o Herr; du gibst uns Speise zur rechten Zeit. Du öffnest deine Hand und erfüllst alles, was lebt, mit Segen.« erinnert aber auch an den täglichen Speisesegen bei den größeren Mahlzeiten (vgl. Gotteslob 16).

Sprengwedel ↗ Aspergill

Stab
Hirtenstab, der bei der Bischofsweihe mit den Worten überreicht wird: »Ich übergebe dir diesen Stab als Zeichen des Hirtenamtes. Trage Sorge

für die ganze Herde Christi; denn der Heilige Geist hat dich zum Bischof bestellt, die Kirche Gottes zu leiten« (Pontifikale I). Neben Mitra das sinnfälligste Zeichen (Insigne) der Pontifikalien, die der Bischof bzw. der Abt bei feierlichen Gottesdiensten trägt. Von der Entstehung her Abzeichen des byzantinischen Staatsbeamten für dessen Macht und Autorität (Hirten**AMT**). Der Stab der Äbte leitet sich vom Stab der Mönche ab, heute noch als Altersstab bei Goldenen Professjubiläen überreicht, ist aber jetzt in Form und Bedeutung gleich dem Bischofsstab.

Statio

Bezeichnung für einen einführenden Teil vor der eigentlichen liturgischen Feier, wo die Teilnehmenden sich versammeln, auf die folgende Feier einstimmen und eventuell gemeinsam einziehen. Üblich ist die Statio in vielen Klöstern zumindest vor besonders feierlich begangenen Horen des Stundengebetes, indem die Mönche und Nonnen sich im Kreuzgang zum Einzug in Kirche oder Oratorium aufstellen.

Stehen

Ist seit der frühen Kirche Ausdruck der Ehrfurcht beim gemeinsamen Gottesdienst und gleichzeitig die Haltung des durch die Heilstaten Christi von der Last und Knechtschaft der Sünde befreiten Menschen, im Gegensatz zum Knien, das in der alten Kirche an Sonn- und Festtagen und in der Osterzeit sogar untersagt war. Die Liturgiereform nach dem Zweiten Vatikanischen Konzil hat deshalb auch das Stehen wieder zur bevorzugten Haltung der tätig teilnehmenden Gemeinde gemacht: »Soweit keine andere Regelung getroffen wird, soll man in allen Messfeiern stehen: vom Gesang zur Eröffnung beziehungsweise dem Einzug des Priesters bis zum Tagesgebet, beim Halleluja vor dem Evangelium, bei der Verkündigung des Evangeliums, beim Glaubensbekenntnis und bei den Fürbitten, dann vom Gabengebet bis zum Ende der Messe, mit den folgenden Ausnahmen: während der Lesungen vor dem Evangelium, beim Antwortpsalm, zur Homilie und zur Gabenbereitung soll man sitzen, unter Umständen auch während der Stille nach der Kommunion. Wenn die Platzverhältnisse oder eine große Teilnehmerzahl oder andere vernünftige Gründe nicht daran hindern, soll man zur Konsekration knien« (SC 21). Vielerorts wird aber während des Hochgebetes gekniet.

Sterbeliturgie

Bezeichnung für die Riten zur Begleitung des Sterbenden mit der Spendung der Wegzehrung bzw. bei unmittelbarer Todesgefahr mit Spendung der Sakramente der Buße, der Krankensalbung und der Wegzehrung im zusammengefassten Ritus des Versehgangs. Wegzehrung und Versehgang finden sich in *Die Feier der Krankensakramente* (Kapitel 3 und 4), wo auch der Ritus zur *Firmung in Todesgefahr* (Kapitel 5) und die *Sterbegebete* (Kapitel 6) zur Begleitung des Sterbenden enthalten sind. Die *Spendung der Wegzehrung* kann auch als Messe gefeiert werden, wenn die Umstände es erlauben. Hierfür sieht das Messbuch eigene Orationen vor (S. 975), die an bestimmten Sonn- und Festagen entweder zur Tagesmesse oder zur Messe von der hl. Eucharistie genommen werden. Im Bewusstsein vieler Katholiken gilt die Krankensalbung noch als »Letzte Ölung« d. h. Sterbesakrament, obwohl sie der Stärkung in der Krankheit dient.

Stille *(Schweigen)*

Als wichtiger Bestandteil der Besinnung und des persönlichen Gebetes auch in der gemeinsamen Messfeier ist Stille vorgesehen vor dem Allgemeinem Schuldbekenntnis, nach der Gebetseinladung zur Oration (Tagesgebet, Schlussgebet), nach den Lesungen, bei den Fürbitten (Allgemeines Gebet), während der Gabenbereitung, beim Memento des Hochgebetes, nach dem Kommunionempfang (Danksagung); bei der Diakonen-, Priester- und Bischofsweihe (Ordination) während des Ritus der Handauflegung. SC spricht vom »heiligen Schweigen« (sacrum silentium), das zu seiner Zeit eingehalten werden soll (SC 30). Es ist aber genau zu unterscheiden zwischen der Stille in der Liturgie als dem Schweigen aller und dem bloß schweigenden Zuhören der Gemeinde, wenn Zelebranten, Lektoren und Kantoren bzw. Chor vortragen bzw. stellvertretend für die ganze Gemeinde sprechen.

Stola
Altes Zeichen für die Würde des Priesteramtes, das von Bischöfen und Priestern nach vorne herabhängend, von den Diakonen wie eine Schärpe von der linken Schulter zur rechten Hüfte getragen wird; bei allen dem Bischof, Priester oder Diakon zukommenden Diensten in der zutreffenden liturgischen Farbe, bei Funktionen außerhalb des Kirchenraumes wie bei Krankenkommunion, Segnungen usw. auch ohne weitere liturgische Kleidung über der Alltagskleidung.

Stolgebühren
Gebühr, die für bestimmte geistliche Amtshandlungen, zu denen die *Stola* angelegt wird (Taufe, Trauung, Begräbnis), erhoben werden darf. Die Höhe legt der Bischof fest. Früher wichtiger Beitrag zum Lebensunterhalt der Priester, heute weitgehend abgeschafft.

Stufengebet
In der vorkonziliaren Messe vorbereitende Gebete des Zelebranten vor den Altarstufen, in der jetzigen Form der Liturgie ersetzt durch den Bußakt zu Beginn jeder Messfeier.

Stundenbuch ↗ Brevier

Stundengebet
Tagzeitenliturgie. Gebetseinheiten, die zu bestimmten Stunden des Tages gehalten werden und so den Tagesablauf des Einzelnen im Gebet in die Gemeinschaft mit Gott und der Kirche stellen. Ziel des Stundengebetes ist die Heiligung des Tages (SC 88). Seine Angelpunkte sind die Laudes und die Vesper (SC 89a). Hinzukommen die so genannten kleinen Horen, lat. *hora* (= Stunden), die Terz (lat. = 3. Stunde), Sext (lat. = 6. Stunde) und Non (lat. = 9. Stunde). Die Namen kommen von der römischen Zeiteinteilung, in der die 1. Stunde des Tages 6 Uhr früh entspricht. Die Komplet beschließt den Tag. Bis zur Neuordnung des Stundengebetes (1971) wurde außerdem die Prim zur 1. Stunde gebetet. Die einzelnen Horen sind in der Auswahl des Hymnus von der

entsprechenden Tageszeit geprägt und können daher nicht beliebig ausgetauscht werden. Das Stundengebet ist für Diakon, Priester und Ordensleute verpflichtend. Sie beten stellvertretend für die ganze Kirche. Ordensgemeinschaften mit einem apostolischen Auftrag (aktive Gemeinschaften) sind in der Regel von einzelnen kleinen Horen freigestellt. Diakone beten die Laudes und die Vesper. Auch Laien wird der Vollzug des Stundengebetes, zumindest von Laudes und Vesper, empfohlen. In manchen Gemeinden wird dies ansatzweise umgesetzt, indem ein Teil des Stundengebetes, z. B. die Sonntagsvesper, in der Kirche gefeiert wird. Vorlagen dazu bieten u. a. das Gotteslob, das Kleine Stundenbuch und das in mehreren Bänden erschienene Buch »Morgenlob – Abendlob mit der Gemeinde feiern« (Paul Ringseisen, 2000). Einige Klöster laden die Gläubigen aus der Umgebung zur Mitfeier der Tagzeitenliturgie ein.

sub divo ↗ Feldmesse

Subdiakon
Ursprünglich einfache Beauftragung ohne Handauflegung zu einem kirchlichen und liturgischen Dienstamt, zuerst zu den niederen Weihen, später wegen der Zölibats- und Brevierpflicht zu den höheren Weihen gerechnet. Das Subdiakonat wurde – wie alle niederen Weihen – 1972 durch die Beauftragung zum »Dienst« (ministerium) des Lektoren oder Akolythen ersetzt (Apostolisches Schreiben »Ministeria quaedam« von Papst Paul VI.).

Sündenbekenntnis ↗ Schuldbekenntnis

T

Tabernakel

Bezeichnung aus dem Lateinischen (Zelt, Hütte) für das Gehäuse zur

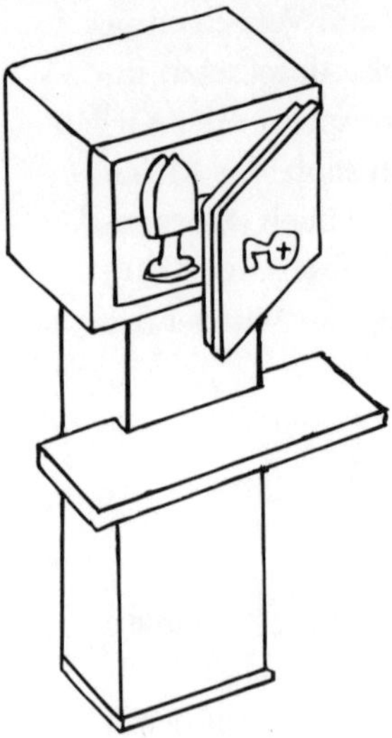

Aufbewahrung der Eucharistie in Brotsgestalt für die Krankenkommunion. War früher eine feste Verbindung zu einem Altar vorgeschrieben, soll heute der Tabernakel nicht mit dem einzigen Altar verbunden sein. Die Aufstellung nimmt auch Rücksicht darauf, dass der zelebrierende Priester den Tabernakel nicht verdeckt. Sofern es möglich ist, sollte entsprechend AEM 56h (»Es ist wünschenswert, dass für die Kommunion der Gläubigen die Hostien möglichst in jeder Messe konsekriert werden«) die aufbewahrte Eucharistie besser in einer Seitenkapelle aufbewahrt werden. Die Gegenwart Christi, der die verehrende Kniebeuge beim Betreten und Verlassen der Kirche gilt, wird durch das Ewige Licht angezeigt.

Tagesgebet *(Collecta; Kollekte; Oration)*

Beschließt den Eröffnungsteil der Messfeier, gefolgt vom Wortgottesdienst, bzw. das abschließende Gebet der Horen des Stundengebets. Vom Verständnis des *Tagesgebetes* als Zusammenfassung des vorhergehenden stillen Gebets der Gläubigen rührt die lateinische Bezeichnung *collecta* (Kollekte, Sammlung). Entsprechend AEM 32 (»Das Gebet des Priesters richtet sich durch den Sohn im Heiligen Geist an den Vater«) ist der Schluss des Tagesgebetes immer trinitarisch formuliert. Das Tagesgebet gehört zu den Präsidialgebeten.

Talar *(Soutane)*

Von lat. *talus* (= Fußknöchel), Bezeichnung für die knöchellange Tunika der Antike, die vom Klerus bis in die Neuzeit beibehalten und damit zum unterscheidenden klerikalen Gewand wurde. Seit dem 17. Jahrhundert ist aus Gründen der Einfachheit – außer bei Prälaten zur Chorkleidung – Schwarz die vorgeschriebene Farbe für den im Schnitt zur Soutane ausgestalteten Talar, der heute in manchen Regionen noch gebräuchlichen bzw. sogar angeordneten Priesterkleidung.

Tanz, liturgischer

Trotz zahlreicher Versuche seit der Liturgiereform, hat sich Tanz im deutschsprachigen Raum nicht neben Wort und Musik als weiteres liturgisches Ausdrucksmittel etablieren können. Der kultische Tanz hat in der christlichen Liturgie keine historischen Wurzeln, weil die frühe Kirche ihn als Ausdruck heidnischer Riten strikt ablehnte.

Taufaufschub

Wenn begründete Zweifel an den notwendigen Voraussetzungen für die Taufe eines Kindes bestehen, sieht das Kirchenrecht die Möglichkeit eines Aufschubs der Taufe vor, der aber in der pastoralen Praxis möglichst nur im Einvernehmen mit den Eltern und immer in Abstimmung mit dem Dechant beschlossen wird. Die Dauer des Aufschubs ist unbestimmt und kann auch kurz sein: »Es wird Fälle geben, in denen man das Taufgespräch zur Bedingung für die Gewährung der Taufe machen muss. Ein solcher Fall liegt vor, wenn bekannt ist, dass beide Eltern nicht nur die religiöse Praxis aufgegeben haben, sondern als ungläubig anzusehen sind.«
Wird die Teilnahme am Taufgespräch in einem solchen Falle abgelehnt, oder verläuft es ergebnislos, so darf die Taufe – auch wenn die Eltern bei ihrer Bitte bleiben – vorerst nicht gespendet werden, es sei denn, eine fest im Familienverband lebende Person verpflichtet sich unter Zustimmung der Eltern vor dem Seelsorger, für eine religiöse Erziehung des Kindes Sorge zu tragen. Sinngemäß fällt dieser Person dann auch das Patenamt zu« (Die Feier der Kindertaufe, S. 18).

Taufbrunnen

Eigentlich eher Becken oder Behälter und nur in seltenen Fällen auch Auffangbecken für eine natürliche Quelle. Zum Ort besagt die *Feier der Kindertaufe* (S. 20): »Das Baptisterium oder der Ort, an dem sich der Taufbrunnen befindet, bleibt für die Taufe reserviert und entspreche

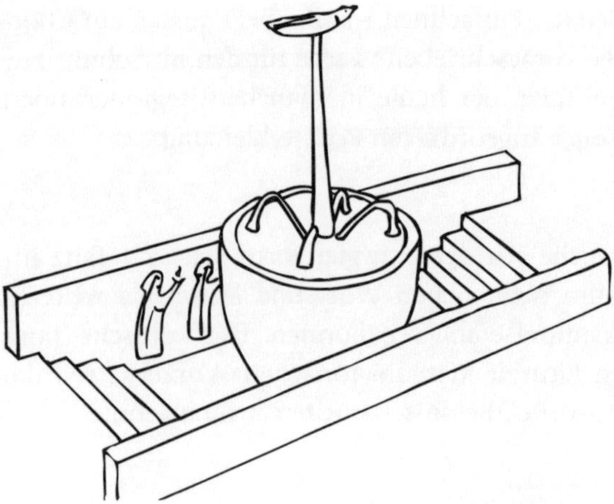

in jeder Hinsicht der Bedeutung der Feier. Der Taufbrunnen kann sich in einer eigenen Kapelle innerhalb oder außerhalb der Kirche befinden oder in der Kirche selbst aufgestellt sein, dann aber im Blickfeld der Gläubigen. In jedem Falle muss es möglich sein, dass sich eine Taufgemeinde am Taufbrunnen versammelt.« Während alte Taufbrunnen nicht tief genug sind, werden neue Taufbrunnen oft so geformt, dass auch eine Taufe mit Eintauchen möglich ist.

Taufe

Erstes der Initiationssakramente, lat. *initium* (= Beginn), zusammen mit der Firmung und Eucharistie. Durch diese Sakramente wird eine Person in die Gemeinschaft der Kirche aufgenommen. Meistens werden

Kinder in einem sehr frühen Lebensalter getauft (siehe Kindertaufe). Seit einiger Zeit bitten aber auch wieder mehr Erwachsene um das Sakrament der Taufe. Sie werden über einen längeren Zeitraum im Katechumenat auf die Eingliederung vorbereitet, die traditionell in der Osternacht stattfindet. Durch die Taufe gelangt der Täufling zur Gemeinschaft mit dem auferstandenen Herrn. Das Übergießen mit bzw. Eintauchen in das Taufwasser ist Zeichen für das Sterben und die Auferstehung. Es erinnert zugleich an den Durchzug Israels durch das Rote Meer (s. Taufwasser). Durch die Taufe wird der Täufling zu einem neuen Menschen, da er ein neues Leben mit Jesus Christus in der Kirche beginnt. Er wird darum als Neophyt (griech. = Neugeborener, s.o.) bezeichnet. Als Symbol seiner Reinheit wird ihm ein weißes Gewand, die Albe, lat. *albus* (= weiß), angelegt. Erwachsene Täuflinge empfangen direkt im Anschluss an die Taufe das Sakrament der Firmung und im gleichen Gottesdienst die Erstkommunion. Bei Kindern sind die übrigen Sakramente zeitlich von der Taufe getrennt und die Erstkommunion zwischen die Taufe und die Firmung geschoben worden. Der Ritus der Kindertaufe findet sich in einem eigenen Buch: *Die Feier der Kindertaufe*. Die Taufe ist Teil der Liturgie der Osternacht.

Taufe des Herrn, Fest

Fest zur Feier der Taufe Jesu durch Johannes im Jordan, wo er als Sohn Gottes geoffenbart wurde. Es wird am Sonntag nach Erscheinung des Herrn (Epiphanie) begangen und beschließt den Weihnachtsfestkreis.

Allmächtiger, ewiger Gott, bei der Taufe im Jordan kam der Heilige Geist auf unseren Herrn Jesus Christus herab, und du hast ihn als deinen geliebten Sohn geoffenbart. Gib, dass auch wir, die aus dem Wasser und dem Heiligen Geist wiedergeboren sind, in deinem Wohlgefallen stehen und als deine Kinder aus der Fülle des Geistes leben. (Tagesgebet)

Tauferinnerung *(Taufgedächtnis; Tauferneuerung)*

Feier, in der der eigenen Taufe gedacht und das bei der Taufe gegebene Taufversprechen erneuert wird. Eine einfache Form der Erinnerung und Erneuerung der Taufe ist die Verwendung des Weihwassers, mit dem man sich bekreuzigt, dann die Aspersion, die jeden Sonntag an die Stelle des Bußaktes treten kann, und insbesondere die ausdrückliche Wiederholung des Taufversprechens (Absage und Glaubensbekenntnis) der ganzen Gemeinde in der Osternacht.

Taufgelübde *(Taufversprechen)*
Teil des Taufritus unmittelbar vor der Spendung der Taufe, in dem erwachsene Täuflinge selbst und bei der Kindertaufe die Eltern und Paten dem Bösen widersagen und ihren Glauben bekennen.

Taufgespräch
Da in Deutschland in der Regel im Säuglingsalter getauft wird, können diese Kinder kein Katechumenat durchlaufen, wie es für Jugendliche und Erwachsene vorgesehen ist. Voraussetzung für die Kindertaufe ist der Glaube der Eltern und/oder weiterer Angehöriger oder Paten, die beim Taufritus ihren eigenen Glauben bekennen und die christliche Erziehung des Kindes versprechen. Zur Klärung dieser Bereitschaft der Eltern und zur Vertiefung derselben, zum besseren Verständnis der Taufe als fundamentalem Sakrament und zur Bewusstmachung der Verantwortung für die Erziehung der Kinder zum christlichen Glauben dient das vorgeschriebene Taufgespräch, das vielerorts auch aus mehreren Gesprächen besteht und z. T. auch in Gruppen stattfindet.

Taufkerze
Sind Kerzen in der Kirche generell Symbol für Christus als Licht der Welt und seine Aufforderung an uns, selbst Licht der Welt zu sein, so ist die Taufkerze dies ganz besonders und persönlich. Der Taufritus der Kindertaufe sieht eine eigene Taufkerze für jedes Kind vor. Sie wird von den Eltern oder Paten an der Osterkerze entzündet, um zu zeigen, dass das Licht von Christus empfangen wird und von den neuen Mitgliedern der Kirche weitergegeben werden soll: »Empfange das Licht Christi! … Liebe Eltern und Paten! Ihnen wird dieses Licht anvertraut. Christus, das Licht der Welt, hat Ihre Kinder erleuchtet. Sie sollen als Kinder des Lichtes leben, sich im Glauben bewähren und dem Herrn und allen Heiligen entgegengehen, wenn er kommt in Herzlichkeit« (Die Feier der Kindertaufe, 31).

Taufkleid

Wenn der Zelebrant beim Taufritus das Kleid dem Kind überreicht, spricht er: »N., dieses weiße Kleid soll dir ein Zeichen dafür sein, dass du in der Taufe neu geschaffen worden bist und – wie die Schrift sagt – Christus angezogen hast. Bewahre diese Würde für das ewige Leben.« Damit wird das Taufkleid zum Zeichen für Christus, den wir bei der Taufe angelegt haben. Daran erinnert uns das weiße Kommunionkleid und die Albe der Diensttuenden beim Gottesdienst. Man bezieht sich dabei auf das Schriftwort: »Denn ihr alle, die ihr auf Christus getauft seid, habt Christus (als Gewand) angelegt« (Galater 3,27). Das Taufkleid wird deshalb sinnvollerweise nicht schon vor der Taufe angelegt, sondern erst während der Taufe überreicht – und auch nicht gleich wieder weggenommen.

Taufwasser

Beim Sakrament der Taufe ist das Wasser von großer symbolischer Bedeutung. Dem Täufling wird es entweder über das Haupt gegossen, oder er wird mit dem Kopf oder sogar mit dem ganzen Körper eingetaucht. Symbolhaft steht das Eintauchen in das Wasser für das Sterben und Auferstehen mit Jesus und hat seinen alttestamentlichen Anknüpfungspunkt im Durchzug Israels durch das Rote Meer, also der Befreiung von der Sklaverei Ägyptens, im übertragenen Sinne von der Herrschaft der Sünde. Für die Befreiung von Schuld steht das Wasser auch als reinigendes Element. In der Osternacht wird das Taufwasser nach der Verkündigung des Osterevangeliums und der Predigt mit einem eigenen feierlichen Gebet, verbunden mit dem Eintauchen der brennenden Osterkerze, geweiht. Vor einer Tauffeier außerhalb der Osterzeit wird jeweils frisches Wasser geweiht.

Te Deum laudamus *(Ambrosianischer Lobgesang)*

Hymnus, so bezeichnet nach den ersten Wörtern des ursprünglich lateinischen Hymnus. Einer der wenigen frühchristlichen nichtbiblischen Hymnen, der das Verdikt von Laodicea (um 325) überlebt hat, das sich gegen selbstgemachte Psalmen und Hymnen *(psalmi idiotici)* richtete.

Folgt heute als fester Bestandteil einer zur Vigil erweiterten Lesehore

dem Evangelium vor der abschließenden Oration (AES 73 im Widerspruch zu AES 68). Der letzte (neuere) Teil ab »Rette dein Volk, o Herr ...« (»Salvum fac populum tuum, Domine ...«) kann auch weggelassen werden. Als Teil der Vigil ist das *Te Deum* bereits in der Regel Benedikts aufgeführt (RB 11,8). Als Lied sind die Inhalte des *Te Deums* in GL 706 (»Dich, Gott, loben wir«) und vor allem GL 257 (»Großer Gott, wir loben dich«) dem Kirchenvolk vertraut.
In der mittelalterlichen Legende wird das *Te Deum* dem hl. Ambrosius *(Ambrosianischer Lobgesang)* oder dem hl. Augustinus zugeschrieben, die Herkunft liegt aber im Dunkeln.

Dich, Gott, loben wir,
dich, Herr, preisen wir.
Dir, dem ewigen Vater, huldigt das Erdenrund.
Dir rufen die Engel alle, dir Himmel und Mächte
insgesamt, die Kerubim dir und die Seraphim
mit niemals endender Stimme zu:
Heilig, heilig, heilig,
der Herr, der Gott der Scharen.
Voll sind Himmel und Erde
von deiner hohen Herrlichkeit.

Dich preist der glorreiche Chor der Apostel,
dich der Propheten lobwürdige Zahl,
dich der Märtyrer leuchtendes Heer.
Dich preist über das Erdenrund
die heilige Kirche;
dich, den Vater unermessbarer Majestät;
deinen wahren und einzigen Sohn
und den Heiligen Fürsprecher Geist.

Du König der Herrlichkeit, Christus.
Du bist des Vaters allewiger Sohn.
Du hast der Jungfrau Schoß nich verschmäht,
bist Mensch geworden,
den Menschen zu befreien.

Du hast bezwungen des Todes Stachel
und denen, die glauben,
die Reiche der Himmel aufgetan.

Du sitzest zur Rechten Gottes
in deines Vaters Herrlichkeit.
Als Richter, so glauben wir,
kehrst du einst wieder.
Dich bitten wir denn,
komm deinen Dienern zu Hilfe,
die du erlöst hast mit kostbarem Blut.
In der ewigen Herrlichkeit
zähle uns deinen Heiligen zu.

Te igitur

Anfang der lateinischen Fassung des Ersten Hochgebetes (Römischer Messkanon): »Dich, gütiger Vater, bitten wir durch deinen Sohn, unseren Herrn Jesus Christus: Nimm diese heiligen, makellosen Opfergaben an und segne sie. Wir bringen Sie dar vor allem für deine heilige katholische Kirche in Gemeinschaft mit deinem Diener, unserem Papst …«

Teilnahme, tätige

Zentraler Begriff der liturgischen Bewegung, der besagt, dass nicht allein der Priester in der Liturgie handelt, sondern genauso die Laien aufgrund ihres allgemeinen Priestertums durch die Taufe und die Firmung. Somit ist die tätige Teilnahme die in der Liturgiekonstitution des Zweiten Vatikanischen Konzils geforderte Haltung der Gläubigen in liturgischen Feiern. Die Gläubigen sollen nicht passive Zuhörer und Zuschauer sein, sondern durch Gesänge, Akklamationen (Antwortrufe z. B. »Deinen Tod, o Herr, verkünden wir …«) und durch das stille Mitbeten der Priestergebete aktiv am Gottesdienst teilnehmen. Darüber hinaus sind sie aufgefordert, durch das Ausüben eigener liturgischer Dienste als Lektor, Kantor, Kommunionhelfer, Ministrant etc. den Gottesdienst mitzugestalten. Die Liturgiekonstitution geht in mehreren Punkten auf die tätige Teilnahme ein: 27. »… seine einzelnen Glieder

aber kommen mit ihnen [den Feiern] in verschiedener Weise in Berührung je nach der Verschiedenheit von Stand, Aufgabe und tätiger Teilnahme.« 30. »Um die tätige Teilnahme zu fördern, soll man den Akklamationen des Volkes, den Antworten, dem Psalmengesang, den Antiphonen, den Liedern sowie den Handlungen und Gesten und den Körperhaltungen Sorge zuwenden …« u.a.
Die Einführung der Muttersprachen durch die Liturgiereform ist ein wesentlicher Schritt zur Befähigung der Laien zur tätigen Teilnahme an liturgischen Feiern (SC 36 § 2, 54). Besonders wird die tätige Teilnahme durch den Kommunionempfang zum Ausdruck gebracht, zu dem die Liturgiekonstitution bei jeder Mitfeier der Eucharistie rät (SC 55).
Siehe auch Laiendienste, Volk (Gottes)

Temporale *(Herrenjahr; Proprium de Tempore; Sanktorale)*
Man unterscheidet im Kirchenjahr die Feste und Gedenktage der Heiligen, die immer an einem bestimmten Datum gefeiert werden, als Sanktorale vom so genannten »Herrenjahr«, dem Temporale.
Dieses umfasst die beiden großen Festkreisen Weihnachten und Ostern, die Herrenfesten an einem bestimmten Datum (Epiphanie, Darstellung des Herrn, Verkündigung des Herrn, Verklärung des Herrn, Kreuzerhöhung, Geburt des Herrn) und die Sonn- und Wochentagen, an denen kein Heiligenfest oder Gedenktag begangen wird.

Terz
Erste der heute noch beibehaltenen kleinen Horen (SC 89e) des Stundengebetes, benannt nach lat. *hora tertia* (»dritte Stunde« = 9 Uhr morgens nach antiker Zeiteinteilung). Mit ihr wird das Gedächtnis an die Kreuzigung Jesu (Mk 15,15) und das Pfingstgeschehen (Apg 2,15) zur dritten Stunde verbunden.

Thematischer Gottesdienst
Gestaltung eines Gottesdienstes von einem Thema her durch Auswahl entsprechender Texte, Gesänge, Zeichen. Birgt die Gefahr in sich, dass der Gottesdienst zu einer Informations- oder Motivationsveranstaltung – etwa für ein wichtiges Anliegen – gerät. Das widerspricht dem

Charakter des Gottesdienstes als einer zweckfreien Feier des Heils in Jesus Christus. Anliegen können in Einleitung, Predigt und Fürbitten aufgegriffen werden. Das Messbuch enthält auch eine Auswahl von Formularen zu besonderen Anliegen.

Thuriferar

Bezeichnung für den Ministranten, der beim Gottesdienst das Weihrauchfass (lat. thuribulum) trägt, begleitet vom Navikular mit dem Behälter für den Weihrauch, lat. *navicula* (= Schiffchen). Der Thuriferar inzensiert Vorsteher, Konzelebranten und Gemeinde, nachdem der Vorsteher nach der Gabenbereitung den Altar inzensiert hat, und Hostie und Kelch, wenn sie nach den Einsetzungsworten der Gemeinde gezeigt werden.

Titularfest

Wenn eine Kirche nicht nach einem Heiligen, sondern nach einem bestimmten Glaubensgeheimnis benannt ist, dann gilt der Festtag dieses Glaubensgeheimnisses als Titularfest der Kirche, z. B. Dreifaltigkeitskirchen, Herz-Jesu-Kirchen, Mariä-Himmelfahrts-Kirchen, Auferstehungskirchen, Fronleichnamskirchen u. a.
Bei Kirchen mit einem Märtyrer oder Heiligen als Patron wird das Fest des Heiligen Patrozinium genannt.

tonus rectus

Art und Weise, einen Text unter Einebnung des natürlichen Sprechvorgangs in einem gleichmäßigen Rhythmus und in immer gleicher Tonhöhe vorzutragen. Der tonus rectus wird heute vor allem noch beim gemeinsamen Verrichten des Stundengebets (Chorgebet) angewandt, sofern die Psalmen nicht gesungen werden. Der tonus rectus erlaubte vor Erfindung von Verstärkeranlagen einen auch in großen Räumen verständlichen Vortrag von Texten und ist bei längeren gemeinsam gesprochenen Gebeten (Psalmen) für die Teilnehmenden eine erleichternde Stütze und Hilfe.

Totenoffizium
Eigenes Stundengebetsformular für Lesehore, Laudes und Vesper, heute bezeichnet mit »Gedächtnis der Verstorbenen«, das auch an Allerseelen genommen wird.

Traktus
Gesang vor dem Evangelium an den Sonntagen der Fastenzeit anstelle des kurzen Rufes vor dem Evangelium; textlich ein Psalm oder ein Canticum, musikalisch in der Regel anspruchsvoll.

Trauermette
Bezeichnung für Lesehore und Laudes an den Kartagen, die sich früher von den Morgenhoren der anderen Tage des Jahres unterschieden und durch den Vortrag der Klagelieder des Propheten Jeremia geprägt waren. In Süddeutschland auch »Pumper«-Metten genannte nach dem früheren Brauch, am Schluss der Mette mit den Büchern auf die Chorbank zu oder auf eine andere Weise Lärm zu machen als Erinnerung an den Tumult bei der Gefangennahme Jesu, das Erdbeben bei seiner Kreuzigung und das Zerreissen des Vorhangs im Tempel bei seinem Tod, also an den Zusammenbruch der gottgewollten Ordnung durch den Tod Jesu, oder auch an die Wut der Juden auf Jesus oder die Wut der Christen auf die Juden.
Vgl. Mette

Trauung
Feier der Eheschließung zwischen Mann und Frau. Das Sakrament der Ehe spenden einander die Brautleute selber. Der Priester oder Diakon assistiert dabei und segnet das Brautpaar. Sie sind durch die Trauung in Christus miteinander zu einer neuen Einheit verbunden. Als kirchliches Sakrament wird die Trauung in der Regel innerhalb einer Eucharistiefeier gefeiert. Der Trauritus – im deutschen Sprachgebiet »Die Feier der Trauung« – bietet dafür und für die Trauung im Rahmen eines Wortgottesdienstes genaue Vorlagen. Im Gottesdienst wird das eigentliche Sakrament der Trauung nach der Homilie gespendet. Dazu werden die Brautleute vom Priester nach ihrer Bereitschaft gefragt. Er segnet die Ringe. Dann bezeugen Braut und Bräutigam durch den

Vermählungsspruch oder das Ja-Wort, zu dem der Priester sie auffordert, ihren Ehewillen und stecken einander die Eheringe an. Anschließend reichen sie sich die Hände und der Priester bindet seine Stola darum. Darauf folgt der feierliche Brautsegen. Die Feier wird mit den Fürbitten fortgesetzt.
Bei einer gemischtkonfessionellen Eheschließung richtet sich der Ritus der Trauung nach der Kirche, in der sie stattfindet.
Vgl. Ehe

Trination ↗ Bination

Trishagion *(Trisagion)*
Liturgischer Ruf (Akklamation) »Heiliger Gott, heiliger Starker, heiliger Unsterblicher, erbarme dich unser«, vor allem in der orthodoxen Messliturgie vorgesehen. Im römischen Ritus bildet das Trishagion den Kern der Improperien, den Gesängen zur Kreuzverehrung am Karfreitag.
Griechisch: Hágios, ho Theós. Hágios Ischyrós. Hágios Athánatos, eléison hemás.
Lateinisch: Sanctus Deus. Sanctus Fortis. Sanctus Immortális, miserére nobis.

Tropus
Bezeichnung für Zusätze und Erweiterungen von Gesängen.

Tunika
Römisches Untergewand, dessen Form von den Römern aus Dalmatien übernommen wurden.
Siehe Dalmatik

Tunizella *(Tunicella)*
Verkleinerte Form von Tunika, ehemals das Gewand des Subdiakons in der Form der Dalmatik des Diakons.

U

Übersetzung

Seit alters her wurde die Heiligen Schrift mit dem Ziel übersetzt, sie den sprachlichen Voraussetzungen der Gläubigen anzupassen. Die früheste bekannte Übersetzung ist die der Schriften des Alten Testamentes aus dem Hebräischen ins Griechische, die Septuaginta (griech. = Siebzig), für die in der Diaspora lebenden griechischsprachigen Juden. Die frühe Kirche schuf Übersetzungen der Heiligen Schrift (Altes und Neues Testament) in die Volkssprache ihrer Zeit, das Lateinische. Am bekanntesten ist die Vulgata des hl. Hieronymus (2. Hälfte des 4. Jh.), der das Alte Testament aus dem hebräischen Urtext übersetzte. Sie wird bis heute – inzwischen in einer überarbeiteten Fassung (Neo-Vulgata) – für den gottesdienstlichen Gebrauch verwendet. Die Übersetzung der Heiligen Schrift ins Deutsche erfolgte seit dem ausgehenden Mittelalter. Für die Kirchen der Reformation wurde die Übersetzung Martin Luthers maßgeblich, die gleichzeitig einen wichtigen Beitrag zur Verschriftlichung des Hochdeutschen schuf. Die heute in der Liturgie der katholischen Kirche des deutschen Sprachgebietes benutzte »Einheitsübersetzung« wurde 1978 von den Bischofskonferenzen approbiert. Die Übersetzung aller Texte für den liturgischen Gebrauch bedürfen der Approbation der zuständigen Bischöfe und der Rekognoszierung durch den Apostolischen Stuhl.

Unbefleckte Empfängnis Mariens

Hochfest der ohne Erbsünde empfangenen Jungfrau und Gottesmutter Maria am 8. Dezember. Im Zentrum dieses Festes steht der 1854 zum Dogma erhobene Glaubensinhalt, dass Maria vor der Erbsünde (Erbschuld, Urschuld) bewahrt worden war. Eine andere Bezeichnung ist *Hochfest Mariä Erwählung.*

Großer und heiliger Gott, im Hinblick auf den Erlösertod Christi hast du die selige Jungfrau Maria schon im ersten Augenblick ihres Daseins vor jeder Sünde bewahrt, um deinem Sohn eine würdige Wohnung zu bereiten. Höre auf ihre Fürsprache: Mache uns frei von Sünden und erhalte uns in deiner Gnade, damit wir mit reinem Herzen zu dir gelangen. (Tagesgebet)

Unschuldige Kinder, Fest

Fest am 28. 12. zum Gedächtnis der Kinder, die im Auftrag von Herodes getötet wurden, der damit den *neuen König* beseitigen wollte (Mt 2,13–18). Sie gelten als erste Blutzeugen (Märtyrer) des Christentums.

»Herr, unser Gott, du hast den Unschuldigen Kindern die Krone der Märtyrer geschenkt, obwohl sie noch nicht fähig waren, deinen Sohn mit dem Munde zu bekennen …« (Schlussgebet vom Tag)

V

Vaterunser *(Gebet des Herrn; Herrengebet; Pater noster)*
Auch *Gebet des Herrn* genannt, weil nach den Evangelien unmittelbar von Jesus gelehrt (Mt 6,9–13 und Lk 11,2–4), mit festem Platz seit frühester Zeit des Christentums sowohl in der Eucharistiefeier als auch im Stundengebet, erweitert um die Doxologie »Denn dein ist das Reich und die Kraft und die Herrlichkeit in Ewigkeit. Amen«. Seit der Liturgiereform wird es nicht mehr nur vom Vorsteher, sondern von der ganzen Gemeinde gesprochen bzw. in feierlicher *Kantillation* vollzogen (AEM 16). Zwischen *Vaterunser* und Doxologie spricht oder singt der Vorsteher zumeist den so genannten Embolismus, den die Gemeinde mit der Doxologie abschließt. Erwachsenen Taufbewerbern wird während der Vorbereitungszeit auf die Taufe in einem eigenen Ritus das Herrengebet feierlich übergeben (»Die Feier der Eingliederung Erwachsener in die Kirche«, 123 ff.).

Vater unser im Himmel,
geheiligt werde Dein Name.
Dein Reich komme.
Dein Wille geschehe, wie im Himmel so auf Erden.
Unser tägliches Brot gib uns heute.
Und vergib uns unsere Schuld,
wie auch wir vergeben unsern Schuldigern.
Und führe uns nicht in Versuchung,
sondern erlöse uns von dem Bösen.
Denn dein ist das Reich und die Kraft und die Herrlichkeit in Ewigkeit.
Amen.

Vatikanisches Konzil, Zweites *(2. Vatikanum)*
Versammlung der Bischöfe der katholischen Kirche, lat. *concilium* (= Zusammenkunft), von 1962–1965 im Vatikan. Es wurde von Papst Johannes XXIII. einberufen und führte mit dem Ziel, die Herausforderungen der Gegenwart an die Kirche anzunehmen (ital. Aggiornamen-

to), ohne dabei von ihrem Auftrag als Kirche Jesu Christi abzurücken, zu grundlegenden Reformen. Diese betreffen alle Bereiche der Kirche, besonders auch die Liturgie. Für die Neuordnung der Liturgie im Zuge des Zweiten Vatikanischen Konzils war die Konzilskonstitution »Sacrosanctum concilium« (Abk. SC, die lat. Anfangsworte des Dokumentes bedeuten »Die heilige Versammlung«), veröffentlicht am 04.12.1963, bestimmend.

Velum

Lateinische Bezeichnung für ein verhüllendes Tuch ohne nähere Festlegung der Funktion. Die heutige Liturgie kennt das Kelchvelum, das zur Verhüllung des für die Eucharistiefeier vorbereiteten Kelches an der Kredenz vorgeschrieben ist (AEM 80: »Ebenso sind vorzubereiten: … auf dem Kredenztisch Kelch … Der Kelch sei mit einem Tuch bedeckt, das immer weiß sein kann«) und das Schultervelum, das zur ehrfürchtigen Verhüllung der Hände beim Anfassen von heiligen Gefäßen bzw. des Bischofs- oder Abtsstabs dient. Nicht mehr vorgeschrieben sind Ziboriums- und Tabernakelvelum. Das Tuch zur Verhüllung der Kreuze am Gründonnerstagabend bis zur Kreuzverehrung am Karfreitag wird Passionsvelum genannt. Das frühere Fastenvelum, mit dem der Altar während der Fastenzeit verhüllt wurde, gibt es heute wieder in Form des Hungertuchs, allerdings nicht zum Verbergen von Triumphbildern, sondern als Medium, um bestimmte Anliegen den Gläubigen näherzubringen.

Verklärung des Herrn, Fest

Fest am 6. August zum Gedächtnis der Verklärung Jesu (z.B. Mk 9,2–9) in der Hoffnung, dass die Kirche einst selbst »seinem verherrlichten Leib gleichgestaltet« werde (aus dem Schlussgebet vom Tag).

Verkündigung

der frohen Botschaft (griech.: Evangelium). Eine der drei Hauptdimensionen der Kirche neben Liturgie und Diakonie. In der Liturgie geschieht die Verkündigung im Wortgottesdienst durch die Lesungen und ihre Auslegung in Homilie oder Predigt. Die Auslegung ist für die Verkündigung wesentlich, da durch sie die Texte der Heiligen

Schrift auf das konkrete Leben der heutigen Menschen bezogen werden. Durch sie wird deutlich, dass die Lesungen nicht in erster Linie längst Vergangenes ins Gedächtnis rufen, sondern sich an die gegenwärtigen Zuhörer richten. Die Anforderung der Verkündigung an die Zuhörer fasst das Neue Testament im Ausspruch Jesu zusammen: »Kehrt um, denn das Himmelreich ist nahe« (Mt 4,17)! Die Verkündigung ermutigt die Zuhörer, ihr Leben immer neu an der Liebe Gottes auszurichten. Jeder Christ ist dazu aufgerufen, durch sein Leben die Wahrheit des Evangeliums zu bezeugen und es nicht so sehr durch Worte, als vielmehr durch sein Verhalten gegenüber den Mitmenschen zu verkünden.

Verkündigung des Herrn, Hochfest

Hochfest am 25. März, das auf den Montag nach der Osteroktav (= Montag nach dem Weißen Sonntag) verschoben wird, wenn es in die Karwoche oder Osteroktav fällt. Das Fest bezieht sich auf Lk 1,26–38. Das Fest stellt nicht nur das neun Monate später mit dem Geburtsfest gefeierte Geheimnis der Menschwerdung Gottes in den Mittelpunkt, sondern auch den Gehorsam gegenüber dem Willen Gottes und bezieht das Wort Marias »Ich bin die Magd des Herrn, mir geschehe, wie du es gesagt hast.« (Lk 1,38) auf die Willenserfüllung Christi gegenüber seinem Vater: »Als Christus in diese Welt eintrat, sprach er zu seinem Vater: Sieh, ich komme, um deinen Willen zu erfüllen« (Eröffnungsvers vom Tag).

Barmherziger Gott, durch die jährliche Osterfeier erneuerst du den Glauben deines Volkes. Lass uns immer tiefer erkennen, wie heilig das Bad der Taufe ist, das uns gereinigt hat, wie mächtig dein Geist ist, aus dem wir wiedergeboren sind, und wie kostbar das Blut, durch das wir erkauft sind. (Tagesgebet)

Verlobung

Ritus im deutschen Benediktionale (Nr. 55) mit Segnung der Ringe, die während der Feier getauscht werden, und Segensgebet für die Verlobten. Der Ritus bezieht die Liebe der Verlobten zueinander auf das Liebesgebot Jesu in Joh 15,12: »Das ist mein Gebot: Liebt einander, so wie ich euch geliebt habe!«

Verneigung

Die Verneigung mit dem Kopf oder auch mit dem ganzen Oberkörper ist ein Zeichen der Ehrerbietung. Für die Messe sind Verneigungen vorgesehen beim Einzug von Priester und sonstiger Dienste vor dem Altar, während des Hochgebetes durch den/die Zelebranten, »beim Namen der Dreifaltigkeit, beim Namen Jesu, Mariens und des Heiligen, zu dessen Gedächtnis die Messe gefeiert wird« (AEM 234a) und beim »Ehre sei dem Vater und dem Sohn und dem Heiligen Geist«. Die AEM unterscheidet zwischen Kopf- und Körperverneigung.

Versikel

Gebetsruf, bestehend aus zwei Zeilen, die meistens aus den Psalmen stammen und im Wechsel zwischen Vorbeter und Gemeinde gebetet werden. Versikel gibt es im Stundengebet zu Eröffnung (Invitatorium), vor den Lesehoren, als Antwort auf Kurzlesungen in den Kleinen Horen (Terz, Sext, Non) und im Benediktionale als Einleitungen zu Segensgebeten.

versus populum ↗ Zelebration versus populum

Vesper

(Lat. = Abend), abendliches Lobgebet und zusammen mit den Laudes Angelpunkt des täglichen Stundengebetes (SC 100). Die Vesper hat einen den Laudes vergleichbaren Aufbau. Anstelle des Benedictus in den Laudes tritt der Lobgesang Mariens, das Magnificat (»Meine Seele preist die Größe des Herrn …«, Lk 1,46–55). Von besonderer Bedeutung ist das Licht. Da das Dunkel der Nacht naht, werden zu Beginn der Vesper oft Kerzen an der Osterkerze entzündet (siehe Lucernar), um so Jesus als das wahre Licht herauszustellen. Es wird des vergangenen Tages gedacht und sein Werk in den Fürbitten vor Gott getragen. Der Abend war im alttestamentlichen Israel die Zeit des Abendopfers, insbesondere des Paschaopfers. Nach christlicher Überlieferung wurde zu dieser Tageszeit der Leichnam Jesu vom Kreuz abgenommen (Joh

19, 31–42). Entsprechend fand die Pietà, die Darstellung Mariens mit ihrem toten Sohn auf dem Schoß, im Mittelalter als Vesperbild Verehrung. Am Vorabend von Sonn- und Festtagen wird die 1. Vesper zum Fest gefeiert und am Abend desselben die 2. Vesper. Dies entspricht der jüdischen Tradition, einen Tag mit seinem Vorabend zu beginnen.

Vespermantel ↗ Pluviale

Vidi aquam ↗ Asperges me

Vierzigstündiges Gebet
Besondere Form der eucharistischen Anbetung, heute in der ununterbrochenen Dauer von vierzig Stunden kaum mehr üblich.

Vigil ↗ Nacht

Vigil
Bezeichnung für das nächtliche Gebet, sowohl privat als auch in der Gemeinde.

a) Gemeindevigil
Entwickelte sich aus dem Brauch ausgedehnter Schriftlesung und Gebetswache vor einem Fest, insbesondere dem Osterfest bzw. als Totenwache (»Totenvigil«). Im Laufe des Mittelalters werden die gemeindlichen Vigilien immer weiter vorverlegt, schließlich bis zum Morgen des Vortages eines Festes. So wurde die Ostervigil am Morgen des Karsamstag abgehalten. In den 50er-Jahren des 20. Jahrhunderts wurde diese Fehlentwicklung korrigiert und die Ostervigil als Oster-Nacht wiederhergestellt. »Vigil-Messe« heißt seither auch die Messe, die am Vorabend eines Hochfestes als Festmesse gefeiert werden kann.

b) Vigil als Hore des Stundengebets
Die asketische bzw. monastische Praxis des täglichen (mitter)nächtlichen Vigil-Gebetes mit Unterbrechung des Schlafes wird bereits bei Benedikt abgemildert und die Vigil mit der Matutin, dem frühen Mor-

gengebet vor den Laudes, verschmolzen: »So kann man etwas länger als die halbe Nacht ruhen und steht unbeschwert auf« (Regula Benedicti 8, 2; je nach Jahreszeit bedeutet das eine Nachtruhe von 5 Stunden im Sommer, bis zu 9 Stunden im Winter).
Nach dem Zweiten Vatikanischen Konzil wird die aus der monastischen Tradition übernommene Vigil durch die zeitlich nicht gebundene Lesehore ersetzt, die aber vor Festen zu einer Vigil erweitert werden kann.

Visitation ↗ Empfang des Bischofs

Volk (Gottes) *(Laien)*
In der Abkürzung *Volk* meist Bezeichnung für die Gemeinde im Unterschied zum Klerus, wobei die aus dem Griechischen stammende Bezeichnung *Laien* (laós = Volk) inzwischen in derselben unterscheidenden Weise gebraucht wird, obwohl damit eigentlich das Volk (Gottes) aller Getauften im Unterschied zu den Nicht-Getauften gemeint ist: »Einst wart ihr nicht sein Volk, jetzt aber seid ihr Gottes Volk« (1 Petr 2, 10). Jede liturgische Handlung ist eine Handlung des Volkes Gottes und verlangt die volle, aktive Teilnahme aller Gläubigen: »Die Mutter Kirche wünscht sehr, alle Gläubigen möchten zu der vollen, bewussten und tätigen Teilnahme an den liturgischen Feiern geführt werden, wie sie das Wesen der Liturgie selbst verlangt und zu der das christliche Volk, ›das auserwählte Geschlecht, das königliche Priestertum, der heilige Stamm, das Eigentumsvolk‹ (1 Petr 2, 9; vgl. 2, 4–5) kraft der Taufe berechtigt und verpflichtet ist. Diese volle und tätige Teilnahme des ganzen Volkes ist bei der Erneuerung und Förderung der heiligen Liturgie aufs Stärkste zu beachten, ist sie doch die erste und unentbehrliche Quelle, aus der die Christen wahrhaft christlichen Geist schöpfen sollen« (SC 14).

Volksaltar
Damit der Priester zum Volk hingewendet zelebrieren kann, wurde im Zuge der Liturgiereform des Zweiten Vatikanischen Konzils in vielen alten Kirchen zusätzlich zum Hochaltar ein weiterer Altar »näher zum Volk« hin aufgestellt, daher *Volks- oder Gemeindealtar* genannt. In Kir-

chen mit großer Entfernung vom Hauptschiff zum Hochaltar bzw. in Kirchen, wo der Lettner die Sicht vom Hauptschiff auf den Hochaltar versperrte, gab es bereits seit dem Mittelalter eine Art Volksaltar, wegen seines Weihebezugs zum hl. Kreuz Kreuzaltar genannt.

Volksfrömmigkeit
Neben der offiziellen Liturgie, die dem einfachen Volk seit dem frühen Mittelalter schwer zugänglich war, haben sich eigenständige Frömmigkeitsübungen entwickelt. Diese sind teilweise mit dem Kirchenjahr verknüpft, z.B. Prozessionen, Kreuzwegandacht. Teilweise nehmen sie in vereinfachter Form die Liturgie auf: z.B. das Gebet »Engel des Herrn«, das an die Stelle des Stundengebetes tritt. Besonders wendet sich die Volksfrömmigkeit Heiligen, vor allem der Gottesmutter zu. So ist das Rosenkranzgebet eine seit dem Mittelalter beliebte Andachtsform. Insgesamt sind die Formen der Volksfrömmigkeit durch einen vergleichsweise emotionalen Ausdruck geprägt, der sich nicht zuletzt in theatralischen Darstellungen (z.B. Passionsspiele) wiederfindet. Das Zweite Vatikanische Konzil war bemüht, die kirchliche Liturgie dem Volk wieder leichter zugängig zu machen, ohne damit die oben beschriebenen Frömmigkeitsformen auszuschließen. Die Volksfrömmigkeit neigt in einigen Formen dazu, durch bestimmte Leistungen auf Gott Einfluss zu nehmen. Die ungeschuldete Liebe Gottes zu den Menschen droht dabei übersehen zu werden. Es gibt auch heute Bewegungen, die durch eine sehr heiligen-, besonders marienbezogene, Frömmigkeit geprägt sind.

Volksgesang
Bezeichnung für die meist muttersprachlichen Lieder, die während der Messe oder bei Andachten gesungen werden im Unterschied zum feierlichen Gesang des Chores. Der ursprünglich wichtige Gesang der ganzen Gemeinde war seit dem frühen Mittelalter in Form des lateinischen Chorals auf den Klerus übergegangen. Die vom Volk gesungenen Lieder galten als paralleles Beiwerk zum Gottesdienst und nicht als Teil desselben. Dass es in Deutschland ein umfangreiches Repertoire von muttersprachlichen Liedern für die Gemeinde gibt, verdankt sich der Liturgiereform Martin Luthers, der den Gesang der Gemeinde bereits

wieder zu einem unverzichtbaren Bestandteil des reformatorischen Gottesdienstes gemacht hatte.

Volksmessbuch
Taschenausgaben des Messbuchs, die von den Gläubigen zum Vor- und Nachbereiten benutzt werden können. Seine große Bedeutung und Verbreitung als deutsche Übersetzung des lateinischen Messritus zum Mitlesen der Priestertexte während der Feier der Messe hat das Volksmessbuch seit der Einführung der Muttersprache in die Liturgie verloren.

Vorbeter
Vor der Liturgiereform des Zweiten Vatikanischen Konzils liturgischer Dienst, der parallel zum Priester dessen Texte in der Muttersprache vortrug. Heute noch ein Dienst bei Prozessionen und Volksandachten. Für die Messfeier gibt es die liturgischen Dienste des Lektors und Kantors.

Vorfastenzeit
Seit der Neuordnung des Kirchenjahres von 1969 abgeschaffte Ausdehnung der Fastenzeit auf 8 Wochen in der Liturgie: violette Farbe, Wegfall von Halleluja, Gloria und Te Deum.

Vormesse
Heute nicht mehr gebräuchliche Bezeichnung für Eröffnung und Wortgottesdienstteil der Messfeier. Wortgottesdienst und eigentliche Eucharistiefeier gelten seit der Liturgiereform als Einheit.

Votivmesse
Von lat. *votum* (= Gelübde, Wunsch, **Anliegen**), Bezeichnung für Messen, die unabhängig vom Kirchenjahr bestimmte Aspekte hervorheben. Im Messbuch werden als Votivmessen nur die Messen zur Feier von bestimmten Heilsgeheimnissen bezeichnet, wie z. B. »Von der Heiligsten Dreifaltigkeit«, »Vom Geheimnis des heiligen Kreuzes«, »Von der heiligen Eucharistie« usw. Neben dieser Gruppe gibt es noch drei andere Gruppen, die sich ebenfalls nicht nach dem Kirchenjahr richten:

1. Messe zu bestimmten Feiern, wie z. B. »Bei der Taufspendung«, »Bei der Firmspendung«, »Bei der Spendung der Weihen«, »Bei der Ordensprofess« usw., auch *Ritualmessen* (Missae rituales) genannt.
2. Messen und Orationen für besondere Anliegen mit den Untergruppen »Für die Heilige Kirche«, »Für Staat und Gesellschaft«, »Für verschiedene öffentliche Anliegen« und »In besonderen Anliegen«.
3. Messen für Verstorbene.

W

Wallfahrt
Gang oder Fahrt zu einem Heiligtum, oft verbunden mit einer Bitte in einem besonderen Anliegen. Bestandteil der Wallfahrt ist eine Liturgie an dem betreffenden Ziel. Am Beginn einer Wallfahrt kann im »Pilgersegen« aus dem Benediktionale Gott um Schutz und Geleit gebeten werden.

Wandlung
Begriff für die Wandlung von Brot und Wein in Leib und Blut Christi bei der Eucharistiefeier. Das Interesse an dem exakten Augenblick ist wieder der Einsicht gewichen, dass das Hochgebet als Ganzes Konsekrationsgebet (»Wandlungsgebet«) ist. Damit steht die unmittelbare Vergegenwärtigung des Heilsgeschehens (Anamnese) in der Eucharistie im Blick.

Waschung ↗ Fußwaschung ↗ Lavabo

Wasser
Wasser ist Voraussetzung für jegliches Leben einerseits, andererseits kann es als Naturgewalt zerstörerisch und lebensvernichtend wirken. Wasserläufe (Flüsse) und Meere dienen als Grenzen zwischen Ländern, sinnbildlich zwischen dem Tod und dem Leben. So wird das Volk Israel durch das Rote Meer aus Ägypten, dem Land der Knechtschaft und des Todes, in die Freiheit geführt und gelangt durch den Jordan in das Land der Verheißung. In diesen Durchgängen durch das Wasser klingt das Wissen um den Tod, das Absterben von Altem, damit neues Leben entstehen kann, mit an. So wird in der Taufe der Täufling durch das Wasser zum neuen Leben mit dem auferstandenen Christus geführt. Wasser wirkt zudem reinigend. Als Sinnbild für die Reinigung von bösen Einflüssen steht die Besprengung mit Weihwasser, die zugleich Taufgedächtnis ist. Das Taufwasser wird in der Osternacht geweiht, in

der durch die Auferstehung Christi, in die der getaufte Christ mit hineingenommen ist, der Tod überwunden worden ist.

Weihesakrament *(Ordination)*
Die Apostel ernannten Männer durch Handauflegung, Gebet und Weisung zu ihren Vertretern und zu Vorstehern in den einzelnen Gemeinden. Auf diese Weise wurde die Gabe zum Aufbau der Kirche Christi, die die Apostel im Pfingstereignis durch den Heiligen Geist empfangen hatten, weitergegeben. Die von den Aposteln beauftragten Männer erhielten die Vollmacht, die Gemeinde zu leiten und ihr das Wort Gottes zu verkünden. Manche Männer wurden zu Diakonen ernannt, um sich besonders den Armen zuzuwenden (vgl. Apg 6,1–7). Um die erste nachchristliche Jahrhundertwende war schon die Dreiheit von Bischöfen, Priestern und Diakonen ausgebildet. Die Vertreter dieser drei Weihestufen werden unter dem Begriff »Klerus« zusammengefasst, der »geistlicher Stand« bedeutet, bzw. als Kleriker bezeichnet. Die Vollmacht, die Frohe Botschaft im Sinne der Apostel weiterzutragen, liegt bei den Bischöfen. Durch sie wird die sog. Apostelsukzession, also die direkte Nachfolge der Apostel durch die Weitergabe des Weihesakramentes garantiert. Sie weihen in ihren Diözesen Priester als Mitarbeiter zu ihrer Unterstützung, damit die einzelnen Gemeinden geleitet und in ihnen die Sakramente gefeiert werden und der seelsorgerische Dienst geleistet wird. Der Bischof weiht Diakone, die ihn durch den Dienst an den Bedürftigen der jeweiligen Gemeinde unterstützen. Durch das Zusammenwirken der Bischöfe und das Kollegium der Priester und Diakone wird der apostolische Auftrag, also die Fortsetzung des Werkes der Apostel, in der Kirche konkret. Mit jeder Stufe des Weihesakramentes sind bestimmte liturgische Aufgaben verbunden. Der Bischof spendet z.B. das Weihesakrament und das Sakrament der Firmung, er weiht die Kirchen in seiner Diözese und trägt Verantwortung für die liturgische Praxis in seiner Diözese. Priester spenden all jene Sakramente, die nicht dem Bischof vorbehalten sind. Ihre für die Liturgie wichtigste Aufgabe ist es, der Eucharistiefeier vorzustehen. Sie verkünden im Auftrag des Bischofs das Wort Gottes und legen es für die Gemeinde aus. Auch der Diakon hat die Vollmacht, der Feier bestimmter Sakramente (Taufe, Trauung) vorzustehen. In der Eucharistiefeier

verkündet er das Evangelium, das er in der Homilie auslegen darf. Darüber hinaus assistiert er dem Bischof oder Priester am Altar, und fordert die Gemeinde zu Handlungen und zu Akklamationen auf, z.B. zum Friedensgruß. Mit Ausnahme des schon vor der Weihe verheirateten Diakons verpflichtet die Ordination zum Zölibat.
Siehe auch Diakon, Priester, Priesterweihe, Bischofsweihe sowie »Höhere Weihen«

Weihnachten
Fest der Geburt des Herrn, an dem die Menschwerdung Christi gefeiert wird: »Lasst uns teilhaben an der Gottheit deines Sohnes, der unsere Menschennatur angenomnmen hat.« (Tagesgebet im Hochamt). Jeder Priester kann bis zu drei Messen feiern, für die es je nach Tageszeit vier unterschiedliche Formulare gibt: die Vigilmesse am Vorabend (24. Dezember), die Mitternachtsmesse (Christmette), das Hirtenamt am Morgen (25. Dezember) und das Hochamt am Tage. Anstelle der Messe am Vorabend kann aus pastoralen Gründen auch bereits die Christmette gefeiert werden.
Die Auswahl der Evangelien für die vier verschiedenen Messen erzählt zunächst mit dem Stammbaum Jesu und der Ankündigung der Geburt Jesu in Mt 1,1–25 am Vorabend, mit dem Geburtsbericht und der Verkündigung an die Hirten in Lk 2,1–14 (mit dem Gloria in excelsis Deo in Vers 14) in der Christmette und mit dem Lobpreis der Hirten in Lk 2,15–22 das Geschehen um die Geburt Jesu.
Das Evangelium im Hochamt vom Tag formuliert mit dem so genannten Johannes-Prolog vom Logos in Joh 1,1,–18 das Heilsgeschehen mit dem Kernsatz »und das Wort ist Fleisch geworden«. Der Weihnachtsfestkreis dauert bis Sonntag nach Erscheinung des Herrn *(Epiphanie, Hl. Dreikönige).*
Mit dem Geburtsfest Jesu ist eng das Geburtsfest *Johannes der Täufer* sechs Monate zuvor am 24. Juni verbunden.
Die Festlegung des Weihnachtfestes auf den 25. Dezember wollte an das heidnische Wintersonnenfest anknüpfen und diesem einen neuen Inhalt geben.

Weihnachtsfestkreis

Die Zeit vom ersten Adventsonntag bis zum Sonntag nach Erscheinung des Herrn *(Epiphanie, Hl. Dreikönige)*, umfasst also die Vorbereitungszeit (Advent) auf Weihnachten, das Hochfest der Geburt des Herrn, Erscheinung des Herrn und Taufe des Herrn.

In inhaltlicher Verbindung mit dem Weihnachtsfestkreis stehen *Darstellung des Herrn* (2. Februar), *Verkündigung des Herrn* (25. März), *Geburt Johannes des Täufers* (24. Juni) und *Mariä Heimsuchung* (2. Juli) im Jahreskreis.

Weihnachtsoktav

Von lat. *[dies] octava* (= der achte Tag), Bezeichnung für die Woche nach Weihnachten mit besonderen Messfeiern als Verlängerung des Hauptfestes. Die Weihnachtsokatv beginnt mit dem Hochfest der Geburt des Herrn (25. Dezember) und schließt die Feste des ersten Märtyrers Stephan (26. Dezember), des Apostels und Evangelisten Johannes (27. Dezember), der Unschuldigen Kinder (28. Dezember), der Heiligen Familie (Sonntag innerhalb der Oktav) und die Gedenktage des Bischofs und Märtyrers Thomas Becket und des Papstes Silvester I. ein. Sie endet mit dem Hochfest der Gottesmutter Maria am 1. Januar (vgl. auch Weihnachtsfestkreis).

Weihrauch *(Inzens)*

Harz des Weihrauchbaumes, dem Aromen beigemischt sein können. Er wird zu Kügelchen oder kleinen Brocken geformt und auf Kohle verbrannt. Wegen seines guten Geruches, wird Weihrauch seit der Antike in Gottesdiensten eingesetzt. In der Offenbarung des Johannes steht er als Symbol für das Gebet der Gläubigen (Off 5,8). Im sonn- und festtäglichen Hochamt werden zu Beginn Kreuz und Altar, vor der Verkündigung des Evangeliums Evangeliar und vor dem Hochgebet wieder der Altar nebst Gaben sowie die Gemeinde mit Weihrauch inzensiert (= beräuchert). Bei der Aussetzung des Allerheiligsten wird dieses als Ausdruck besonderer Verehrung ebenfalls beräuchert. In Laudes und Vesper können beim Canticum Altar, Priester und Gemeinde inzensiert werden. In der Regel wird der Weihrauch im so genannten Weihrauchfass verbrannt, das geschwenkt wird. Er kann aber auch als Ausdruck des aufsteigenden Gebetes in einer feuerfesten Schale verbrannt werden. Im Volksbrauch hat sich die Vorstellung gehalten, mit Weihrauch könne bösen Einflüssen entgegengewirkt werden. Dies steht hinter dem Begriff »Ausräuchern«. In den Nächten vor Epiphanie (6. Januar) ist es dementsprechend in manchen Regionen üblich, mit Weihrauch durch die Häuser und die Ställe zu ziehen.

Weihung und Segnung

Lat. *Benedictio*, zusammengesetzt aus den Worten *bonus/bene* (= gut), *dicere* (= sagen, sprechen). Weihung und Segnung bedeuten also, einer Person oder einer Sache Gutes zu sagen. Gleichzeitig wird dadurch Gott Lobpreis entgegengebracht, indem seine Macht über die Schöpfung und alle Geschöpfe anerkannt wird. Durch Weihung werden Person oder Gegenstände einer Nutzung im sakralen Raum, beispielsweise dem liturgischen Gebrauch, zugeführt. Mit der Segnung wird dagegen auf Personen oder, zum Nutzen der Menschen, auf Gegenstände der Segen Gottes herabgerufen, ohne dass diese dadurch aus ihrem ursprünglichen Kontext herausgenommen werden. Beispielsweise wird ein Haus gesegnet, ohne dass es anschließend als Kapelle genutzt würde. Dennoch hat sich auch in diesem Zusammenhang der Begriff Weihung weitgehend durchgesetzt. Man spricht z. B. von Einweihung eines Hauses. Werden Gegenstände gesegnet, geschieht dies im Hinblick auf die Menschen, die sie gebrauchen. Darum werden nicht nur Naturalien, wie z. B. beim Erntedankfest die Erntegaben, sondern auch technische Geräte und handwerkliche Produkte gesegnet. Insgesamt geht es darum, den menschlichen Alltag in seiner Vielfalt unter Gottes Schutz zu stellen. Dabei ist zu beachten, dass die Segenszusage letztlich ein Geschenk Gottes ist und nicht automatisch wirkt. Weihung und Segnung haben also nichts mit Magie gemein. Auch wenn eine Segnung nur eine einzelne Person oder einen einzelnen Gegenstand betrifft, wird durch sie ein Stück weit das Reich Gottes Wirklichkeit, das allen Menschen zugute kommen soll. Grundsätzlich kann jeder getaufte und gefirmte Christ Segen spenden. Größere Segnungen sind jedoch je nach Bedeutung Bischöfen, Priestern oder Diakonen vorbehalten, vgl. Kirchweihe etc. Die Hauptelemente eines Segens- oder Weiheritus sind das Gebet und das Kreuzzeichen. Dem Gebet werden passende Psalmenverse oder bei feierlichen Weihen die Allerheiligenlitanei (z.B. Taufwasserweihe in der Osternacht) vorangestellt. Nach dem Weihegebet und dem Kreuzzeichen werden die geweihten Personen oder Gegenstände mit Weihwasser besprengt oder mit Weihrauch inzensiert. Für die Kirche besonders wertvolle Gegenstände der Weihe werden darüber hinaus mit Chrisam gesalbt (z.B. Kirchengebäude, Altäre, Glocken). Gleiches gilt für Personen, die ein kirchliches Initiations- (Taufe, Firmung) oder Weihesakrament (z.B. Priesterweihe) empfangen. Feierliche Weihen finden meistens im Rahmen einer Eucharistiefeier statt. Für Weihen ist in der Regel der Bischof zuständig, das entsprechende Buch ist das Pontifikale. Im »Benediktionale«, dem Ritusbuch für Segnungen der katholischen Kirche, sind eine Fülle von Segensformeln zu den verschiedensten Anlässen verzeichnet.

Weihwasser
Wasser, dem Salz beigesetzt werden kann, wird gesegnet (Benediktionale), und es werden damit Personen sowie Gegenstände besprengt. Bei der Besprengung von Personen ist dies zugleich Erinnerung an die Taufe. Beim Betreten eines Kirchen- oder Kapellenraumes ist es Brauch, sich mit Weihwasser zu bekreuzigen.

Weihwasserwedel ↗ Aspergill

Wein
Wie Brot in der Antike Grundnahrungsmittel, gleichzeitig Ausdruck der Feier und des Friedens, der für die aufwendige Pflege des Weinstockes erforderlich ist. Da Rotwein farbliche Ähnlichkeit mit Blut besitzt, wird er auch als Symbol des Lebens gedeutet. Die erste Zeichenhandlung Jesu ereignet sich nach Joh 2,1–12 während der Hochzeit zu Kana in der Wandlung von Wasser in Wein. In der Eucharistie werden Brot und Wein in Leib und Blut Christi gewandelt, gemäß dem Auftrag Jesu an seine Jünger (1 Kor 11,25) und der neutestamentlichen Überlieferung (Mt 26,27f.; Mk 14,23f.; Lk 22,20).
Während lange Zeit der Empfang der Kommunion in den Gestalten von Brot und Wein in der römisch-katholischen Kirche dem Klerus vorbehalten war (Konzil von Trient) wird die Kelchkommunion nach

dem Zweiten Vatikanischen Konzil auch wieder Laien gewährt (SC 55). In der Eucharistie der westlichen Liturgie wird seit dem Mittelalter Weißwein verwendet.

Weißer Sonntag

Erster Sonntag nach Ostern, auch »2. Ostersonntag« genannt, Oktavtag (= 8. Tag) von Ostern. Die Bezeichnung kommt von der weißen Kleidung, die die an Ostern Neugetauften bis zum Sonntag nach Ostern getragen haben. Der »Weiße Sonntag« ist traditionell der Termin für die Feier der Erstkommunion.

Wettersegen

Besondere Segensgebete im Messbuch (566) und im Benediktionale, dort in verschiedenen Formen, mit der Bitte um Bewahrung vor Unwetter und der Bitte um für die *Feldfrüchte gedeihliches* Wetter.

Wortgottesdienst

Erster Teil der Messfeier vor der Eucharistiefeier. Auch Bezeichnung für eigenständige gottesdienstliche Feiern (Wort-Gottes-Feier). Im Wortgottesdienst steht die Verkündigung des Wortes Gottes im Mittelpunkt. Vor dem Zweiten Vatikanischen Konzil war der Wortgottesdienst der Eucharistiefeier in seiner Bedeutung untergeordnet und wurde darum oft als »Vormesse« bezeichnet. Demgegenüber betont die Liturgiekonstitution, dass die beiden Teile, aus denen die hl. Messe besteht, nämlich Wortgottesdienst und Eucharistiefeier, so eng miteinander verbunden sind, dass sie einen einzigen Kultakt ausmachen (SC 56). Ort der Verkündigung des Wortes Gottes im Kirchenraum ist der Ambo. Der Wortgottesdienst der hl. Messe hat folgende Struktur: ein oder zwei Lesungen (Altes und Neues Testament außer Evangelien), Antwortpsalm nach der ersten Lesung, Ruf vor dem Evangelium (Halleluja, in der Fastenzeit ein anderer Ruf), Evangelium, Homilie, Credo (Glaubensbekenntnis) und Allgemeines Gebet (Fürbitten). Das Evangeliar kann in einer feierlichen Prozession zum Ambo getragen und dort mit Weihrauch inzensiert werden. Die 2. Lesung und das Glaubensbekenntnis entfallen an Werktagen. Während die erste und zweite Lesung von Lektoren vorgetragen werden, die in der Regel Laien sind, wird das Evangelium vom Priester oder Diakon verkündet. Eine eigene Form des Wortgottesdienstes bildet die Wort-Gottes-Feier, die in Ausnahmefällen die sonntägliche Versammlung der Gemeinde als priesterloser Gottesdienst unter der Leitung von Laien gewährleisten kann. Für sie gibt es eigene Vorlagen.

Wort-Gottes-Feier ↗ Wortgottesdienst

Wundmale Jesu

Die Verehrung der Wundmale Jesu hat im Mittelalter ihre Wurzeln, insbesondere seit dem hl. Franziskus, dem ersten bekannten Träger der *Stigmatisation* in der Geschichte des Christentums, worunter man die Übernahme der Verwundung infolge einer besonders innigen Liebe zu Jesus versteht. Die Verehrung der Wundmale Jesu ist Gegenstand der Volksfrömmigkeit und findet sich in der offiziellen Liturgie nur bei der Bereitung der Osterkerze in der Osternacht, wo der Priester fünf Weihrauchkörner in die Kerze einfügt und spricht:

Durch seine heiligen Wunden (erstes Weihrauchkorn),
die leuchten in Herrlichkeit (zweites Weihrauchkorn),
behüte uns (drittes Weihrauchkorn)
und bewahre uns (viertes Weihrauchkorn)
Christus, der Herr. Amen (fünftes Weihrauchkorn).

Z

Zeit im Jahreskreis ↗ Jahreskreis

Zeitschriften, liturgische

Befassen sich aus wissenschaftlicher oder pastoralliturgischer Sicht mit der Liturgie. Im deutschsprachigen Raum zählen zur ersten Gruppe u. a.

Archiv für Liturgiewissenschaft (http://www.unifr.ch/liturgie/alw/alw-welcome.htm),
Jahrbuch für Liturgik und Hymnologie (http://www.iah.unibe.ch/jlh.html),
Liturgisches Jahrbuch (http://www.liturgie.de/lj.html),
Heiliger Dienst (http://www.liturgie.at/hld.htm) und
Musica Sacra (http://www.musica-sacra-online.de/).

Der liturgischen Bildung und der Vorbereitung von Gottesdiensten widmen sich u. a.

Dienst am Wort (http://www.schwabenverlag.de/4zeitsch/f4c_daw.htm),
Gottesdienst (http://www.liturgie.de/gd.html),
praxis gottesdienst (http://www.liturgie.de/pgd.html),
Gottes Wort im Kirchenjahr (http://www.echter.de/Zeitschriften/GWIKJ/gottes_wort_im_kirchenjahr.htm)
Liturgie konkret (http://www.liturgie-konkret.de/).

Zelebrant

Von lat. *celebrare* (= feiern), Bezeichnung für den Leiter eines Gottesdienstes; nach heutigem Verständnis feiert jedoch nicht nur der Leiter, sondern die ganze Gemeinde den Gottesdienst.

Zelebration versus populum

Bezeichnung für die seit der Liturgiereform nach dem Zweiten Vatikanischen Konzil in der katholischen Kirche wieder gebräuchliche Hin-

wendung des Zelebranten zum Volk. »Für gewöhnlich soll eine Kirche einen feststehenden, geweihten Altar haben, der frei steht, damit man ihn ohne Schwierigkeiten umschreiten, und an ihm, der Gemeinde zugewandt, die Messe feiern kann. Er soll so aufgestellt sein, dass er wirklich den Mittelpunkt des Raumes bildet, dem sich die Aufmerksamkeit der ganzen Gemeinde von selbst zuwendet« (AEM 262).
Die seit dem Mittelalter übliche Zelebration mit dem Rücken zum Volk wird heute als weniger geeignet für die tätige Teilnahme der Gläubigen empfunden.

Zeremoniale *(Caeremoniale; Ceremoniale)*
Liturgisches Buch, das allerdings keine liturgischen Texte, sondern als Ergänzung zu den liturgischen Büchern eine genaue Beschreibung des Ablaufs und präzise Regeln für die Feir des Gottesdienstes enthält. Seit der Liturgiereform gibt es offiziell nur noch das *Zeremoniale für die Bischöfe*.

Zeremoniar
Wenn ein größerer Gottesdienst gefeiert werden soll, bei dem viele (Altardienst, Musiker, Kantoren, Lektoren u.a.) zusammenwirken, kümmert sich der Zeremoniar um den reibungslosen Ablauf und das harmonische Zusammenwirken aller Beteiligten.

Zeremonie
Heute kaum mehr gebräuchliche Bezeichnung von lat. *caerimonia/ceremonia* für die zum Ritus gehörenden äußeren feierlichen Zeichen und Handlungen der Liturgie. Infolge der unglücklichen Unterscheidung zwischen äußerem = entbehrlichem Ablauf und eigentlichem = notwendigem Inhalt der Liturgie entwickelte sich in Verkennung der sinnvollen Einheit von Ausdruck und sakramentalem Geschehen der abwertende Gebrauch von *Zeremonie* als Ausdruck für rein äußerliche, inhaltlose, sinnentleerte Handlungen, die nur noch aus Gründen der Tradition beibehalten werden (»alte Zöpfe«).

Ziborium
Aufbewahrungsgefäß für die eucharistische Brotsgestalt. Die Bezeichnung stammt nicht von lat. *cibus* (= Speise), sondern vom Kiborium, einem von Säulen getragenen Überbau über dem Altar, von dem das Gefäß zur Aufbewahrung der Eucharistie herabhing.

Zingulum *(Cingulum)*
Schnur oder Stoffband zum Schürzen der Albe, meist ebenfalls weiß. Je nach Art der Albe kann heute dieser Gürtel auch weggelassen werden (vgl. AEM 298).

Zulassung ↗ Admissio

Zwischengesang
Die Gesänge zwischen den Lesungen im Wortgottesdienstteil der Messfeier: Bezeichnung für den Antwortpsalm (Responsorium) nach der ersten Lesung und den Ruf vor dem Evangelium.

Anhang

Zweites Vatikanisches Konzil
Konstitution über die heilige Liturgie
»Sacrosanctum Concilium«

Vorwort

1. Das Heilige Konzil hat sich zum Ziel gesetzt, das christliche Leben unter den Gläubigen mehr und mehr zu vertiefen, die dem Wechsel unterworfenen Einrichtungen den Notwendigkeiten unseres Zeitalters besser anzupassen, zu fördern, was immer zur Einheit aller, die an Christus glauben, beitragen kann, und zu stärken, was immer helfen kann, alle in den Schoß der Kirche zu rufen. Darum hält es das Konzil auch in besonderer Weise für seine Aufgabe, sich um Erneuerung und Pflege der Liturgie zu sorgen.

2. In der Liturgie, besonders im heiligen Opfer der Eucharistie, »vollzieht sich« »das Werk unserer Erlösung«[1], und so trägt sie in höchstem Maße dazu bei, dass das Leben der Gläubigen Ausdruck und Offenbarung des Mysteriums Christi und des eigentlichen Wesens der wahren Kirche wird, der es eigen ist, zugleich göttlich und menschlich zu sein, sichtbar und mit unsichtbaren Gütern ausgestattet, voll Eifer der Tätigkeit hingegeben und doch frei für die Beschauung, in der Welt zugegen und doch unterwegs; und zwar so, dass dabei das Menschliche auf das Göttliche hingeordnet und ihm untergeordnet ist, das Sichtbare auf das Unsichtbare, die Tätigkeit auf die Beschauung, das Gegenwärtige auf die künftige Stadt, die wir suchen[2]. Dabei baut die Liturgie täglich die, welche drinnen sind, zum heiligen Tempel im Herrn auf, zur Wohnung Gottes im Geist[3] bis zum Maße des Vollalters Christi[4]. Zugleich stärkt sie wunderbar deren Kräfte, dass sie Christus verkünden. So stellt sie denen, die draußen sind, die Kirche vor Augen als Zeichen, das aufgerichtet ist unter den Völkern[5]. Unter diesem sollen sich die zerstreuten Söhne Gottes zur Einheit sammeln[6], bis eine Herde und ein Hirt wird[7].

3. Darum beschließt das Heilige Konzil, für die Förderung und Erneuerung der Liturgie folgende Grundsätze ins Gedächtnis zu rufen und praktische Richtlinien aufzustellen. Unter diesen Grundsätzen und Richtlinien sind manche, die sowohl auf den römischen Ritus wie auf alle Riten ange-

wandt werden können und müssen. Indes sind die folgenden praktischen Richtlinien so zu verstehen, dass sie nur für den römischen Ritus gelten, es sei denn, es handle sich um Normen, die aus der Natur der Sache auch die anderen Riten angehen.

4. Treu der Überlieferung erklärt das Heilige Konzil schließlich, dass die heilige Mutter Kirche allen rechtlich anerkannten Riten gleiches Recht und gleiche Ehre zuerkennt. Es ist ihr Wille, dass diese Riten in Zukunft erhalten und in jeder Weise gefördert werden, und es ist ihr Wunsch, dass sie, soweit es nottut, in ihrem ganzen Umfang gemäß dem Geist gesunder Überlieferung überprüft und im Hinblick auf die Verhältnisse und Notwendigkeiten der Gegenwart mit neuer Kraft ausgestattet werden.

1. Kapitel: Allgemeine Grundsätze zur Erneuerung und Förderung der Heiligen Liturgie

I. Das Wesen der heiligen Liturgie und ihre Bedeutung für das Leben der Kirche

5. Gott, der »will, dass alle Menschen gerettet werden und zur Erkenntnis der Wahrheit gelangen« (1 Tim 2,4), »hat in früheren Zeiten vielfach und auf vielerlei Weise durch die Propheten zu den Vätern gesprochen« (Hebr 1,1). Als aber die Fülle der Zeiten kam, sandte er seinen Sohn, das Wort, das Fleisch angenommen hat und mit dem Heiligen Geist gesalbt worden ist, den Armen das Evangelium zu predigen und zu heilen, die zerschlagenen Herzens sind[8], »den Arzt für Leib und Seele«[9], den Mittler zwischen Gott und den Menschen[10].

Denn seine Menschheit war in der Einheit mit der Person des Wortes Werkzeug unseres Heils. So ist in Christus »hervorgetreten unsere vollendete Versöhnung in Gnaden, und in ihm ist uns geschenkt die Fülle des göttlichen Dienstes«[11]. Dieses Werk der Erlösung der Menschen und der vollendeten Verherrlichung Gottes, dessen Vorspiel die göttlichen Machterweise am Volk des Alten Bundes waren, hat Christus, der Herr, erfüllt, besonders durch das Pascha-Mysterium: sein seliges Leiden, seine Auferstehung von den Toten und seine glorreiche Himmelfahrt. In diesem Mysterium »hat er durch sein Sterben unseren Tod vernichtet und durch sein Auferstehen das Leben neu geschaffen«[12]. Denn aus der Seite des am Kreuz entschlafenen Christus ist das wunderbare Geheimnis der ganzen Kirche hervorgegangen[13].

6. Wie daher Christus vom Vater gesandt ist, so hat er selbst die vom Heiligen Geist erfüllten Apostel gesandt, nicht nur das Evangelium aller

Kreatur zu verkünden[14], die Botschaft, dass der Sohn Gottes uns durch seinen Tod und seine Auferstehung der Macht des Satans entrissen[15] und in das Reich des Vaters versetzt hat, sondern auch das von ihnen verkündete Heilswerk zu vollziehen durch Opfer und Sakrament, um die das ganze liturgische Leben kreist. So werden die Menschen durch die Taufe in das Pascha-Mysterium Christi eingefügt.

Mit Christus gestorben, werden sie mit ihm begraben und mit ihm auferweckt[16]. Sie empfangen den Geist der Kindschaft, »in dem wir Abba, Vater, rufen« (Röm 8,15) und werden so zu wahren Anbetern, wie der Vater sie sucht[17]. Ebenso verkünden sie, sooft sie das Herrenmahl genießen, den Tod des Herrn, bis er wiederkommt[18].

Deswegen wurden am Pfingstfest, an dem die Kirche in der Welt offenbar wurde, »diejenigen getauft, die das Wort« des Petrus »annahmen«. Und »sie verharrten in der Lehre der Apostel, in der Gemeinschaft des Brotbrechens, im Gebet … sie lobten Gott und fanden Gnade bei allem Volk« (Apg 2,41–47). Seither hat die Kirche niemals aufgehört, sich zur Feier des Pascha-Mysteriums zu versammeln, dabei zu lesen, »was in allen Schriften von ihm geschrieben steht« (Lk 24,27), die Eucharistie zu feiern, in der »Sieg und Triumph seines Todes dargestellt werden«[19], und zugleich »Gott für die unsagbar große Gabe dankzusagen« (2 Kor 9,15), in Christus Jesus »zum Lob seiner Herrlichkeit« (Eph 1,12). All das aber geschieht in der Kraft des Heiligen Geistes.

7. Um dieses große Werk voll zu verwirklichen, ist Christus seiner Kirche immerdar gegenwärtig, besonders in den liturgischen Handlungen. Gegenwärtig ist er im Opfer der Messe sowohl in der Person dessen, der den priesterlichen Dienst vollzieht – denn »derselbe bringt das Opfer jetzt dar durch den Dienst der Priester, der sich einst am Kreuz selbst dargebracht hat«[20] –, wie vor allem unter den eucharistischen Gestalten. Gegenwärtig ist er mit seiner Kraft in den Sakramenten, so dass, wenn immer einer tauft, Christus selber tauft[21]. Gegenwärtig ist er in seinem Wort, da er selbst spricht, wenn die heiligen Schriften in der Kirche gelesen werden. Gegenwärtig ist er schließlich, wenn die Kirche betet und singt, er, der versprochen hat: »Wo zwei oder drei versammelt sind in meinem Namen, da bin ich mitten unter ihnen« (Mt 18,20). In der Tat gesellt sich Christus in diesem großen Werk, in dem Gott vollkommen verherrlicht und die Menschheit geheiligt werden, immer wieder die Kirche zu, seine geliebte Braut. Sie ruft ihren Herrn an, und durch ihn huldigt sie dem ewigen Vater. Mit Recht gilt also die Liturgie als Vollzug des Priesteramtes Jesu Christi; durch sinnenfällige Zeichen wird in ihr die Heiligung des Menschen bezeichnet und in je eigener Weise bewirkt und vom mystischen Leib Jesu

Christi, d.h. dem Haupt und den Gliedern, der gesamte öffentliche Kult vollzogen. Infolgedessen ist jede liturgische Feier als Werk Christi, des Priesters, und seines Leibes, der die Kirche ist, in vorzüglichem Sinn heilige Handlung, deren Wirksamkeit kein anderes Tun der Kirche an Rang und Maß erreicht.

8. In der irdischen Liturgie nehmen wir vorauskostend an jener himmlischen Liturgie teil, die in der heiligen Stadt Jerusalem gefeiert wird, zu der wir pilgernd unterwegs sind, wo Christus sitzt zur Rechten Gottes, der Diener des Heiligtums und des wahren Zeltes[22]. In der irdischen Liturgie singen wir dem Herrn mit der ganzen Schar des himmlischen Heeres den Lobgesang der Herrlichkeit. In ihr verehren wir das Gedächtnis der Heiligen und erhoffen Anteil und Gemeinschaft mit ihnen. In ihr erwarten wir den Erlöser, unseren Herrn Jesus Christus, bis er erscheint als unser Leben und wir mit ihm erscheinen in Herrlichkeit[23].

9. In der heiligen Liturgie erschöpft sich nicht das ganze Tun der Kirche; denn ehe die Menschen zur Liturgie hintreten können, müssen sie zu Glauben und Bekehrung gerufen werden: »Wie sollen sie den anrufen, an den sie nicht glauben? Wie sollen sie an den glauben, von dem sie nichts gehört haben? Wie sollen sie aber hören ohne Prediger? Doch wie sollen sie predigen, wenn sie nicht gesandt sind?« (Röm 10,14–15). Darum verkündet die Kirche denen, die nicht glauben, die Botschaft des Heils, damit alle Menschen den allein wahren Gott erkennen und den, den er gesandt hat, Jesus Christus, und dass sie sich bekehren von ihren Wegen und Buße tun[24]. Denen aber, die schon glauben, muss sie immer wieder Glauben und Buße verkünden und sie überdies für die Sakramente bereiten. Sie muss sie lehren, alles zu halten, was immer Christus gelehrt hat[25], und sie ermuntern zu allen Werken der Liebe, der Frömmigkeit und des Apostolates. Durch solche Werke soll offenbar werden, dass die Christgläubigen zwar nicht von dieser Welt sind, dass sie aber Licht der Welt sind und den Vater vor den Menschen verherrlichen.

10. Dennoch ist die Liturgie der Höhepunkt, dem das Tun der Kirche zustrebt, und zugleich die Quelle, aus der all ihre Kraft strömt. Denn die apostolische Arbeit ist darauf hingeordnet, dass alle, durch Glauben und Taufe Kinder Gottes geworden, sich versammeln, inmitten der Kirche Gott loben, am Opfer teilnehmen und das Herrenmahl genießen. Andererseits treibt die Liturgie die Gläubigen an, dass sie, mit den »österlichen Geheimnissen« gesättigt, »in Liebe eines Herzens sind«[26]; sie betet, dass sie »im Leben festhalten, was sie im Glauben empfangen haben«[27]; wenn der Bund Gottes mit den Menschen in der Feier der Eucharistie neu bekräftigt wird, werden die Gläubigen von der drängenden Liebe Christi angezogen und entzündet. Aus der Liturgie, besonders aus der Eucharistie, fließt uns wie aus einer Quelle die Gnade zu; in höchstem Maß werden in Christus die Heiligung der Menschen und die Verherrlichung Gottes verwirklicht, auf die alles Tun der Kirche als auf sein Ziel hinstrebt.

11. Damit aber dieses Vollmaß der Verwirklichung erreicht wird, ist es notwendig, dass die Gläubigen mit recht bereiteter Seele zur heiligen Liturgie hinzutreten, dass ihr Herz mit der Stimme zusammenklinge und dass sie mit der himmlischen Gnade zusammenwirken, um sie nicht vergeblich zu empfangen[28]. Darum sollen die Seelsorger bei liturgischen Handlungen darüber wachen, dass nicht bloß die Gesetze des gültigen und erlaubten Vollzugs beachtet werden, sondern auch dass die Gläubigen bewusst, tätig und mit geistlichem Gewinn daran teilnehmen.

12. Das geistliche Leben deckt sich aber nicht schlechthin mit der Teilnahme an der heiligen Liturgie. Der Christ ist zwar berufen, in Gemeinschaft zu beten, doch muss er auch in sein Kämmerlein gehen und den Vater im Verborgenen anbeten[29], ja ohne Unterlass beten, wie der Apostel mahnt[30]. Der gleiche Apostel lehrt uns, dass wir allezeit das Sterben Jesu an unserem Leibe tragen, auf dass auch das Leben Jesu offenbar werde an unserem sterblichen Fleische[31]. Deshalb flehen wir beim Opfer der Messe zum Herrn, dass er »die geistliche Gabe annehme und sich uns selbst zu einem ewigen Opfer« vollende[32].

13. Die Andachtsübungen des christlichen Volkes werden sehr empfohlen, sofern sie den Vorschriften und Regeln der Kirche entsprechen. Das gilt besonders, wenn sie vom Apostolischen Stuhl angeordnet sind.

Besonderer Würde erfreuen sich auch die gottesdienstlichen Feiern der Teilkirchen, die gemäß Gewohnheit oder nach rechtlich anerkannten Büchern in bischöflichem Auftrag gehalten werden. Diese Übungen und Feiern sollen indes die liturgische Zeit gebührend berücksichtigen und so geordnet sein, dass sie mit der heiligen Liturgie zusammenstimmen, gewissermaßen aus ihr herausfließen und das Volk zu ihr hinführen; denn sie steht von Natur aus weit über ihnen.

II. Liturgische Ausbildung und tätige Teilnahme

14. Die Mutter Kirche wünscht sehr, alle Gläubigen möchten zu der vollen, bewussten und tätigen Teilnahme an den liturgischen Feiern geführt werden, wie sie das Wesen der Liturgie selbst verlangt und zu der das christliche Volk, »das auserwählte Geschlecht, das königliche Priestertum, der heilige Stamm, das Eigentumsvolk« (1 Petr 2,9; vgl. 2,4–5) kraft der

Taufe berechtigt und verpflichtet ist. Diese volle und tätige Teilnahme des ganzen Volkes ist bei der Erneuerung und Förderung der heiligen Liturgie aufs Stärkste zu beachten, ist sie doch die erste und unentbehrliche Quelle, aus der die Christen wahrhaft christlichen Geist schöpfen sollen. Darum ist sie in der ganzen seelsorglichen Arbeit durch gebührende Unterweisung von den Seelsorgern gewissenhaft anzustreben. Es besteht aber keine Hoffnung auf Verwirklichung dieser Forderung, wenn nicht zuerst die Seelsorger vom Geist und von der Kraft der Liturgie tief durchdrungen sind und in ihr Lehrmeister werden. Darum ist es dringend notwendig, dass für die liturgische Bildung des Klerus gründlich gesorgt wird. Deswegen hat das Heilige Konzil folgende Bestimmungen zu treffen beschlossen.

15. Die Dozenten für das Fach Liturgiewissenschaft in den Seminarien, in den Studienhäusern der Orden und an den Theologischen Fakultäten sollen für ihr Amt durch Einrichtungen, die eigens dazu bestimmt sind, eine gediegene Ausbildung erhalten.

16. Das Lehrfach Liturgiewissenschaft ist in den Seminarien und den Studienhäusern der Orden zu den notwendigen und wichtigen Fächern und an den Theologischen Fakultäten zu den Hauptfächern zu rechnen. Es ist sowohl unter theologischem und historischem wie auch unter geistlichem, seelsorglichem und rechtlichem Gesichtspunkt zu behandeln. Darüber hinaus mögen die Dozenten der übrigen Fächer, insbesondere die der dogmatischen Theologie, die der Heiligen Schrift, der Theologie des geistlichen Lebens und der Pastoraltheologie, von den inneren Erfordernissen je ihres eigenen Gegenstandes aus das Mysterium Christi und die Heilsgeschichte so herausarbeiten, dass von da aus der Zusammenhang mit der Liturgie und die Einheit der priesterlichen Ausbildung deutlich aufleuchtet.

17. Die Kleriker in den Seminarien und Ordenshäusern sollen eine liturgische Formung des geistlichen Lebens erhalten, und zwar durch eine geeignete Anleitung, damit sie die heiligen Riten verstehen und aus ganzem Herzen mitvollziehen können, dann aber auch durch die Feier der heiligen Mysterien selbst und durch die anderen vom Geist der heiligen Liturgie durchdrungenen Frömmigkeitsformen. Weiter sollen sie die Beobachtung der liturgischen Gesetze lernen. So soll das Leben in den Seminarien und Ordensinstituten durch und durch vom Geist der Liturgie geformt sein.

18. Welt- und Ordenspriester, die schon im Weinberg des Herrn arbeiten, sollen mit allen geeigneten Mitteln Hilfe erhalten, damit sie immer voller erkennen, was sie im heiligen Vollzug tun, damit sie ein liturgisches Leben führen und es mit den ihnen anvertrauten Gläubigen teilen.

19. Die Seelsorger sollen eifrig und geduldig bemüht sein um die liturgische Bildung und die tätige Teilnahme der Gläubigen, die innere und die äußere, je nach deren Alter, Verhältnissen, Art des Lebens und Grad der religiösen Entwicklung. Damit erfüllen sie eine der vornehmsten Aufgaben des treuen Spenders der Geheimnisse Gottes. Sie sollen ihre Herde dabei nicht bloß mit dem Wort, sondern auch durch das Beispiel führen.

20. Die Übertragung heiliger Handlungen durch Rundfunk und Fernsehen soll, besonders wenn es sich um die heilige Eucharistie handelt, taktvoll und würdig geschehen, und zwar unter der Leitung und Verantwortung einer geeigneten Persönlichkeit, die für diese Aufgabe von den Bischöfen bestimmt ist.

III. Die Erneuerung der heiligen Liturgie

21. Damit das christliche Volk in der heiligen Liturgie die Fülle der Gnaden mit größerer Sicherheit erlange, ist es der Wunsch der heiligen Mutter Kirche, eine allgemeine Erneuerung der Liturgie sorgfältig in die Wege zu leiten. Denn die Liturgie enthält einen kraft göttlicher Einsetzung unveränderlichen Teil und Teile, die dem Wandel unterworfen sind. Diese Teile können sich im Laufe der Zeit ändern, oder sie müssen es sogar, wenn sich etwas in sie eingeschlichen haben sollte, was der inneren Wesensart der Liturgie weniger entspricht oder wenn sie sich als weniger geeignet herausgestellt haben. Bei dieser Erneuerung sollen Texte und Riten so geordnet werden, dass sie das Heilige, dem sie als Zeichen dienen, deutlicher zum Ausdruck bringen, und so, dass das christliche Volk sie möglichst leicht erfassen und in voller, tätiger und gemeinschaftlicher Teilnahme mitfeiern kann. Zu diesem Zweck hat das Heilige Konzil folgende allgemeinere Regeln aufgestellt.

A) Allgemeine Regeln

22. § 1. Das Recht, die heilige Liturgie zu ordnen, steht einzig der Autorität der Kirche zu. Diese Autorität liegt beim Apostolischen Stuhl und nach Maßgabe des Rechtes beim Bischof.

§ 2. Auch den rechtmäßig konstituierten, für bestimmte Gebiete zuständigen Bischofsvereinigungen verschiedener Art steht es auf Grund einer vom Recht gewährten Vollmacht zu, innerhalb festgelegter Grenzen die Liturgie zu ordnen.

§ 3. Deshalb darf durchaus niemand sonst, auch wenn er Priester wäre, nach eigenem Gutdünken in der Liturgie etwas hinzufügen, wegnehmen oder ändern.

23. Damit die gesunde Überlieferung gewahrt bleibe und dennoch einem berechtigten Fortschritt die Tür aufgetan werde, sollen jeweils gründliche theologische, historische und pastorale Untersuchungen vorausgehen, wenn die einzelnen Teile der Liturgie revidiert werden. Darüber hinaus sind sowohl die allgemeinen Gestalt- und Sinngesetze der Liturgie zu beachten als auch die Erfahrungen, die aus der jüngsten Liturgiereform und den weithin schon gewährten Indulten gewonnen wurden. Schließlich sollen keine Neuerungen eingeführt werden, es sei denn, ein wirklicher und sicher zu erhoffender Nutzen der Kirche verlange es. Dabei ist Sorge zu tragen, dass die neuen Formen aus den schon bestehenden gewissermaßen organisch herauswachsen. Auch soll nach Möglichkeit verhütet werden, dass sich zwischen den Riten benachbarter Gebiete auffallend starke Unterschiede ergeben.

24. Von größtem Gewicht für die Liturgiefeier ist die Heilige Schrift. Aus ihr werden nämlich Lesungen vorgetragen und in der Homilie ausgedeutet, aus ihr werden Psalmen gesungen, unter ihrem Anhauch und Antrieb sind liturgische Gebete, Orationen und Gesänge geschaffen worden, und aus ihr empfangen Handlungen und Zeichen ihren Sinn. Um daher Erneuerung, Fortschritt und Anpassung der heiligen Liturgie voranzutreiben, muss jenes innige und lebendige Ergriffensein von der Heiligen Schrift gefördert werden, von dem die ehrwürdige Überlieferung östlicher und westlicher Riten zeugt.

25. Die liturgischen Bücher sollen baldigst revidiert werden; dazu sollen aus den verschiedenen Gebieten des Erdkreises Fachleute herangezogen und Bischöfe befragt werden.

B) Regeln aus der Natur der Liturgie als einer hierarchischen und gemeinschaftlichen Handlung

26. Die liturgischen Handlungen sind nicht privater Natur, sondern Feiern der Kirche, die das »Sakrament der Einheit« ist; sie ist nämlich das heilige Volk, geeint und geordnet unter den Bischöfen[33]. Daher gehen diese Feiern den ganzen mystischen Leib der Kirche an, machen ihn sichtbar und wirken auf ihn ein; seine einzelnen Glieder aber kommen mit ihnen in verschiedener Weise in Berührung je nach der Verschiedenheit von Stand, Aufgabe und tätiger Teilnahme.

27. Wenn Riten gemäß ihrer Eigenart auf gemeinschaftliche Feier mit Beteiligung und tätiger Teilnahme der Gläubigen angelegt sind, dann soll nachdrücklich betont werden, dass ihre Feier in Gemeinschaft – im Rahmen des Möglichen – der vom Einzelnen gleichsam privat vollzogenen vorzuziehen ist. Das gilt vor allem für die Feier der Messe – wobei bestehen bleibt, dass die Messe in jedem Fall öffentlichen und sozialen Charakter hat – und für die Spendung der Sakramente.

28. Bei den liturgischen Feiern soll jeder, sei er Liturge oder Gläubiger, in der Ausübung seiner Aufgabe nur das und all das tun, was ihm aus der Natur der Sache und gemäß den liturgischen Regeln zukommt.

29. Auch die Ministranten, Lektoren, Kommentatoren und die Mitglieder der Kirchenchöre vollziehen einen wahrhaft liturgischen Dienst. Deswegen sollen sie ihre Aufgabe in aufrichtiger Frömmigkeit und in einer Ordnung erfüllen, wie sie einem solchen Dienst ziemt und wie sie das Volk Gottes mit Recht von ihnen verlangt.

Deshalb muss man sie, jeden nach seiner Weise, sorgfältig in den Geist der Liturgie einführen und unterweisen, auf dass sie sich in rechter Art und Ordnung ihrer Aufgabe unterziehen.

30. Um die tätige Teilnahme zu fördern, soll man den Akklamationen des Volkes, den Antworten, dem Psalmengesang, den Antiphonen, den Liedern sowie den Handlungen und Gesten und den Körperhaltungen Sorge zuwenden. Auch das heilige Schweigen soll zu seiner Zeit eingehalten werden.

31. Bei der Revision der liturgischen Bücher soll sorgfältig darauf geachtet werden, dass die Rubriken auch den Anteil der Gläubigen vorsehen.

32. In der Liturgie soll außer den Auszeichnungen, die auf dem liturgischen Amt oder der heiligen Weihe beruhen, und außer den Ehrungen, die auf Grund liturgischer Gesetze der weltlichen Autorität zukommen, weder im Ritus noch im äußeren Aufwand ein Ansehen von Person oder Rang gelten.

C) Regeln aus dem belehrenden und seelsorglichen Charakter der Liturgie

33. Obwohl die heilige Liturgie vor allem Anbetung der göttlichen Majestät ist, birgt sie doch auch viel Belehrung für das gläubige Volk in sich[34]. Denn in der Liturgie spricht Gott zu seinem Volk; in ihr verkündet Christus noch immer die Frohe Botschaft. Das Volk aber antwortet mit Gesang und Gebet.

Überdies werden die Gebete, die der Priester, in der Rolle Christi an der Spitze der Gemeinde stehend, an Gott richtet, im Namen des ganzen heiligen Volkes und aller Umstehenden gesprochen. Die sichtbaren Zeichen endlich, welche die heilige Liturgie gebraucht, um die unsichtbaren göttlichen Dinge zu bezeichnen, sind von Christus und der Kirche ausgewählt. Daher wird nicht bloß beim Lesen dessen, »was zu unserer Belehrung geschrieben ist« (Röm 15,4), sondern auch wenn die Kirche betet, singt oder handelt, der Glaube der Teilnehmer genährt und ihr Herz zu Gott hin erweckt, auf dass sie ihm geistlichen Dienst leisten und seine Gnade reichlicher empfangen. Daher sollen bei der Erneuerung der Liturgie folgende allgemeine Regeln beachtet werden.

34. Die Riten mögen den Glanz edler Einfachheit an sich tragen und knapp, durchschaubar und frei von unnötigen Wiederholungen sein. Sie seien der Fassungskraft der Gläubigen angepasst und sollen im Allgemeinen nicht vieler Erklärungen bedürfen.

35. Damit deutlich hervortrete, dass in der Liturgie Ritus und Wort aufs Engste miteinander verbunden sind, ist zu beachten:

1) Bei den heiligen Feiern soll die Schriftlesung reicher, mannigfaltiger und passender ausgestaltet werden.

2) Da die Predigt ein Teil der liturgischen Handlung ist, sollen auch die Rubriken ihr je nach der Eigenart des einzelnen Ritus einen passenden Ort zuweisen. Der Dienst der Predigt soll getreulich und recht erfüllt werden.

Schöpfen soll sie vor allem aus dem Quell der Heiligen Schrift und der Liturgie, ist sie doch die Botschaft von den Wundertaten Gottes in der Geschichte des Heils, das heißt im Mysterium Christi, das allezeit in uns zugegen und am Werk ist, vor allem bei der liturgischen Feier.

3) Auch die Pflicht der Unterweisung, die sich unmittelbar mit der Liturgie befasst, ist in jeder Weise zu betonen.

In den Riten selbst sollen, wo es notwendig ist, kurze Hinweise vorgesehen werden; sie sollen vom Priester oder von dem, der für diesen Dienst zuständig ist, jedoch nur im geeigneten Augenblick, nach vorgeschriebenem Text oder in freier Anlehnung an ihn gesprochen werden.

4) Zu fördern sind eigene Wortgottesdienste an den Vorabenden der höheren Feste, an Wochentagen im Advent oder in der Quadragesima sowie an den Sonn- und Feiertagen, besonders da, wo kein Priester zur Verfügung steht; in diesem Fall soll ein Diakon oder ein anderer Beauftragter des Bischofs die Feier leiten.

36. § 1. Der Gebrauch der lateinischen Sprache soll in den lateinischen Riten erhalten bleiben, soweit nicht Sonderrecht entgegensteht.

§ 2. Da bei der Messe, bei der Sakramentenspendung und in den anderen Bereichen der Liturgie nicht selten der Gebrauch der Muttersprache für das Volk sehr nützlich sein kann, soll es gestattet sein, ihr einen weiteren Raum zuzubilligen, vor allem in den Lesungen und Hinweisen und in einigen Orationen und Gesängen gemäß den Regeln, die hierüber in den folgenden Kapiteln im Einzelnen aufgestellt werden.

§ 3. Im Rahmen dieser Regeln kommt es der für die einzelnen Gebiete zuständigen kirchlichen Autorität zu, im Sinne von Art. 22 § 2 – gegebe-

nenfalls nach Beratung mit den Bischöfen der angrenzenden Gebiete des gleichen Sprachraumes – zu bestimmen, ob und in welcher Weise die Muttersprache gebraucht werden darf.
Die Beschlüsse bedürfen der Billigung, das heißt der Bestätigung durch den Apostolischen Stuhl.
§ 4. Die in der Liturgie gebrauchte muttersprachliche Übersetzung des lateinischen Textes muss von der oben genannten für das Gebiet zuständigen Autorität approbiert werden.

D) Regeln zur Anpassung an die Eigenart und Überlieferungen der Völker

37. In den Dingen, die den Glauben oder das Allgemeinwohl nicht betreffen, wünscht die Kirche nicht eine starre Einheitlichkeit der Form zur Pflicht zu machen, nicht einmal in ihrem Gottesdienst; im Gegenteil pflegt und fördert sie das glanzvolle geistige Erbe der verschiedenen Stämme und Völker; was im Brauchtum der Völker nicht unlöslich mit Aberglauben und Irrtum verflochten ist, das wägt sie wohlwollend ab, und wenn sie kann, sucht sie es voll und ganz zu erhalten. Ja, zuweilen gewährt sie ihm Einlass in die Liturgie selbst, sofern es grundsätzlich mit dem wahren und echten Geist der Liturgie vereinbar ist.

38. Unter Wahrung der Einheit des römischen Ritus im Wesentlichen ist berechtigter Vielfalt und Anpassung an die verschiedenen Gemeinschaften, Gegenden und Völker, besonders in den Missionen, Raum zu belassen, auch bei der Revision der liturgischen Bücher. Dieser Grundsatz soll entsprechend beachtet werden, wenn die Gestalt der Riten und ihre Rubriken festgelegt werden.

39. Innerhalb der Grenzen, die in der »editio typica« der liturgischen Bücher bestimmt werden, wird es Sache der für ein Gebiet im Sinne von Art. 22 § 2 zuständigen kirchlichen Autorität sein, Anpassungen festzulegen, besonders hinsichtlich der Sakramentenspendung, der Sakramentalien, der Prozessionen, der liturgischen Sprache, der Kirchenmusik und der sakralen Kunst, jedoch gemäß den Grundregeln, die in dieser Konstitution enthalten sind.

40. Da jedoch an verschiedenen Orten und unter verschiedenen Verhältnissen eine tiefer greifende und deswegen schwierigere Anpassung der Liturgie dringlich ist, soll beachtet werden:
1) Die für die einzelnen Gebiete im Sinne von Art. 22 § 2 zuständige kirchliche Autorität möge sorgfältig und klug erwägen, welche Elemente aus Überlieferung und geistiger Anlage der einzelnen Völker geeignet sind, zur Liturgie zugelassen zu werden. Anpassungen, die für nützlich oder

notwendig gehalten werden, sollen dem Apostolischen Stuhl vorgelegt und dann mit dessen Einverständnis eingeführt werden.
2) Damit die Anpassung aber mit der nötigen Umsicht geschehe, wird der kirchlichen Autorität des betreffenden Gebietes vom Apostolischen Stuhl die Vollmacht erteilt werden, gegebenenfalls in gewissen dazu geeigneten Gemeinschaften für bestimmte Zeit die notwendigen Vorversuche zu gestatten und zu leiten.
3) Weil vor allem in den Missionsländern die Anpassung liturgischer Gesetze besondere Schwierigkeiten mit sich zu bringen pflegt, sollen bereits bei der Abfassung der Gesetze Sachverständige aus dem betreffenden Fachgebiet herangezogen werden.

IV. Förderung des Liturgischen Lebens in Bistum und Pfarrei

41. Im Bischof sehe man den Hohenpriester seiner Herde, von dem das Leben seiner Gläubigen in Christus gewissermaßen ausgeht und abhängt. Daher sollen alle das liturgische Leben des Bistums, in dessen Mittelpunkt der Bischof steht, besonders in der Kathedralkirche, aufs Höchste wertschätzen; sie sollen überzeugt sein, dass die Kirche auf eine vorzügliche Weise dann sichtbar wird, wenn das ganze heilige Gottesvolk voll und tätig an denselben liturgischen Feiern, besonders an derselben Eucharistiefeier, teilnimmt: in der Einheit des Gebets und an dem einen Altar und unter dem Vorsitz des Bischofs, der umgeben ist von seinem Presbyterium und den Dienern des Altars[35].
42. Da der Bischof nicht immer und nicht überall in eigener Person den Vorsitz über das gesamte Volk seiner Kirche führen kann, so muss er diese notwendig in Einzelgemeinden aufgliedern. Unter ihnen ragen die Pfarreien hervor, die räumlich verfasst sind unter einem Seelsorger, der den Bischof vertritt; denn sie stellen auf eine gewisse Weise die über den ganzen Erdkreis hin verbreitete sichtbare Kirche dar. Daher soll das liturgische Leben der Pfarrei und dessen Beziehung zum Bischof im Denken und Tun der Gläubigen und des Klerus vertieft werden. Es ist darauf hinzuarbeiten, dass der Sinn für die Pfarrgemeinschaft vor allem in der gemeinsamen Feier der Sonntagsmesse wachse.

V. Förderung der pastoralliturgischen Bewegung

43. Der Eifer für die Förderung und Erneuerung der Liturgie gilt mit Recht als ein Zeichen für die Fügungen der göttlichen Vorsehung über unserer Zeit, als ein Hindurchgehen des Heiligen Geistes durch seine Kirche; er gibt ihrem Leben, ja dem gesamten religiösen Fühlen und Handeln unserer Zeit eine eigene Note. Deshalb beschließt das Heilige Konzil zur weiteren Förderung der pastoralliturgischen Bewegung in der Kirche das Folgende.

44. Es ist zweckmäßig, dass die für die einzelnen Gebiete im Sinne von Art. 22 § 2 zuständige kirchliche Autorität eine Liturgische Kommission einrichtet, die Fachleute für Liturgiewissenschaft, Kirchenmusik, sakrale Kunst und Seelsorgsfragen zur Unterstützung heranziehen möge. Dieser Kommission soll im Rahmen des Möglichen ein Pastoralliturgisches Institut zur Seite stehen, das sich aus sachverständigen Mitgliedern, gegebenenfalls auch Laien, zusammensetzt. Sache dieser Kommission wird es sein, unter Führung der oben genannten kirchlichen Autorität des jeweiligen Gebietes die pastoralliturgische Bewegung in dem betreffenden Raum zu leiten und die Studien und nötigen Experimente zu fördern, wenn immer es um Anpassungen geht, die dem Apostolischen Stuhl vorzulegen sind.

45. Im gleichen Sinn sollen die einzelnen Bistümer eine Liturgische Kommission haben, um unter Leitung des Bischofs die Liturgische Bewegung zu fördern. Es kann manchmal förderlich sein, wenn mehrere Bistümer eine einzige Kommission gründen, die durch gemeinsame Beratung die liturgische Sache vorantreibt.

46. Außer der Kommission für die heilige Liturgie sollen womöglich in jedem Bistum auch eine Kommission für Kirchenmusik und eine weitere für sakrale Kunst eingesetzt werden. Es ist notwendig, dass diese drei Kommissionen mit vereinten Kräften arbeiten; ja nicht selten wird es angebracht sein, dass sie zu einer einzigen Kommission zusammengefasst werden.

2. Kapitel: Das heilige Geheimnis der Eucharistie

47. Unser Erlöser hat beim Letzten Abendmahl in der Nacht, da er überliefert wurde, das eucharistische Opfer seines Leibes und Blutes eingesetzt, um dadurch das Opfer des Kreuzes durch die Zeiten hindurch bis zu seiner Wiederkunft fortdauern zu lassen und so der Kirche, seiner geliebten Braut, eine Gedächtnisfeier seines Todes und seiner Auferstehung anzuver-

trauen: das Sakrament huldvollen Erbarmens, das Zeichen der Einheit, das Band der Liebe[36], das Ostermahl, in dem Christus genossen, das Herz mit Gnade erfüllt und uns das Unterpfand der künftigen Herrlichkeit gegeben wird[37].

48. So richtet die Kirche ihre ganze Sorge darauf, dass die Christen diesem Geheimnis des Glaubens nicht wie Außenstehende und stumme Zuschauer beiwohnen; sie sollen vielmehr durch die Riten und Gebete dieses Mysterium wohl verstehen lernen und so die heilige Handlung bewusst, fromm und tätig mitfeiern, sich durch das Wort Gottes formen lassen, am Tisch des Herrenleibes Stärkung finden. Sie sollen Gott danksagen und die unbefleckte Opfergabe darbringen nicht nur durch die Hände des Priesters, sondern auch gemeinsam mit ihm und dadurch sich selber darbringen lernen. So sollen sie durch Christus, den Mittler[38], von Tag zu Tag zu immer vollerer Einheit mit Gott und untereinander gelangen, damit schließlich Gott alles in allem sei.

49. Damit also das Opfer der Messe auch in der Gestalt seiner Riten seelsorglich voll wirksam werde, trifft das Heilige Konzil im Hinblick auf die mit dem Volk gefeierten Messen, besonders jene an Sonntagen und gebotenen Feiertagen, folgende Anordnungen.

50. Der Mess-Ordo soll so überarbeitet werden, dass der eigentliche Sinn der einzelnen Teile und ihr wechselseitiger Zusammenhang deutlicher hervortreten und die fromme und tätige Teilnahme der Gläubigen erleichtert werde. Deshalb sollen die Riten unter treulicher Wahrung ihrer Substanz einfacher werden. Was im Lauf der Zeit verdoppelt oder weniger glücklich eingefügt wurde, soll wegfallen. Einiges dagegen, was durch die Ungunst der Zeit verlorengegangen ist, soll, soweit es angebracht oder nötig erscheint, nach der altehrwürdigen Norm der Väter wiederhergestellt werden.

51. Auf dass den Gläubigen der Tisch des Gotteswortes reicher bereitet werde, soll die Schatzkammer der Bibel weiter aufgetan werden, so dass innerhalb einer bestimmten Anzahl von Jahren die wichtigsten Teile der Heiligen Schrift dem Volk vorgetragen werden.

52. Die Homilie, in der im Laufe des liturgischen Jahres aus dem heiligen Text die Geheimnisse des Glaubens und die Richtlinien für das christliche Leben dargelegt werden, wird als Teil der Liturgie selbst sehr empfohlen. Ganz besonders in den Messen, die an Sonntagen und gebotenen Feiertagen mit dem Volk gefeiert werden, darf man sie nicht ausfallen lassen, es sei denn, es liege ein schwerwiegender Grund vor.

53. Nach dem Evangelium und der Homilie soll – besonders an den Sonntagen und gebotenen Feiertagen – das »Allgemeine Gebet« oder »Gebet der Gläubigen« wiedereingeführt werden, damit unter Teilnahme des Volkes Fürbitten gehalten werden für die heilige Kirche, für die Regierenden, für jene, die von mancherlei Not bedrückt sind, und für alle Menschen und das Heil der ganzen Welt[39].

54. Der Muttersprache darf im Sinne von Art. 36 dieser Konstitution in den mit dem Volk gefeierten Messen ein gebührender Raum zugeteilt werden, besonders in den Lesungen und im »Allgemeinen Gebet« sowie je nach den örtlichen Verhältnissen in den Teilen, die dem Volk zukommen. Es soll jedoch Vorsorge getroffen werden, dass die Christgläubigen die ihnen zukommenden Teile des Mess-Ordinariums auch lateinisch miteinander sprechen oder singen können. Wenn indes darüber hinaus irgendwo der Gebrauch der Muttersprache bei der Messe in weiterem Umfang angebracht zu sein scheint, so ist die Vorschrift des Artikels 40 dieser Konstitution einzuhalten.

55. Mit Nachdruck wird jene vollkommenere Teilnahme an der Messe empfohlen, bei der die Gläubigen nach der Kommunion des Priesters aus derselben Opferfeier den Herrenleib entgegennehmen.

Unbeschadet der durch das Konzil von Trient festgelegten dogmatischen Prinzipien[40] kann in Fällen, die vom Apostolischen Stuhl zu umschreiben sind, nach Ermessen der Bischöfe sowohl Klerikern und Ordensleuten wie auch Laien die Kommunion unter beiden Gestalten gewährt werden, so etwa den Neugeweihten in der Messe ihrer heiligen Weihe, den Ordensleuten in der Messe bei ihrer Ordensprofess und den Neugetauften in der Messe, die auf die Taufe folgt.

56. Die beiden Teile, aus denen die Messe gewissermaßen besteht, nämlich Wortgottesdienst und Eucharistiefeier, sind so eng miteinander verbunden, dass sie einen einzigen Kultakt ausmachen. Daher mahnt die Heilige Versammlung die Seelsorger eindringlich, sie sollen in der religiösen Unterweisung die Gläubigen mit Eifer belehren, an der ganzen Messe teilzunehmen, vor allem an Sonntagen und gebotenen Feiertagen.

57. § 1. Die Konzelebration ist in der Kirche des Ostens wie des Westens bis auf den heutigen Tag in Übung geblieben. In ihr tritt passend die Einheit des Priestertums in Erscheinung. Deshalb hat es das Konzil für gut befunden, die Vollmacht zur Konzelebration auf folgende Fälle auszudehnen:

1. a) Die Messe der Chrisamweihe und die Abendmahlsmesse am Gründonnerstag.

b) Die Messen bei Konzilien, Bischofszusammenkünften und Synoden.

c) Die Messe bei der Abtsweihe.

2. Überdies auf folgende Fälle, wenn der Ordinarius, dem das Urteil zusteht, ob die Konzelebration angebracht ist, die Erlaubnis gibt:
a) Die Konventmesse und die Hauptmesse in jenen Kirchen, in denen das geistliche Wohl der Christgläubigen nicht die Einzelzelebration aller anwesenden Priester verlangt.
b) Messen bei den verschiedenartigen Zusammenkünften von Welt- und Ordenspriestern.
§ 2. 1. Dem Bischof steht es zu, im Bereich seines Bistums das Konzelebrationswesen zu leiten.
2. Jedem Priester bleibt die Freiheit, einzeln zu zelebrieren, jedoch nicht zur selben Zeit in derselben Kirche während einer Konzelebration und nicht am Gründonnerstag.
58. Es soll ein neuer Konzelebrationsritus geschaffen und in das Römische Pontifikale und Missale eingefügt werden.

3. Kapitel: Die übrigen Sakramente und Sakramentalien

59. Die Sakramente sind hingeordnet auf die Heiligung der Menschen, den Aufbau des Leibes Christi und schließlich auf die Gott geschuldete Verehrung; als Zeichen haben sie auch die Aufgabe der Unterweisung. Den Glauben setzen sie nicht nur voraus, sondern durch Wort und Ding nähren sie ihn auch, stärken ihn und zeigen ihn an; deshalb heißen sie Sakramente des Glaubens. Sie verleihen Gnade, aber ihre Feier befähigt auch die Gläubigen in hohem Maße, diese Gnade mit Frucht zu empfangen, Gott recht zu verehren und die Liebe zu üben. Es ist darum sehr wichtig, dass die Gläubigen die sakramentalen Zeichen leicht verstehen und immer wieder zu jenen Sakramenten voll Hingabe hinzutreten, die eingesetzt sind, um das christliche Leben zu nähren.
60. Außerdem hat die heilige Mutter Kirche Sakramentalien eingesetzt. Diese sind heilige Zeichen, durch die in einer gewissen Nachahmung der Sakramente Wirkungen, besonders geistlicher Art, bezeichnet und kraft der Fürbitte der Kirche erlangt werden. Durch diese Zeichen werden die Menschen bereitet, die eigentliche Wirkung der Sakramente aufzunehmen; zugleich wird durch solche Zeichen das Leben in seinen verschiedenen Gegebenheiten geheiligt.
61. Die Wirkung der Liturgie der Sakramente und Sakramentalien ist also diese: Wenn die Gläubigen recht bereitet sind, wird ihnen nahezu jedes Ereignis ihres Lebens geheiligt durch die göttliche Gnade, die ausströmt vom Pascha-Mysterium des Leidens, des Todes und der Auferste-

hung Christi, aus dem alle Sakramente und Sakramentalien ihre Kraft ableiten. Auch bewirken sie, dass es kaum einen rechten Gebrauch der materiellen Dinge gibt, der nicht auf das Ziel ausgerichtet werden kann, den Menschen zu heiligen und Gott zu loben.

62. Da sich aber im Laufe der Zeiten einiges in die Riten der Sakramente und Sakramentalien eingeschlichen hat, wodurch ihre Natur und ihr Ziel uns heute weniger einsichtig erscheinen, und da es mithin notwendig ist, einiges an ihnen den Erfordernissen unserer Zeit anzupassen, so erlässt das Heilige Konzil für ihre Reform folgende Anordnungen.

63. Da nicht selten bei der Spendung der Sakramente und Sakramentalien beim Volk der Gebrauch der Muttersprache sehr nützlich sein kann, soll ihr breiterer Raum gewährt werden, und zwar nach folgenden Richtlinien:

a) Bei der Spendung der Sakramente und Sakramentalien kann die Muttersprache gebraucht werden unter Wahrung der Vorschriften von Art. 36.

b) Auf der Grundlage einer neuen Ausgabe des Römischen Rituale soll die nach Art. 22 § 2 zuständige territoriale kirchliche Autorität sobald wie möglich besondere Ritualien schaffen, die den Bedürfnissen der einzelnen Gebiete, auch in Bezug auf die Sprache, angepasst sind: Nach Bestätigung der Beschlüsse durch den Apostolischen Stuhl sollen sie in den betreffenden Gebieten verwendet werden. Bei der Schaffung dieser Ritualien oder besonderer Ritensammlungen sollen Unterweisungen, wie sie im Römischen Rituale den einzelnen Riten vorausgeschickt werden, nicht ausgelassen werden, mögen sie nun die Seelsorge oder die Rubriken betreffen oder eine besondere soziale Bedeutung haben.

64. Ein mehrstufiger Katechumenat für Erwachsene soll wiederhergestellt und nach dem Urteil des Ortsordinarius eingeführt werden. So soll ermöglicht werden, dass die Zeit des Katechumenats, die zu angemessener Einführung bestimmt ist, durch heilige, in gewissen Zeitabschnitten aufeinanderfolgende Riten geheiligt wird.

65. In den Missionsländern soll es erlaubt sein, außer den Elementen der Initiation, die in der christlichen Überlieferung enthalten sind, auch jene zuzulassen, die sich bei den einzelnen Völkern im Gebrauch befinden, sofern sie im Sinne von Art. 37–40 dieser Konstitution dem christlichen Ritus angepasst werden können.

66. Beide Riten für die Erwachsenentaufe, sowohl der einfache wie der feierliche mit dem wiederhergestellten Katechumenat, sollen revidiert werden; in das Römische Messbuch soll eine eigene Messe »Bei der Spendung einer Taufe« aufgenommen werden.

67. Der Ritus der Kindertaufe soll überarbeitet und der tatsächlichen Situation der Kinder angepasst werden; überdies sollen im Ritus selbst die Rolle der Eltern und Paten und ihre Pflichten deutlicher hervortreten.
68. Für den Fall einer großen Zahl von Täuflingen sollen im Taufritus entsprechende Anpassungen vorgesehen werden zur Verwendung nach dem Urteil des Ortsordinarius. Ferner soll eine Kurzform des Taufritus geschaffen werden, den die Katechisten, vor allem die in Missionsländern, und in Todesgefahr die Gläubigen allgemein gebrauchen können, wenn kein Priester oder Diakon anwesend ist.
69. An Stelle des Ritus, der den Titel trägt »Ordo supplendi omissa super infantem baptizatum« (Ordo, nach dem die bei der Nottaufe ausgefallenen Teile des Taufritus nachgeholt werden), soll ein neuer geschaffen werden, der deutlicher und zutreffender zum Ausdruck bringt, dass das notgetaufte Kind schon in die Kirche aufgenommen ist. Ferner soll ein neuer Ritus geschaffen werden für gültig getaufte Konvertiten, in dem zum Ausdruck kommen soll, dass sie in die kirchliche Gemeinschaft aufgenommen werden.
70. Außerhalb der österlichen Zeit kann das Taufwasser bei der Taufspendung selbst mit einer approbierten kürzeren Formel geweiht werden.
71. Der Firmritus soll überarbeitet werden, auch in dem Sinne, dass der innere Zusammenhang dieses Sakraments mit der gesamten christlichen Initiation besser aufleuchte; daher ist es passend, dass dem Empfang des Sakramentes eine Erneuerung der Taufversprechen voraufgeht. Die Firmung kann, wo es angezeigt erscheint, innerhalb der Messe gespendet werden; für den Ritus außerhalb der Messe sollen Texte bereitgestellt werden, die als Einleitung zu verwenden sind.
72. Ritus und Formeln des Bußsakramentes sollen so revidiert werden, dass sie Natur und Wirkung des Sakramentes deutlicher ausdrücken.
73. Die »Letzte Ölung«, die auch – und zwar besser – »Krankensalbung« genannt werden kann, ist nicht nur das Sakrament derer, die sich in äußerster Lebensgefahr befinden. Daher ist der rechte Augenblick für ihren Empfang sicher schon gegeben, wenn der Gläubige beginnt, wegen Krankheit oder Altersschwäche in Lebensgefahr zu geraten.
74. Neben den Riten für getrennte Spendung von Krankensalbung und Wegzehrung soll ein zusammenhängender Ordo geschaffen werden, gemäß dem die Salbung dem Kranken nach der Beichte und vor dem Empfang der Wegzehrung erteilt wird.
75. Die Zahl der Salbungen soll den Umständen angepasst werden; die Gebete, die zum Ritus der Krankensalbung gehören, sollen so revidiert

werden, dass sie den verschiedenen Verhältnissen der das Sakrament empfangenden Kranken gerecht werden.

76. Die Liturgie für die Erteilung der Weihen soll nach Ritus und Text überarbeitet werden. Die Ansprachen des Bischofs zu Beginn der einzelnen Weihe oder Konsekration können in der Muttersprache gehalten werden. Bei der Bischofsweihe dürfen alle anwesenden Bischöfe die Hände auflegen.

77. Der Eheritus des Römischen Rituale soll überarbeitet und bereichert werden, so dass er deutlicher die Gnade des Sakramentes bezeichnet und die Aufgaben der Eheleute eindringlich betont. »Wenn es in einzelnen Gebieten bei der Feier des Ehesakramentes andere lobenswerte Gewohnheiten und Bräuche gibt, wünscht die Heilige Kirchenversammlung nachdrücklich, dass sie unbedingt beibehalten werden.«[41] Darüber hinaus bleibt der im Sinn von Art. 22 § 2 dieser Konstitution zuständigen territorialen kirchlichen Autorität nach Maßgabe von Art. 63 die Vollmacht, einen eigenen Ritus auszuarbeiten, der den Bräuchen des Landes und des Volkes entspricht; immer muss jedoch der assistierende Priester die Konsenserklärung der Brautleute erfragen und entgegennehmen.

78. Die Trauung möge in der Regel innerhalb der Messe, nach der Lesung des Evangeliums und nach der Homilie und vor dem »Gebet der Gläubigen« (Fürbitten) gefeiert werden. Der Brautsegen soll in geeigneter Weise überarbeitet werden, so dass er die gleiche gegenseitige Treuepflicht beider Brautleute betont; er kann in der Muttersprache erteilt werden. Wenn aber die Trauung ohne die Messe gefeiert wird, sollen zu Beginn des Ritus Epistel und Evangelium der Brautmesse vorgetragen werden; den Brautleuten soll immer der Segen erteilt werden.

79. Die Sakramentalien sollen überarbeitet werden, und zwar im Sinne des obersten Grundsatzes von der bewussten, tätigen und leicht zu vollziehenden Teilnahme der Gläubigen und im Hinblick auf die Erfordernisse unserer Zeit. Bei der Überarbeitung der Ritualien nach Maßgabe von Art. 63 können nach Bedarf auch neue Sakramentalien zugefügt werden. Nur sehr wenige Benediktionen sollen reserviert sein, und zwar nur für Bischöfe und Ordinarien. Es soll vorgesehen werden, dass Laien, welche die entsprechenden Voraussetzungen erfüllen, gewisse Sakramentalien spenden können – wenigstens in besonderen Verhältnissen und nach dem Ermessen des Ordinarius.

80. Die Jungfrauenweihe des Römischen Pontifikale soll überarbeitet werden. Außerdem soll ein Ritus für die Profess und für die Erneuerung der Gelübde geschaffen werden, der zu größerer Einheit, Schlichtheit und Würde beiträgt. Soweit nicht Sonderrecht vorliegt, soll er von denen über-

nommen werden, welche die Profess oder die Erneuerung der Gelübde innerhalb der Messe halten. Es ist zu begrüßen, wenn die Profess künftig innerhalb der Messe stattfindet.

81. Der Ritus der Exequien soll deutlicher den österlichen Sinn des christlichen Todes ausdrücken und besser den Voraussetzungen und Überlieferungen der einzelnen Gebiete entsprechen, auch was die liturgische Farbe betrifft.

82. Der Begräbnisritus für Kinder soll überarbeitet werden und eine eigene Messe erhalten.

4. Kapitel: Das Stundengebet

83. Als der Hohepriester des Neuen und Ewigen Bundes, Christus Jesus, Menschennatur annahm, hat er in die Verbannung dieser Erde jenen Hymnus mitgebracht, der in den himmlischen Wohnungen durch alle Ewigkeit erklingt. Die gesamte Menschengemeinschaft schart er um sich, um gemeinsam mit ihr diesen göttlichen Lobgesang zu singen. Diese priesterliche Aufgabe setzt er nämlich durch seine Kirche fort; sie lobt den Herrn ohne Unterlass und tritt bei ihm für das Heil der ganzen Welt ein nicht nur in der Feier der Eucharistie, sondern auch in anderen Formen, besonders im Vollzug des Stundengebetes.

84. Das Stundengebet ist nach alter christlicher Überlieferung so aufgebaut, dass der gesamte Ablauf des Tages und der Nacht durch Gotteslob geweiht wird. Wenn nun die Priester und andere kraft kirchlicher Ordnung Beauftragte oder die Christgläubigen, die zusammen mit dem Priester in einer approbierten Form beten, diesen wunderbaren Lobgesang recht vollziehen, dann ist dies wahrhaft die Stimme der Braut, die zum Bräutigam spricht, ja es ist das Gebet, das Christus vereint mit seinem Leibe an seinen Vater richtet.

85. Alle, die das vollbringen, erfüllen eine der Kirche obliegende Pflicht und haben zugleich Anteil an der höchsten Ehre der Braut Christi; denn indem sie Gott das Lob darbringen, stehen sie im Namen der Mutter Kirche vor dem Throne Gottes.

86. Die Priester im heiligen Dienst der Seelsorge werden das Stundenlob mit um so größerem Eifer vollziehen, je lebendiger sie sich bewusst sind, dass sie die Mahnung des heiligen Paulus zu befolgen haben: »Betet ohne Unterlass« (1 Thess 5,17); denn es ist der Herr allein, welcher der Arbeit, in der sie sich mühen, Wirksamkeit und Gedeihen geben kann, er, der gesagt hat: »Ohne mich könnt ihr nichts tun« (Joh 15,5). Als die Apostel Diakone einsetzten, haben sie darum gesagt: »Wir aber werden uns dem Gebet und dem Dienst des Wortes widmen« (Apg 6,4).

87. Damit aber das Stundengebet sowohl von den Priestern wie auch von den andern Gliedern der Kirche unter den gegebenen Verhältnissen besser und vollkommener verrichtet werde, hat es dem Heiligen Konzil gefallen, in Weiterführung der vom Apostolischen Stuhl glücklich begonnenen Reform im Hinblick auf das Stundengebet nach dem römischen Ritus Folgendes zu verfügen.

88. Da die Heiligung des Tages Ziel des Stundengebetes ist, soll die überlieferte Folge der Gebetsstunden so neugeordnet werden, dass die Horen soweit wie möglich ihren zeitgerechten Ansatz wiedererhalten. Dabei soll zugleich den heutigen Lebensverhältnissen Rechnung getragen werden, in denen vor allem jene leben, die apostolisch tätig sind.

89. Deshalb sollen bei der Reform des Stundengebetes die folgenden Richtlinien eingehalten werden:

a) Die Laudes als Morgengebet und die Vesper als Abendgebet, nach der ehrwürdigen Überlieferung der Gesamtkirche die beiden Angelpunkte des täglichen Stundengebetes, sollen als die vornehmsten Gebetsstunden angesehen und als solche gefeiert werden.

b) Die Komplet soll so eingerichtet werden, dass sie dem Tagesabschluss voll entspricht.

c) Die so genannte Matutin soll zwar im Chor den Charakter als nächtliches Gotteslob beibehalten, aber so eingerichtet werden, dass sie sinnvoll zu jeder Tageszeit gebetet werden kann. Sie soll aus weniger Psalmen und längeren Lesungen bestehen.

d) Die Prim soll wegfallen.

e) Im Chor sollen die kleinen Horen, Terz, Sext und Non beibehalten werden. Außerhalb des Chores darf man eine davon auswählen, die der betreffenden Tageszeit am besten entspricht.

90. Bei alledem bleibt das Stundengebet als öffentliches Gebet der Kirche auch Quelle der Frömmigkeit und Nahrung für das persönliche Beten. Deshalb werden die Priester und alle anderen, die am Stundengebet teilnehmen, eindringlich im Herrn gemahnt, dass dabei das Herz mit der Stimme zusammenklinge. Um das besser verwirklichen zu können, sollen sie sich eine reichere liturgische und biblische Bildung aneignen, zumal was die Psalmen betrifft. Die ehrwürdigen, jahrhundertealten Kostbarkeiten des Römischen Stundengebetes sollen bei der Reform so neugefasst werden, dass alle, denen sie in die Hand gegeben sind, leichter in ihren vollen Genuss gelangen können.

91. Damit die in Art. 89 vorgesehene Folge der Gebetsstunden auch wirklich eingehalten werden kann, sollen die Psalmen nicht mehr auf eine Woche, sondern auf einen längeren Zeitraum verteilt werden. Die glücklich begonnene Revision des Psalters soll sobald wie möglich zu Ende geführt werden. Dabei soll der Eigenart des christlichen Lateins, der Verwendung in der Liturgie, und zwar auch beim Gesang, und der gesamten Tradition der lateinischen Kirche Rechnung getragen werden.

92. Für die Lesung soll Folgendes gelten:

a) Die Lesungen der Heiligen Schrift sollen so geordnet werden, dass die Schätze des Gotteswortes leicht und in reicherer Fülle zugänglich werden.

b) Die Lesungen aus den Werken der Väter, der Kirchenlehrer und Kirchenschriftsteller sollen besser ausgewählt werden.

c) Die Leidensgeschichten und Lebensbeschreibungen der Heiligen sollen so gefasst werden, dass sie der geschichtlichen Wahrheit entsprechen.

93. Die Hymnen sollen, soweit es angezeigt erscheint, in ihrer alten Gestalt wiederhergestellt werden; dabei soll beseitigt oder geändert werden, was mythologische Züge an sich trägt oder der christlichen Frömmigkeit weniger entspricht. Gegebenenfalls sollen auch andere Hymnen aufgenommen werden, die sich im Schatz der Überlieferung finden.

94. Wenn der Tagesablauf wirklich geheiligt und die Horen selber mit geistlicher Frucht gebetet werden sollen, werden sie besser zu einer Zeit vollzogen, die möglichst nahe an die eigentliche Stunde einer jeden kanonischen Hore herankommt.

95. Die zum Chor verpflichteten Gemeinschaften sind gehalten, außer der Konventsmesse täglich das Stundengebet im Chor zu feiern, und zwar:

a) Die Orden der Kanoniker, Mönche und Chorfrauen und anderer durch Recht oder Konstitution zum Chor verpflichteter Regularen das ganze Offizium;

b) die Kathedral- oder Kollegiatkapitel jene Teile des Offiziums, die ihnen durch allgemeines oder Sonderrecht auferlegt sind;

c) alle Glieder dieser Gemeinschaften, die höhere Weihen empfangen oder die feierliche Profess abgelegt haben, müssen – mit Ausnahme der Laienbrüder und Laienschwestern – die kanonischen Horen, die sie im Chor nicht verrichten, für sich allein beten.

96. Die nicht zum Chor verpflichteten Kleriker sind, soweit sie höhere Weihen empfangen haben, gehalten, täglich gemeinsam oder allein das gesamte Stundengebet nach Maßgabe von Art. 89 zu verrichten.

97. Angezeigt erscheinende Austauschmöglichkeiten des Stundengebetes mit anderen liturgischen Handlungen sollen durch Rubriken festgelegt werden. In besonderen Fällen und aus gerechtem Grunde können die Ordinarien ihre Untergebenen von der Verpflichtung zum Stundengebet ganz oder teilweise dispensieren oder eine Umwandlung vornehmen.

98. Die Mitglieder von Orden und ordensähnlichen Gemeinschaften aller Art, die kraft ihrer Konstitution einzelne Teile des Stundengebets verrichten, vollziehen öffentliches Gebet der Kirche. Auch dann vollziehen sie öffentliches Gebet der Kirche, wenn sie kraft ihrer Konstitution ein »Kleines Offizium« rezitieren; nur muss dieses nach Art des (allgemeinen) Stundengebetes angelegt und ordnungsgemäß approbiert sein.

99. Da das Stundengebet Stimme der Kirche ist, des ganzen mystischen Leibes, der Gott öffentlich lobt, wird empfohlen, dass die nicht zum Chor verpflichteten Kleriker und besonders die Priester, die zusammenleben oder zusammenkommen, wenigstens einen Teil des Stundengebetes gemeinsam verrichten. Dabei sollen sie alle, ob sie nun das Stundengebet im Chor oder gemeinsam verrichten, die ihnen anvertraute Aufgabe in der inneren Frömmigkeit wie im äußeren Verhalten so vollkommen wie möglich erfüllen. Überdies ist vorzuziehen, dass man das Stundengebet im Chor oder in Gemeinschaft singt, soweit das möglich ist.

100. Die Seelsorger sollen darum bemüht sein, dass die Haupthoren, besonders die Vesper an Sonntagen und höheren Festen, in der Kirche gemeinsam gefeiert werden. Auch den Laien wird empfohlen, das Stundengebet zu verrichten, sei es mit den Priestern, sei es unter sich oder auch jeder einzelne allein.

101. § 1. Gemäß jahrhundertealter Überlieferung des lateinischen Ritus sollen die Kleriker beim Stundengebet die lateinische Sprache beibehalten. Jedoch ist der Ordinarius ermächtigt, in einzelnen Fällen jenen Klerikern, für die der Gebrauch der lateinischen Sprache ein ernstes Hindernis für den rechten Vollzug des Stundengebetes bedeutet, die Benützung einer nach Maßgabe von Art. 36 geschaffenen muttersprachlichen Übersetzung zu gestatten.

§ 2. Der zuständige Obere kann den Chorfrauen sowie den Mitgliedern der Orden und ordensähnlichen Gemeinschaften aller Art, seien es Männer, die nicht Kleriker sind, seien es Frauen, gestatten, dass sie für das Stundengebet auch im Chor die Muttersprache benutzen können, sofern die Übersetzung approbiert ist.

§ 3. Jeder zum Stundengebet verpflichtete Kleriker, der zusammen mit einer Gruppe von Gläubigen oder mit den in § 2 Genannten das Stundengebet in der Muttersprache feiert, erfüllt seine Pflicht, sofern der Text der Übertragung approbiert ist.

5. Kapitel: Das liturgische Jahr

102. Als liebende Mutter hält die Kirche es für ihre Aufgabe, das Heilswerk ihres göttlichen Bräutigams an bestimmten Tagen das Jahr hindurch in heiligem Gedenken zu feiern. In jeder Woche begeht sie an dem Tag, den sie Herrentag genannt hat, das Gedächtnis der Auferstehung des Herrn, und einmal im Jahr feiert sie diese Auferstehung zugleich mit dem seligen Leiden des Herrn an Ostern, ihrem höchsten Fest. Im Kreislauf des Jahres entfaltet sie das ganze Mysterium Christi von der Menschwerdung und Geburt bis zur Himmelfahrt, zum Pfingsttag und zur Erwartung der seligen Hoffnung und der Ankunft des Herrn. Indem sie so die Mysterien der Erlösung feiert, erschließt sie die Reichtümer der Machterweise und der Verdienste ihres Herrn, so dass sie jederzeit gewissermaßen gegenwärtig gemacht werden und die Gläubigen mit ihnen in Berührung kommen und mit der Gnade des Heiles erfüllt werden.

103. Bei der Feier dieses Jahreskreises der Mysterien Christi verehrt die heilige Kirche mit besonderer Liebe Maria, die selige Gottesgebärerin, die durch ein unzerreißbares Band mit dem Heilswerk ihres Sohnes verbunden ist. In ihr bewundert und preist sie die erhabenste Frucht der Erlösung. In ihr schaut sie wie in einem reinen Bilde mit Freuden an, was sie ganz zu sein wünscht und hofft.

104. In diesen Kreislauf des Jahres hat die Kirche auch die Gedächtnistage der Märtyrer und der anderen Heiligen eingefügt, die, durch Gottes vielfältige Gnade zur Vollkommenheit geführt, das ewige Heil bereits erlangt haben, Gott im Himmel das vollkommene Lob singen und Fürsprache für uns einlegen. In den Gedächtnisfeiern der Heiligen verkündet die Kirche das Pascha-Mysterium in den Heiligen, die mit Christus gelitten haben und mit ihm verherrlicht sind. Sie stellt den Gläubigen ihr Beispiel vor Augen, das alle durch Christus zum Vater zieht, und sie erfleht um ihrer Verdienste willen die Wohltaten Gottes.

105. Schließlich vertieft die Kirche die Erziehung der Gläubigen in den verschiedenen Teilen des Jahres nach überlieferter Ordnung durch fromme Übungen der Seele und des Leibes, durch Unterweisung, durch Gebet und durch Werke der Buße und der Barmherzigkeit.

So hat es denn dem Heiligen Konzil gefallen, das Folgende zu verfügen.

106. Aus apostolischer Überlieferung, die ihren Ursprung auf den Auferstehungstag Christi zurückführt, feiert die Kirche Christi das Pascha-Mysterium jeweils am achten Tage, der deshalb mit Recht Tag des Herrn oder Herrentag genannt wird. An diesem Tag müssen die Christgläubigen zusammenkommen, um das Wort Gottes zu hören, an der Eucharistiefeier teilzunehmen und so des Leidens, der Auferstehung und der Herrlichkeit des Herrn Jesus zu gedenken und Gott dankzusagen, der sie »wiedergeboren hat zu lebendiger Hoffnung durch die Auferstehung Jesu Christi von den Toten« (1 Petr 1, 3). Deshalb ist der Herrentag der Ur-Feiertag, den man der Frömmigkeit der Gläubigen eindringlich vor Augen stellen soll, auf dass er auch ein Tag der Freude und der Muße werde. Andere Feiern sollen ihm nicht vorgezogen werden, wenn sie nicht wirklich von höchster Bedeutung sind; denn der Herrentag ist Fundament und Kern des ganzen liturgischen Jahres.

107. Das liturgische Jahr soll so neugeordnet werden, dass die überlieferten Gewohnheiten und Ordnungen der heiligen Zeiten beibehalten oder im Hinblick auf die Verhältnisse der Gegenwart erneuert werden; jedoch soll der ursprüngliche Charakter der Zeiten gewahrt bleiben, damit die Frömmigkeit der Gläubigen durch die Feier der christlichen Erlösungsgeheimnisse, ganz besonders des Pascha-Mysteriums, genährt werde. Sollten aufgrund der örtlichen Verhältnisse Anpassungen notwendig sein, so soll nach Art. 39 und 40 verfahren werden.

108. Die Herzen der Gläubigen sollen vor allem auf die Herrenfeste hingelenkt werden, in denen die Heilsgeheimnisse das Jahr hindurch begangen werden. Daher soll das Herrenjahr den ihm zukommenden Platz vor den Heiligenfesten erhalten, damit der volle Kreis der Heilsmysterien in gebührender Weise gefeiert wird.

109. Die vierzigtägige Fastenzeit hat die doppelte Aufgabe, vor allem einerseits durch Tauferinnerung oder Taufvorbereitung, andererseits durch Buße die Gläubigen, die in dieser Zeit mit größerem Eifer das Wort Gottes hören und dem Gebet obliegen sollen, auf die Feier des Pascha-Mysteriums vorzubereiten. Dieser Doppelcharakter soll sowohl in der Liturgie wie auch in der Liturgiekatechese in helles Licht gerückt werden.

a) Daher sollen die der Fastenliturgie eigenen Taufmotive stärker genutzt werden; einige sollen gegebenenfalls aus der älteren Tradition wieder hervorgeholt werden.

b) Das Gleiche ist zu sagen von den Bußelementen. In der Katechese aber soll den Gläubigen gleichzeitig mit den sozialen Folgen der Sünde das eigentliche Wesen der Buße eingeschärft werden, welche die Sünde verabscheut, insofern sie eine Beleidigung Gottes ist; dabei ist die Rolle der Kirche im Bußgeschehen wohl zu beachten und das Gebet für die Sünder sehr zu betonen.

110. Die Buße der vierzigtägigen Fastenzeit sei nicht bloß eine innere und individuelle Übung, sondern auch eine äußere und soziale. Die Bußpraxis soll je nach den Möglichkeiten unserer Zeit und der verschiedenen

Gebiete wie auch nach den Verhältnissen der Gläubigen gepflegt und von den in Art. 22 benannten Autoritäten empfohlen werden. Unangetastet aber bleiben soll das Pascha-Fasten am Freitag des Leidens und des Todes unseres Herrn; es ist überall zu begehen und, wo es angebracht erscheint, auf den Karsamstag auszudehnen, damit man so hochgestimmten und aufgeschlossenen Herzens zu den Freuden der Auferstehung des Herrn gelange.

111. Die Heiligen werden in der Kirche gemäß der Überlieferung verehrt, ihre echten Reliquien und ihre Bilder in Ehren gehalten. Denn die Feste der Heiligen künden die Wunder Christi in seinen Knechten und bieten den Gläubigen zur Nachahmung willkommene Beispiele. Die Feste der Heiligen sollen nicht das Übergewicht haben gegenüber den Festen, welche die eigentlichen Heilsmysterien begehen. Eine beträchtliche Anzahl von ihnen möge der Feier in den einzelnen Teilkirchen, Nationen oder Ordensgemeinschaften überlassen bleiben, und nur jene sollen auf die ganze Kirche ausgedehnt werden, die das Gedächtnis solcher Heiligen feiern, die wirklich von allgemeiner Bedeutung sind.

6. Kapitel: Die Kirchenmusik

112. Die überlieferte Musik der Gesamtkirche stellt einen Reichtum von unschätzbarem Wert dar, ausgezeichnet unter allen übrigen künstlerischen Ausdrucksformen vor allem deshalb, weil sie als der mit dem Wort verbundene gottesdienstliche Gesang einen notwendigen und integrierenden Bestandteil der feierlichen Liturgie ausmacht. In der Tat haben sowohl die Heilige Schrift[42] wie die heiligen Väter den gottesdienstlichen Gesängen hohes Lob gespendet; desgleichen die römischen Päpste, die in der neueren Zeit im Gefolge des heiligen Pius X. die dienende Aufgabe der Kirchenmusik im Gottesdienst mit größerer Eindringlichkeit herausgestellt haben. So wird denn die Kirchenmusik um so heiliger sein, je enger sie mit der liturgischen Handlung verbunden ist, sei es, dass sie das Gebet inniger zum Ausdruck bringt oder die Einmütigkeit fördert, sei es, dass sie die heiligen Riten mit größerer Feierlichkeit umgibt. Dabei billigt die Kirche alle Formen wahrer Kunst, welche die erforderlichen Eigenschaften besitzen, und lässt sie zur Liturgie zu. Unter Wahrung der Richtlinien und Vorschriften der kirchlichen Tradition und Ordnung sowie im Hinblick auf das Ziel der Kirchenmusik, nämlich die Ehre Gottes und die Heiligung der Gläubigen, verfügt das Heilige Konzil das Folgende.

113. Ihre vornehmste Form nimmt die liturgische Handlung an, wenn der Gottesdienst feierlich mit Gesang gehalten wird und dabei Leviten mitwirken und das Volk tätig teilnimmt. Was die zu verwendende Sprache betrifft, so gelten die Vorschriften von Art. 36; für die Messe von Art. 54, für die Sakramente von Art. 63, für das Stundengebet von Art. 101.

114. Der Schatz der Kirchenmusik möge mit größter Sorge bewahrt und gepflegt werden. Die Sängerchöre sollen nachdrücklich gefördert werden, besonders an den Kathedralkirchen. Dabei mögen aber die Bischöfe und die übrigen Seelsorger eifrig dafür Sorge tragen, dass in jeder liturgischen Feier mit Gesang die gesamte Gemeinde der Gläubigen die ihr zukommende tätige Teilnahme auch zu leisten vermag, im Sinne von Art. 28 und 30.

115. In den Seminarien, in den Noviziaten und Studienhäusern der Ordensleute beiderlei Geschlechts sowie auch in den übrigen katholischen Instituten und Schulen soll auf die musikalische Ausbildung und Praxis großes Gewicht gelegt werden. Um diese Ausbildung zu erreichen, sollen die Dozenten der Kirchenmusik sorgfältig vorgebildet werden. Darüber hinaus wird empfohlen, wo es angebracht erscheint, höhere Kirchenmusik-Institute zu errichten. Die Kirchenmusiker aber, die Sänger und besonders die Sängerknaben sollen auch eine gediegene Ausbildung erhalten.

116. Die Kirche betrachtet den Gregorianischen Choral als den der römischen Liturgie eigenen Gesang; demgemäß soll er in ihren liturgischen Handlungen, wenn im Übrigen die gleichen Voraussetzungen gegeben sind, den ersten Platz einnehmen. Andere Arten der Kirchenmusik, besonders die Mehrstimmigkeit, werden für die Feier der Liturgie keineswegs ausgeschlossen, wenn sie dem Geist der Liturgie im Sinne von Art. 30 entsprechen.

117. Die »editio typica« der Bücher des gregorianischen Gesanges soll zu Ende geführt werden; darüber hinaus soll eine kritische Ausgabe der seit der Reform des heiligen Pius X. bereits herausgegebenen Bücher besorgt werden. Es empfiehlt sich ferner, eine Ausgabe zu schaffen mit einfacheren Melodien für den Gebrauch der kleineren Kirchen.

118. Der religiöse Volksgesang soll eifrig gepflegt werden, so dass die Stimmen der Gläubigen bei Andachtsübungen und gottesdienstlichen Feiern und auch bei den liturgischen Handlungen selbst gemäß den Richtlinien und Vorschriften der Rubriken erklingen können.

119. Da die Völker mancher Länder, besonders in der Mission, eine eigene Musiküberlieferung besitzen, die in ihrem religiösen und sozialen Leben große Bedeutung hat, soll dieser Musik gebührende Wertschätzung entgegengebracht und angemessener Raum gewährt werden, und zwar sowohl bei der Formung des religiösen Sinnes dieser Völker als auch bei der Anpassung der Liturgie an ihre Eigenart, im Sinne von Art. 39 und 40. Deshalb soll bei der musikalischen Ausbildung der Missionare sorgfältig darauf geachtet werden, dass sie im Rahmen des Möglichen imstande sind, die überlieferte Musik der betreffenden Völker sowohl in den Schulen als auch im Gottesdienst zu fördern.

120. Die Pfeifenorgel soll in der lateinischen Kirche als traditionelles Musikinstrument in hohen Ehren gehalten werden; denn ihr Klang vermag den Glanz der kirchlichen Zeremonien wunderbar zu steigern und die Herzen mächtig zu Gott und zum Himmel emporzuheben. Andere Instrumente aber dürfen nach dem Ermessen und mit Zustimmung der für die einzelnen Gebiete zuständigen Autorität nach Maßgabe der Art. 22. § 2, 37 und 40 zur Liturgie zugelassen werden, sofern sie sich für den heiligen Gebrauch eignen oder für ihn geeignet gemacht werden können, der Würde des Gotteshauses angemessen sind und die Erbauung der Gläubigen wirklich fördern.

121. Die Kirchenmusiker mögen, von christlichem Geist erfüllt, sich bewusst sein, dass es ihre Berufung ist, die Kirchenmusik zu pflegen und deren Schatz zu mehren. Sie sollen Vertonungen schaffen, welche die Merkmale echter Kirchenmusik an sich tragen und nicht nur von größeren Sängerchören gesungen werden können, sondern auch kleineren Chören angepasst sind und die tätige Teilnahme der ganzen Gemeinde der Gläubigen fördern.

Die für den Kirchengesang bestimmten Texte müssen mit der katholischen Lehre übereinstimmen; sie sollen vornehmlich aus der Heiligen Schrift und den liturgischen Quellen geschöpft werden.

7. Kapitel: Die sakrale Kunst, liturgisches Gerät und Gewand

122. Zu den vornehmsten Betätigungen der schöpferischen Veranlagung des Menschen zählen mit gutem Recht die schönen Künste, insbesondere die religiöse Kunst und ihre höchste Form, die sakrale Kunst. Vom Wesen her sind sie ausgerichtet auf die unendliche Schönheit Gottes, die in menschlichen Werken irgendwie zum Ausdruck kommen soll, und sie sind um so mehr Gott, seinem Lob und seiner Herrlichkeit geweiht, als ihnen kein anderes Ziel gesetzt ist, als durch ihre Werke den Sinn der Menschen in heiliger Verehrung auf Gott zu wenden. Darum war die lebenspendende Mutter Kirche immer eine Freundin der schönen Künste. Unablässig hat sie deren edlen Dienst gesucht und die Künstler unterwie-

sen, vor allem damit die Dinge, die zur heiligen Liturgie gehören, wahrhaft würdig seien, geziemend und schön: Zeichen und Symbol überirdischer Wirklichkeiten. Die Kirche hat mit Recht immer auch eine Art Schiedsrichteramt ausgeübt; sie hat über die Werke der Künstler geurteilt und entschieden, welche dem Glauben, der Frömmigkeit und den ehrfurchtsvoll überlieferten Gesetzen entsprächen und als geeignet für den Dienst im Heiligtum anzusehen seien. Mit besonderem Eifer war die Kirche darauf bedacht, dass das heilige Gerät würdig und schön zur Zierde der Liturgie diente; sie hat dabei die Wandlungen in Material, Form und Schmuck zugelassen, die der Fortschritt der Technik im Laufe der Zeit mit sich gebracht hat.

So hat es denn den Vätern gefallen, in dieser Sache das Folgende zu verfügen.

123. Die Kirche hat niemals einen Stil als ihren eigenen betrachtet, sondern hat je nach Eigenart und Lebensbedingungen der Völker und nach den Erfordernissen der verschiedenen Riten die Sonderart eines jeden Zeitalters zugelassen und so im Laufe der Jahrhunderte einen Schatz zusammengetragen, der mit aller Sorge zu hüten ist. Auch die Kunst unserer Zeit und aller Völker und Länder soll in der Kirche Freiheit der Ausübung haben, sofern sie nur den Gotteshäusern und den heiligen Riten mit der gebührenden Ehrfurcht und Ehrerbietung dient, so dass sie einstimmen kann in den wunderbaren Chor, den die größten Männer in den vergangenen Jahrhunderten zur Verherrlichung des christlichen Glaubens angestimmt haben.

124. Bei der Förderung und Pflege wahrhaft sakraler Kunst mögen die Ordinarien mehr auf edle Schönheit bedacht sein als auf bloßen Aufwand. Das gilt auch für die heiligen Gewänder und die Ausstattung der heiligen Orte. Die Bischöfe mögen darauf hinwirken, dass von den Gotteshäusern und anderen heiligen Orten streng solche Werke von Künstlern ferngehalten werden, die dem Glauben, den Sitten und der christlichen Frömmigkeit widersprechen und die das echt religiöse Empfinden verletzen, sei es, weil die Formen verunstaltet sind oder weil die Werke künstlerisch ungenügend, allzu mittelmäßig oder kitschig sind. Beim Bau von Kirchen ist sorgfältig darauf zu achten, dass sie für die liturgischen Feiern und für die tätige Teilnahme der Gläubigen geeignet sind.

125. Der Brauch, in den Kirchen den Gläubigen heilige Bilder zur Verehrung darzubieten, werde nicht angetastet. Doch sollen sie in mäßiger Zahl und rechter Ordnung aufgestellt werden, damit sie nicht die Verwunderung der Gläubigen erregen oder einer weniger gesunden Frömmigkeit Vorschub leisten.

126. Bei der Beurteilung von Kunstwerken sollen die Ortsordinarien die Diözesankommission für sakrale Kunst hören und gegebenenfalls auch andere besonders sachverständige Persönlichkeiten sowie die Kommissionen, von denen in den Artikeln 44, 45, 46 die Rede ist. Sorgfältig sollen die Ordinarien darüber wachen, dass nicht etwa heiliges Gerät und Paramente oder kostbare Kunstwerke veräußert werden oder verkommen, sind sie doch Zierde des Hauses Gottes.

127. Die Bischöfe sollen sich entweder persönlich oder durch geeignete Priester, die Sachverständnis und Liebe zur Kunst besitzen, um die Künstler kümmern, um sie mit dem Geist der sakralen Kunst und der Liturgie zu erfüllen. Überdies wird empfohlen, in Gegenden, wo es angezeigt erscheint, Schulen oder Akademien für sakrale Kunst zur Heranbildung von Künstlern zu gründen. Die Künstler aber, die, angetrieben von ihrer schöpferischen Begabung, danach streben, der Herrlichkeit Gottes in der heiligen Kirche zu dienen, mögen sich alle immerdar wohl bewusst sein, dass es dabei um ein Stück heiliger Nachahmung des Schöpfergottes geht und um Werke, die für den katholischen Gottesdienst, für die Auferbauung der Gläubigen wie auch zu deren Frömmigkeit und religiösen Unterweisung bestimmt sind.

128. Die Canones und kirchlichen Statuten, die sich auf die Gestaltung der äußeren zur Liturgie gehörigen Dinge beziehen, sind zugleich mit den liturgischen Büchern im Sinne von Art. 25 unverzüglich zu revidieren.
Das gilt besonders von den Bestimmungen über würdigen und zweckentsprechenden Bau der Gotteshäuser, Gestalt und Errichtung der Altäre, edle Form des eucharistischen Tabernakels, seinen Ort und seine Sicherheit, richtige und würdige Anlage des Baptisteriums, schließlich von den Bestimmungen über die rechte Art der heiligen Bilder, des Schmuckes und der Ausstattung der Kultgebäude. Bestimmungen, die der erneuerten Liturgie weniger zu entsprechen scheinen, mögen abgeändert oder abgeschafft werden; solche aber, die sie fördern, sollen beibehalten oder neu eingeführt werden. In diesem Zusammenhang wird den Bischofsversammlungen der einzelnen Gebiete, besonders hinsichtlich von Material und Form der heiligen Geräte und Gewänder, die Vollmacht erteilt, Anpassungen an die örtlichen Erfordernisse und Sitten vorzunehmen, nach Maßgabe von Art. 22 dieser Konstitution.

129. Die Kleriker sollen während ihrer philosophischen und theologischen Studienzeit auch über Geschichte und Entwicklung der sakralen Kunst unterrichtet werden, wie auch über die gesunden Grundsätze, auf die sich die Werke der sakralen Kunst stützen müssen. So sollen sie die ehrwürdigen Denkmäler der Kirche schätzen und bewahren lernen und den Künstlern bei der Schaffung ihrer Werke passende Ratschläge erteilen können.

130. Es ist angemessen, den Gebrauch der Pontifikalien jenen kirchlichen Personen vorzubehalten, die Bischöfe sind oder irgendeine besondere Jurisdiktion besitzen.

Anhang:
Erklärung des II. Vatikanischen Konzils zur Kalenderreform

Das Heilige Allgemeine Zweite Vatikanische Konzil misst dem Verlangen vieler, das Osterfest auf einen bestimmten Sonntag anzusetzen und den Kalender festzulegen, nicht geringe Bedeutung bei. Nach sorgfältiger Abwägung aller Folgen, die aus der Einführung eines neuen Kalenders entspringen können, erklärt es Folgendes.

1) Das Heilige Konzil widerstrebt nicht der Festlegung des Osterfestes auf einen bestimmten Sonntag im Gregorianischen Kalender, wenn alle, die es angeht, besonders die von der Gemeinschaft mit dem Apostolischen Stuhl getrennten Brüder, zustimmen.

2) Ebenso erklärt das Heilige Konzil, dass es sich nicht gegen Versuche wendet, in der bürgerlichen Gesellschaft einen immer währenden Kalender einzuführen.

Von den verschiedenen Systemen, die zur Festlegung eines immer währenden Kalenders und dessen Einführung im bürgerlichen Leben ausgedacht werden, steht die Kirche nur jenen nicht ablehnend gegenüber, welche die Siebentagewoche mit dem Sonntag bewahren und schützen, ohne einen wochenfreien Tag einzuschieben, so dass die Folge der Wochen unangetastet bleibt, es sei denn, es tauchten ganz schwer wiegende Gründe auf, über die dann der Apostolische Stuhl zu urteilen hat.

Anmerkungen:

1 Sekret des 9. Sonntags nach Pfingsten.
2 Vgl. Hebr 13,14.
3 Vgl. Eph 2,21–22.
4 Vgl. Eph 4,13.
5 Vgl. Jes 11,12.
6 Vgl. Joh 11,52.

[7] Vgl. Joh 10, 16.
[8] Vgl. Jes 61, 1; Lk 4, 18.
[9] Ignatius von Antiochien, Ad Ephesios, 7, 2: ed. F. X. Funk, Patres Apostolici, I (Tübingen 1901) 218.
[10] Vgl. 1 Tim 2, 5.
[11] Sacramentarium Veronense (Leonianum): ed. C. Mohlberg (Rom 1956) n. 1265 S. 162.
[12] Osterpräfation im Missale Romanum.
[13] Vgl. die Oration nach der zweiten Lesung am Karsamstag, im Missale Romanum, vor der Erneuerung der Karwoche.
[14] Vgl. Mk 16, 15.
[15] Vgl. Apg 26, 18.
[16] Vgl. Röm 6, 4; Eph 2, 6; Kol 3, 1; 2 Tim 2, 11.
[17] Vgl. Joh 4, 23.
[18] Vgl. 1 Kor 11, 26.
[19] Konzil von Trient, Sess. XIII, 11. Okt. 1551, Decr. De ss. Eucharist., c. 5: Concilium Tridentinum, Diariorum, Actorum, Epistularum, Tractatuum nova collectio, ed. Soc. Goerresiana, Bd. VII. Actorum pars IV (Freiburg i. Br. 1961) 202.
[20] Konzil von Trient, Sess. XXII., 17. Sept. 1562, Doctr. De ss. Missæ sacrif., c. 2: Concilium Tridentinum. Ed. cit., Bd. VIII. Actorum pars V (Freiburg i. Br. 1919) 960.
[21] Vgl. Augustinus, In Ioannis Evangelium Tractatus VI., cap. I, n.7: PL 35, 1428.
[22] Vgl. Offb 21, 2; Kol 3, 1; Hebr 8, 2.
[23] Vgl. Phil 3, 20; Kol 3, 4.
[24] Vgl. Joh 17, 3; Lk 24, 27; Apg 2, 38.
[25] Vgl. Mt 28, 20.
[26] Postcommunio der Ostervigil und des Ostersonntags.
[27] Oration der Messe am Dienstag in der Osterwoche.
[28] Vgl. 2 Kor 6, 1.
[29] Vgl. Mt 6, 6.
[30] Vgl. 1 Thess 5, 17.
[31] Vgl. 2 Kor 4, 10–11.
[32] Sekret am Pfingstmontag.
[33] Cyprian, De cath. eccl. unitate, 7: ed. G. Hartel, CSEL III/1 (Wien 1868) 215 bis 216. Vgl. Ep. 66, n. 8, 3: ebd. III/2 (Wien 1871) 732–733.
[34] Vgl. Konzil von Trient, Sess. XXII., 17. Sept. 1562, Doctr. De ss. Missæ sacrif., c. 8: Concilium Tridentinum. Ed. cit., Bd. VIII 961.
[35] Vgl. Ignatius von Antiochien, Ad Magn. 7; Ad Phil. 4; Ad Smyrn. 8: ed. F. X. Funk, a. a. O. I 236 266 281.
[36] Vgl. Augustinus, In Ioannis Evangelium Tractatus XXVI., cap. VI., n. 13: PL 35, 1613.
[37] Breviarium Romanum, Antiphon zum Magnifikat in der 2. Vesper des Fronleichnamsfestes.

38 Vgl. Cyrillus von Alex., Commentarium in Ioannis Evangelium, lib. XI., capp. XI–XII: PG 74, 557–564.
39 Vgl. 1 Tim 2,1–2.
40 Sessio XXI., 16. Juli 1562. Doctrina de Communione sub utraque specie et parvulorum, capp. 1–3: Concilium Tridentinum. Ed. cit., Bd. VIII 698–699.
41 Konzil von Trient, Sessio XXIV, 11. Nov. 1563, De reformatione, cap. 1: Concilium Tridentinum. Ed. cit., Bd. IX. Actorum pars VI (Freiburg i. Br. 1924) 969. Vgl. Rituale Romanum, tit. VIII., c. II, n. 6.
42 Vgl. Eph 5,19; Kol 3,16.

Die Schriften des Alten Testaments

Die Fünf Bücher des Mose

Genesis	Gen
Exodus	Ex
Levitikus	Lev
Numeri	Num
Deuteronomium	Dtn

Die Bücher der Geschichte des Volkes Gottes

Buch Josua	Jos
Buch der Richter	Ri
Buch Rut	Rut
Erstes Buch Samuel	1 Sam
Zweites Buch Samuel	2 Sam
Erstes Buch der Könige	1 Kön
Zweites Buch der Könige	2 Kön
Erstes Buch der Chronik	1 Chr
Zweites Buch der Chronik	2 Chr
Buch Esra	Esra
Buch Nehemia	Neh
Buch Tobit	Tob
Buch Judit	Jdt
Buch Ester	Est
Erstes Buch der Makkabäer	1 Makk
Zweites Buch der Makkabäer	2 Makk

Die Bücher der Lehrweisheit und die Psalmen

Buch Ijob	Ijob
Psalmen	Ps
Buch der Sprichwörter	Spr
Kohelet	Koh
Hohelied	Hld
Buch der Weisheit	Weish
Buch Jesus Sirach	Sir

Die Bücher der Propheten

Buch Jesaja	Jes
Buch Jeremia	Jer
Klagelieder des Jeremia	Klgl
Buch Baruch	Bar
Buch Ezechiel	Ez
Buch Daniel	Dan
Buch Hosea	Hos
Buch Joël	Joël
Buch Amos	Am
Buch Obadja	Obd
Buch Jona	Jona
Buch Micha	Mi
Buch Nahum	Nah
Buch Habakuk	Hab
Buch Zefanja	Zef
Buch Haggai	Hag
Buch Sacharja	Sach
Buch Maleachi	Mal

Die Schriften des Neuen Testaments

Die Evangelien

Evangelium nach Matthäus	Mt
Evangelium nach Markus	Mk
Evangelium nach Lukas	Lk
Evangelium nach Johannes	Joh
Apostelgeschichte	Apg

Die Paulinischen Briefe

Brief an die Römer	Röm
Erster Brief an die Korinther	1 Kor
Zweiter Brief an die Korinther	2 Kor
Brief an die Galater	Gal
Brief an die Epheser	Eph
Brief an die Philipper	Phil
Brief an die Kolosser	Kol
Erster Brief an die Thessalonicher	1 Thess

Zweiter Brief an die Thessalonicher	2 Thess
Erster Brief an Timotheus	1 Tim
Zweiter Brief an Timotheus	2 Tim
Brief an Titus	Tit
Brief an Philemon	Phlm
Brief an die Hebräer	Hebr

Die Katholischen Briefe

Brief des Jakobus	Jak
Erster Brief des Petrus	1 Petr
Zweiter Brief des Petrus	2 Petr
Erster Brief des Johannes	1 Joh
Zweiter Brief des Johannes	2 Joh
Dritter Brief des Johannes	3 Joh
Brief des Judas	Jud
Offenbarung des Johannes	Offb